# 춘천 리포트 4

## 개방시대의 춘천

나남
nanam

나남신서 1413

춘천 리포트 4

개방시대의 춘천

2009년 7월 13일 발행
2009년 7월 13일 1쇄

편자_ 한림대 사회조사연구소 · 춘천문화방송
발행자_ 趙相浩
발행처_ (주) 나남
주소_ 413-756 경기도 파주시 교하읍
출판도시 518-4
전화_ 031) 955-4600 (代)
FAX_ 031) 955-4555
등록_ 제 1-71호(79. 5. 12)
홈페이지_ www.nanam.net
전자우편_ post@nanam.net

ISBN 978-89-300-8413-0
ISBN 978-89-300-8001-9 (세트)
책값은 뒤표지에 있습니다.

나남신서 · 1413

# 춘천 리포트 4

## 개방시대의 춘천

한림대 사회조사연구소 · 춘천문화방송

나남
nanam

# 축 사

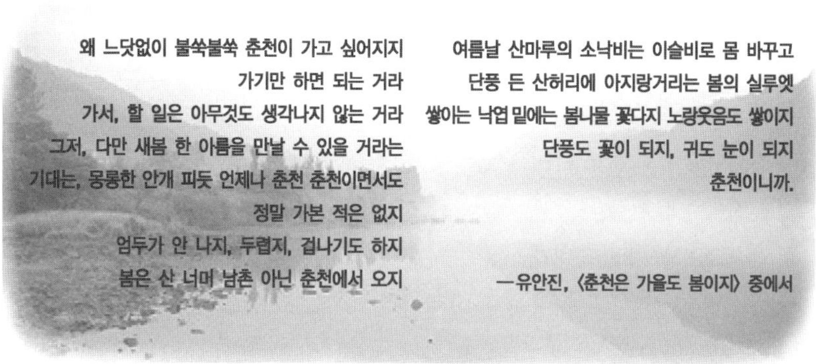

왜 느닷없이 불쑥불쑥 춘천이 가고 싶어지지
가기만 하면 되는 거라
가서, 할 일은 아무것도 생각나지 않는 거라
그저, 다만 새봄 한 아름을 만날 수 있을 거라는
기대는, 몽롱한 안개 피듯 언제나 춘천 춘천이면서도
정말 가본 적은 없지
엄두가 안 나지, 두렵지, 겁나기도 하지
봄은 산 너머 남촌 아닌 춘천에서 오지
여름날 산마루의 소낙비는 이슬비로 몸 바꾸고
단풍 든 산허리에 아지랑거리는 봄의 실루엣
쌓이는 낙엽 밑에는 봄나물 꽃다지 노랑웃음도 쌓이지
단풍도 꽃이 되지, 귀도 눈이 되지
춘천이니까.

—유안진, 〈춘천은 가을도 봄이지〉 중에서

〈춘천은 가을도 봄이지〉라는 시에서 경상도가 고향인 유안진 시인은 춘천을 고향 같으면서도 고향 이상의 상상 속의 어여쁜 도시로 묘사하였습니다. 이렇듯 춘천을 '낭만의 도시', '물의 도시', '문화예술의 도시'라고 부르는 데 주저하는 사람은 없습니다. 또한 춘천은 '우리나라에서 가장 살기 좋은 10대 도시' 가운데 3년 연속 우위를 차지하고 있다는 보도도 얼마 전 있었습니다. 저도 1년 4개월 전 춘천문화방송 사장으로 춘천에 오기 전까지는 이러한 표현에 서슴없이 동의했습니다.

하지만 춘천에서 생활하다 보니 춘천 밖의 사람들의 시각과는 달리 춘천시민들은 도시발전이 상대적으로 더디고 낙후되었다는 데 대한 불만이 높은 것을 확인할 수 있었습니다. 춘천은 수도권의 상수원에 위치해 있어 중앙정부로부터 환경 및 개발규제를 많이 받는 데다 도로망확충 등 사회간접자본의 투자가 상대적으로 약해 도시발전이 정체되었고, 그래서 수도권과 가까운 거리에 있는데도 불구하고 중앙에서는 상당히 멀게만 느껴지는 도시였습니다. 그러나 춘천-서울 간 고속도로가 개통되고 2010년 복선전철이 완공되면, 춘천은 서울과 40분대 생활권이 되면서 개방시대를 맞아 커다란 생활혁명이 일어날 수밖에 없습니다. 앞으로 춘천은 어떠한 모습으로 변모해 갈 것인지에 대해 많은 시민들의 관심이 모아지고, 발전에 대한 기대와 희망 또한 높아졌습니다.

이러한 개방시대에 춘천문화방송은 강원도 대표방송, 최고방송으로서 지역발전을 위해 어떤 역할을 할지 고민하면서 역동적 변화가 예상되는 춘천의 미래에 대해 끊임없는 대안을 모색하고자 합니다.

이미 춘천문화방송은 한림대학교 사회조사연구소와 공동으로《춘천 리포트》라는 책을 꾸준히 발간해 우리나라 산학협동의 모범적 사례로 평가받았습니다. 국내 최초의 지역연구 산물로 지난 1991년 11월에 발간한《춘천 리포트: 지방자치와 전환의 모색》은 학계는 물론 세간의 이목을 집중시켰습니다. 이어 1999년 7월에《'99 춘천 리포트: 춘천의 삶과 꿈》을 발간했고, 다시 2004년 3월에는《춘천 리포트 3: 분권시대의 춘천》을 잇따라 발간해 우리나라 지역사회 연구에서 기념비적 사례가 되었습니다. 첫 번째 연구인《춘천 리포트: 지방자치와 전환의 모색》이 춘천지역사회의 거시적 구조와 변동을 다뤘다면 두 번째 연구인《'99 춘천 리포트: 춘천의 삶과 꿈》에서는 좀더 구체적으로 들어가 춘천사람들의 경제, 사회, 문화 및 정치적 삶에 초점을 맞췄다고 할 수 있습니다. 이들 두 권이 연구논문 위주였다면 세 번째 연구인《춘천 리포트 3: 분권시대의 춘천》에서는 지방분권시대의 사회·문화 공동체로서 춘천에 대한 분석으로 누구나 쉽게 읽고 이해할 수 있도록 한 것이 특징이었습니다.

20년 가까이 지역사회 연구에 몰두해온 한림대학교 사회학과와 춘천문화방송은 네 번째 성과물로 이번에 《춘천 리포트 4: 개방시대의 춘천》을 발간함으로써 또 하나의 가치 있고 의미 있는 프로젝트를 달성했습니다.

줄탁동기(啐啄同機)란 말이 있습니다. 병아리가 알에서 깨어나기 위해서는 새끼와 어미가 동시에 안팎에서 알을 쪼아야 한다는 뜻입니다. 하지만 어미가 새끼를 나오게 하는 것은 아니라 다만 알을 깨고 나오는 데 작은 도움만 줄 뿐, 결국 알을 깨고 나오는 것은 새끼 자신이라는 말입니다. 다시 말해 춘천이 발전하려면 외부의 도움도 필요하지만 춘천지역사회 내부에서 정체성을 확립하고 발전전략을 수립해야 합니다. 이와 같은 노력의 산물이 《춘천 리포트》이고, 이 책을 보면 춘천 발전의 해법을 찾을 수 있으리라고 생각합니다.

이 책이 출간되기까지 춘천지역 연구를 위해 각고의 노력을 하며 선도적 역할을 해온 한림대학교 사회학과 교수진을 비롯해 1년여 동안 조사와 연구를 해주신 정동일 사회조사연구소장께 깊은 감사를 뜻을 전합니다. 또한 프로젝트가 정상적으로 이뤄질 수 있도록 도와준 춘천시에도 감사의 뜻을 표합니다. 특히 이 책의 출간에 대해 묻지도 따지지도 않고 이번에도 쾌히 수락해주신 나남출판 조상호 사장께도 진심어린 감사의 마음을 표합니다. 《춘천 리포트 4》의 출간을 축하하며, 춘천문화방송과 한림대학교의 깊고 진한 우정이 춘천지역사회를 연구하는 《춘천 리포트》로 영원히 계속되기를 기대합니다.

2009년 7월

춘천문화방송 사장 정 흥 보

# 머리말

1991년 한 지방사립대 사회학과의 젊은 교수 4명이 모여 앉았다. 혈기 왕성하고 의욕이 넘치던 마흔 즈음의 동료들은 밤새는 줄 모르고 토론을 벌이면서 그들이 몸담은 지역사회에 대한 심도 있는 연구가 필요하다는 데 뜻을 같이했다. 때마침 지역사회에 대한 사회적 책임에 일찍부터 관심을 가졌던 춘천문화방송이 그 뜻에 공감하여 춘천 지역사회에 대한 연구 프로젝트를 발족했다. 서로 다른 지적 배경을 가진 네 명의 교수들은 요즘 유행하는 '집단지성'이라는 말이 무색할 정도로 창조적인 지적 작업을 시작했다. 밤새 토론하며 설문지를 개발하고, 지금으로선 '고물'이라고 부를 수밖에 없는 컴퓨터 앞에 앉아 통계분석을 하고, 지역사회 구석구석을 찾아 낯선 풍경을 카메라에 담고 길거리에서 만난 시민들과 대화하면서 연구를 수행했다.

그 결과 만들어진 것이 《춘천 리포트: 지방자치와 전환의 모색》이었다. 자본주의, 이데올로기, 계급과 노동정치 등 거대담론이 지배하던 1990년대 초반의 학문적 지형에서 그러한 거대담론을 지역사회의 맥락에 적용한 것은 어찌 보면 '이단아'와 같이 여겨질 법도 했다. 하지만 결과는 달랐다. 이 책은 출판되자마자 사회학계에 엄청난 반향을 일으켰고, 오래지 않아 지역사회학이라는 새로운 학문 분야가 만들어지는 계기를 마련했다. 덕분에 이 연구를 주도한 한림대 사회학과와 사회조사연구소는 지역사회 연구의 기원지로 여겨지게 되었고, 춘천이라는 작은 도시는 '호반의 도시', '낭만의 도시'에 더하여 '지역연구의 메카'라는 새로운 별명을 얻게 되었다.

이후 춘천문화방송과의 인연은 《'99 춘천 리포트: 춘천의 삶과 꿈》, 《춘천 리포트 3: 분권시대의 춘천》으로 이어지게 되었고, 이 긴 학문적 여정이 시작된 지 18년 만에 시리즈의 4번째 판인 《춘천 리포트 4: 개방시대의 춘천》이 마침내 빛을 보게 되었다. 그 동안 이 여정을 시작했던 '젊은 교수'들은 지천명을 넘어 이순을 바라보게 되었고, 새로운 젊은 피들이 자기들만의 학문적 보따리를 짊어진 채 이 여정에 동승했다. 이 책은 지천명의 노교수들에게는 격세지감(隔世之感)이, 그리고 이 행운의 여정을 시작한 젊은 교수들에게는 송백지무(松柏之茂)의 소원이 담겨 있는 작은 결과물이다. 이 젊은 교수들이 노교수가 될 때까지, 아니 또 다른 젊은 교수들이 그렇게 될 때까지 이 여정이 지속되기를 바란다.

이 책은 이전 책들과 마찬가지로 부제를 달고 있다. 첫 번째 저작 《춘천 리포트: 지방자치와 전환의 모색》이 지방자치라는 제도적 변화에 따른 지역사회의 구조와 변동을 그 중심에 놓고 있다면, 두 번째 저작 《'99 춘천 리포트: 춘천의 삶과 꿈》은 춘천사람들의 사고와 정체성, 일상생활과 사회적 관계 등에 초점을 두었다. 그리고 세 번째 저작 《춘천 리포트 3: 분권시대의 춘천》은 참여정부의 시작과 함께 본격화된 분권시대가 춘천이라는 도시공간과 그 속에 사는 사람들에게 어떤 영향을 미치는지 살펴보았다. 이번 《춘천 리포트 4: 개방시대의 춘천》은 세계화의 거센 물결이 지방의 지역사회를 휩쓸고 있는 상태에서 수도권과의 시간적 · 심리적 거리가 축소되는 이른바 '개방시대'가 춘천에 도래하고 있다는 인식에서 출발했다.

흔히 우리는 춘천을 '정중동'의 도시라고 부른다. 인근 농촌지역과 수도권을 잇는 인구학적 중간거점지로서 유동인구도 많고, 자고 일어나면 가게 간판이 바뀌는 그런 '동'(動)의 도시이면서도, 길게 보면 인구나 산업구조 등에서 그리 뚜렷한 변화가 감지되는 않는 '정'(靜)의 도시 춘천의 특성을 표현한 말이다.

하지만 춘천-서울 간의 고속도로가 뚫리고 복선전철이 완공되면 춘천은 전례 없는 변화의 소용돌이에 휘말리게 될 것이다. 이번 조사에 나타난 바와 같이 민심은 벌써 심하게 요동치고 있다. 춘천시민들 대다수가 수도권과의 교통여건이 개선되면 춘천이 수도권에 편입될 것이고, 따라서 한국 사회에서 수도권이 누리는 각종 프리미엄을 춘천도 향유할 수 있을 것이라고 기대하는 듯하다. 얼마 전까지 수도권 규제완화를 거칠게 반대하던 민심은 벌써 이를 옹호하는 쪽으로 돌아서고 있다는 것이 이번 조사에서 새롭게 확인되었다.

시민들은 수도권과의 교통망 개선이 춘천의 인구증가, 지역경제의 활성화, 문화적 기회의 확대, 일자리의 확대와 질적 개선, 소득수준 향상 등과 같은 긍정적 결과를 가져올 것이라고 전망한다. 하지만 많은 전문가들은 춘천의 미래에 대해 우려 섞인 목소리를 내기도 했다. 지방의 인구와 자원을 무섭게 빨아들이는 수도권이 춘천과 수10분 거리로 가까워지면 흔히 말하는 '빨대효과'가 나타날 여지가 크다는 것이다. 그 대표적인 예로 수도권으로의 소비 엑소더스(*exodus*)가 현실화되면, 지역상권이 붕괴하고 일자리가 감소할 뿐 아니라 수도권으로의 부의 이탈이 가속화될 우려도 있다. 자립적 발전의 기반이 갖추어지지 않은 지방도시 춘천은 생존을 위해 수도권에 의존할 수밖에 없는 처지로 전락할 수도 있다. 수도권과의 교통망 개선에 대한 희망과 우려가 교차하는 물안개의 도시 춘천은 그 물안개보다 더한 농무(濃霧) 속에서 앞날을 쉬이 내다보기 힘든 처지에 놓인 것이다. 이런 의미에서 춘천은 지난 반세기 동안 진행되어온 지역불균형적 발전전략의 최대 희생자들, 대부분의 지방 중소도시들의 미래를 가늠해볼 수 있는 '실험실'과 같은 공간이라는 점에 이 연구의 의의가 있다.

이 책은 서론에 해당하는 제1~3장을 제외하고는 모두 이 문제를 직·간접적으로 논의하였다. 저자들은 개방시대를 맞이한 중소도시 춘천이 미래에 대한 우려를 걷어내고 한 단계 발전할 수 있는 계기를 마련할 필요가 있으며, 이를 위해서는 지역의 다양한 주체들이 긴밀한 협력체계를 구축하고 자립적 발전을 위한 강도 높은 자구책을 강구해야 한다고 주장한다.

먼저 제4장 "춘천사회의 계층구조와 불평등"에서는 수도권과의 교통망 개선이 가져오는 효과를 직접적으로 언급하지는 않았지만 그 부정적 효과에 대한 중요한 함의를 제시한다. 이에 따르면 춘천은 IMF와 경제위기를 거치면서도 불평등의 정도가 심화되지 않았다. 하지만 이는 제조업의 기반이 워낙 취약한 춘천의 경제구조를 반영하는 것일 뿐 경제가 상대적으로 호전되었기 때문은 아니다. 앞으로 수도권과의 교통망이 개선되면 자립적 발전을 위한 산업이 부족한 춘천으로서는 지역 상권과 자영업자의 몰락에 뒤이어 경제적 불평등이 심화될 가능성이 크다고 할 수 있다.

제5장 "지방자치와 지역정치"에서는 춘천시민들이 가진 수도권에

대한 뿌리 깊은 의존성향을 분석한다. 그리고 개방시대를 맞이한 춘천이 지역정체성을 살리면서 지역발전을 도모하기 위해서는 지역의 사회적 행위자들 간의 광범한 협력네트워크와 이를 통한 집단지성의 발휘가 필요하다는 점을 제시한다.

제7장 "시민사회와 지역정체성"에서는 지역발전을 시민사회의 역할과 연결시키는 시도를 하였다. 특히 보수적이고 중앙지향적 발전을 선호하는 일반시민들과 개방적 · 대안적 · 지역중심적 발전을 지향하는 시민사회단체 간의 괴리를 극복하는 일이 시급하다고 제안한다.

제8장 "중소도시의 대학: 토착사회의 창조 노마드"는 이러한 시각을 좀더 발전시켜 창조적 발전의 자원을 제공하는 대학과 토착적 시민사회, 그리고 지자체 간의 깊은 상호의존의 방안을 논의한다.

마지막으로 제9장 "지역사회 춘천의 발전과 이슈, 그리고 과제"에서는 다양한 지역사회의 발전 이슈들을 검토하면서 이러한 발전전략들이 중앙의존적이고 대외의존적이었음을 지적하고, 이를 바로잡기 위한 방안으로 쌍방적 발전전략을 주문하였다.

한편 춘천은 우리나라, 아니 세계의 다른 도시들과 마찬가지로 거미줄처럼 얽힌 세계화의 네트워크에 빠르게 개방되고 있다. 지방 중소도시인 춘천에서도 강변을 따라 뜀박질을 하는 벽안의 외국인을 보는 일이나 대학 캠퍼스 곳곳에서 강한 톤의 중국어를 듣는 일이 너무나도 평범한 일상이 되어버렸다. 2007년 통계에 따르면 춘천에 거주하는 외국인 수는 2,300여 명이었고, 그 증가 추세로 볼 때 2009년 현재는 3,000명을 훌쩍 넘겼을 것으로 보인다. 춘천인구 100명당 1명 이상이 외국인이라는 말이다. 그리고 이러한 국제화의 추세는 외국인 유학생 수가 증가하고 국제결혼이 확대되면서 더욱 가속화될 전망이다. 우리 사회 전반이 그러하듯이 춘천도 다문화사회로 가는 길목에 서있는 것이다. 특히 도농복합지역인 춘천의 경우 중국과 동남아 등지에서 들어오는 결혼이민자의 수가 가파르게 증가하고 있다. 인구학적 측면에서 춘천은 다문화사회가 되고 있다. 하지만 문화와 의식, 가치관의 측면에서는 폐쇄적이고 보수적인 성격이 여전히 강하게 남아있다. 이러한 춘천 지역사회에서 결혼이민자들은 일차적 사회관계의 최후 보루인 가족 내에서도 사회적 적응에 실패하고 있다. 다문화사회의 축소판이라고 할 수 있는 다문화가족 내에서 목격되는 문화적 갈등과 인종주의적 편견은 다문화의 용광로가 되어야 할 지역사회에 어두운 그림자를 드리우고 있다. 이에 제 6장 "지역사회의 소수자로서 다문화 가족"에서는 설문조사와 심층면접을 통해 다문화가족과 결혼이민자들이 겪는 다양한 적응의 문제들을 짚어내고, 이를 해결할 수 있는 대안을 제시하였다.

지방의 중소도시에 대한 연구가 네 번에 걸쳐 꾸준히 이루어질 수 있었다는 것 자체가 놀라운 일이다. 그동안 《춘천 리포트》 시리즈에 함께해 온 춘천문화방송이 이번에도 어김없이 커다란 도움을 주었으며, 특히 춘천시가 이 프로젝트에 새롭게 동승한 것도 커다란 성과였다. 관 · 산 · 학 협력체제가 이 작은 결과물을 더욱 빛나게 해준 것이다. 도움을 주신 춘천시 이광준 시장님과 이공우 전 부시장님, 그리고 춘천문화방송의 정홍보 사장님, 최윤태 홍보심의팀장님께 이 자리를 빌려 감사의 말씀을 전한다. 유행과 베스트셀러만을 고집하는 요즘의 출판문화 속에서 상대적으로 독자층이 넓지 않은 학술서적의 발간할 때마다 흔쾌히 수락해 주신 나남출판의 조상호 사장님께도 진심어린 사의를 표한다. 또한 물심양면으로 연구진들을 격려

해주신 한림대학교 이영선 총장님께도 감사드린다. 무엇보다도 설문조사를 위해 가가호호 방문하며 수고해준 한림대학교 사회학과의 최광수 군을 비롯하여 27명 학생들에게 마음 깊이 고마움을 전한다. 더운 날씨에 흘린 땀방울이 이런 훌륭한 결실을 맺게 된 것에 자부심을 느끼기를 바란다. 그 외에도 긴 설문지를 꼼꼼히 작성해 준 600명의 춘천시민들께도 이 자리를 빌려 감사의 말씀을 전한다. 끝으로 이 책이 중소도시 춘천의 발전과 지역사회의 활성화에 작은 보탬이나마 될 수 있기를 간절히 기원한다. 《춘천 리포트 5》로 지역사회에 관심을 가진 독자들을 다시 만날 수 있기를 기대한다.

2009년 7월

춘천 봉의산 자락에서 집필자를 대표하여

한림대학교 사회조사연구소 소장 정 동 일

나남신서 1413

# 춘천 리포트 4

## 개방시대의 춘천

## 차례

1

# 연구의 목적과 개관

정동일

## 1. 연구의 목적

흔히 춘천을 일컬어 '정중동(靜中動)의 도시'라 한다. 문화, 관광, 레저 등 춘천을 부르기 위해 여러 수식어들이 사용되지만 '정중동'이라는 말만큼 사회학적 수식어를 찾기는 쉽지 않다고 생각한다. 이 말은 개인 수준에서 인구이동이나 직장이동이 매우 활발하고 소규모 사업체들의 흥망성쇠가 끊이지 않고 일어나지만, 정작 인구규모와 구성, 산업구조와 같은 거시적 지표들은 매우 안정적이며 시민들의 생활양식이나 의식은 매우 구조화되어 있는 춘천의 상황을 묘사한 말이다.

하지만 "10년이면 강산도 변한다"는 속담이 말해주듯이 수십 년이라는 긴 시간을 놓고 보면 그동안 축적된 미세한 변화들은 춘천의 모습을 적지 않게 바꾸어온 것 또한 사실이다. '정중동'이 아니라 '동중정'의 시각으로 이 긴 세월을 분석해 볼 필요가 있는 것이다. 최근 20여 년의 역사만을 보더라도 경제발전과 위기, 민주화의 진전, 지방자치제의 도입, FTA와 세계화를 화두로 한 신자유주의의 확대 등과 같이 초지역적 사안뿐만 아니라 도농통합, 각종 도로망의 확충, 미군기지 이전 등 지역을 중심으로 전개된 굵직한 사안들이 춘천의 인구, 산업, 경제, 계층구조, 사회적 관계, 문화생활, 정치성향 등에 일정한 변화를 가져왔다는 점은 부인할 수 없는 사실이다. 따라서 이 시점에서 과거로부터 현재로 이르는 춘천의 변화를 정리하고 그 가운데 지속적으로 유지되는 구조적 측면은 무엇인지 밝혀보는 것은 매우 의미 있는 작업이라고 할 수 있다.

춘천의 미래로 눈을 돌려보자. 이와 관련하여 화두는 수도권이다. 많은 이들은 서울-춘천 고속도로와 복선전철이 현실화될 2010년 즈음에 들어서면 춘천은 전대미문의 거대한 변화의 소용돌이에 내몰리게 될 것으로 예상한다. 이 같은 교통여건의 개선은 단순히 수도권에 대한 접근성의 제고나 심리적 거리의 축소와 같은 차원을 넘어서 춘천의 인구와 산업뿐만 아니라 시민들의 의식과 관행, 생활양식, 문화 등의 모든 측면에 거대한 변화를 가져올 것으로 보인다. 이와 더불어 현 정부 들어 빠르게 현실화되어 가는 수도권 규제완화 움직임은 그동안 국토의 '균형발전'이라는 정책적 기조하에 그 명맥을 유지하던 제도적 보호막이 걷혀질지도 모른다는 불안감을 조성한다. 그러나 변화의 소용돌이가 코앞에 다가왔음에도 불구하고 '수도권에 인접한 비수도권 도시'인 춘천은 어느 누구도 그 변화의 규모나 방향을 정확히 예측하기 어려운 불확실성의 상황에 놓여 있는 것 또한 사실이다.

수도권 중심의 경제발전 전략하에서 막대한 피해를 감수해온 춘천지역은 앞으로 어떤 변화를 맞이하게 될 것인가? 많은 시민들은 지역의 오랜 숙원인 수도권 접근성 제고가 인구증가, 고용창출, 산업발전 효과 등 수도권으로부터의 긍정적 파급(*spillover*) 효과를 가져올 것이라는 장밋빛 미래를 점친다. 한편 다른 많은 시민들은 도시의 자생력이 채 갖추어지지 않은 채 수도권의 강력한 구심력에 노출되면 춘천이 결국 수도권의 변두리로 전락하게 될 것이라고 전망한다. 수도권과의 관계라는 측면에서 복잡하게 얽혀있는 실타래가 어떤 방향으로 풀릴 것인지, 그리고 그에 따라 춘천의 미래가 어떻게 전개될 것인지에 대해서는 저마다 다른 예측을 내 놓고 있다. 그만큼 불확실성이 큰 것이다. 하지만 분명한 점은 춘천의 시민들은 앞으로 다가올 변화에 대해 희망과 불안감을 동시에 품고 살고 있다는 것이다. 그리고 이들은 새로운 시대에 적응하기 위해 나름대로 무언가 준비하고 있다.

춘천의 미래와 관련해 주목해야 할 또 하나의 측면은 춘천이라는 도시도 국제화 혹은 세계화의 소용돌이로부터 자유로울 수 없다는 점이다. 미군기지가 옮겨가면서 뜸해진 외국인들은 다른 종류의 외국인들로 빠르게 대체되고 있다. 영어교육의 붐을 타고 들어온 푸른 눈의 외국인을 거리에서 마주치는 일, 대학에 유학 온 중국·동남아인의 강한 억양을 듣는 일, 대형마트에 쇼핑하러 나온 결혼이주여성의 어색한 눈빛을 맞닥뜨리는 일은 이젠 춘천에서도 낯선 풍경이 아니다.

수도권과의 접근성 제고와 국제화의 바람은 그동안 비교적 폐쇄적 공동체로 남아 있던 춘천에 새로운 변화를 불러일으킬 것으로 보인다. 이러한 춘천의 미래를 이 연구는 '개방시대'로 정의하고자 한다. 그리고 이 개방시대가 본격화되기 시작하는 이 시점은 오랜 기간 동안 천천히 그리고 꾸준히 변화해온 춘천의 과거를 정리하고 변화할 미래의 방향을 가늠해 보아야 할 중요한 때라고 할 수 있다. 이 연구의 의의가 바로 여기에 있다. 이 연구는 지역의 인구, 경제, 산업적 현실과 지역민의 의식, 가치관, 생활양식을 조사하는 일반적 지역조사 연구의 목적 이외에도 춘천의 과거를 정리하고 미래를 예측하는 '징검다리'로서의 역할을 하고자 하는 목적도 가지고 진행되었다.

다행스럽게 우리는 춘천의 과거를 되짚어볼 중요한 자료를 가지고 있다. 바로 한림대학교 사회조사연구소에서 1991년부터 총 3회에 걸쳐 발간한 《춘천 리포트》 시리즈가 그것이다. 그리고 이로부터 촉발된 다양한 조사연구들 또한 춘천의 과거를 복원할 수 있는 중요한 퍼즐조각들이다. 이 연구는 2008년에 수행된 조사연구에 기초한다. 하지만 동시에 우리는 《춘천 리포트》 시리즈를 포함한 다양한 과거의 자료들을 활용하여 춘천의 인구, 경제, 산업, 그리고 시민들의 의식과 생활 등 다방면에 걸친 변화를 되짚어 보고자 한다. 이러한 종단적 형태의 연구는 현재의 춘천에 대한 이해를 확장시킬 수 있을 것으로 기대한다.

이와 동시에 이 연구는 춘천의 미래를 가늠해 보기 위해 설문조사의 상당부분을 이와 관련된 질문으로 채웠으며, 별도의 인터뷰를 진행했다. 그리고 이러한 과정을 거쳐 귀중한 자료를 확보할 수 있었다. 개방시대를 목전에 둔 춘천시민들은 이에 대해 어떤 생각을 하고 있으며, 어떤 준비를 하고 있는가? 그리고 이를 통해 무엇을 얻을 수 있다고 생각하며, 무엇을 잃을 것이라고 생각하는가? 개방시대 춘천지역의 바람직한 미래상은 무엇이라고 보며, 이를 위해 지역 차원에서 어떤 준비를 해야 한다고 판단하고 있을까?

## 2. 조사의 개요

이 조사는 2008년 9월 29일부터 10월 18일까지 춘천시[1]에 거주하는 만 20세 이상 성인남녀 600명을 대상으로 실시되었다. 표본의 선

1) 도농 통합 이전에 이루어진 《춘천 리포트 1》을비롯해 그 이후에 이루어진 《춘천 리포트 2》와 《춘천 리포트 3》은 농촌지역을 제외한 도시지역 주민들만을 조사대상으로 했다. 이번 조사는 인구비례에 따라 농촌지역을 조사에 포함시켰는데, 그 이유는 최근 수년간 계획되었거나 진행중인 도시개발 프로젝트들에 농촌지역이 포함되어 있을 뿐만 아니라 춘천의 교외화가 빠른 속도로 진행되면서 도시지역 인근 농촌지역은 이미 도시적 변모를 갖추었다는 판단 때문이다.

정은 '규모비례확률'(PPS: *probability proportionate to size*) 방법을 활용하였다. 이 방법은 각 집락의 크기에 비례해서 표본을 선정하도록 하는 방법으로 지역조사의 경우 가장 효율적이고 적합한 확률표집방법이다. 구체적으로 2008년 7월 현재 춘천에 거주하는 주민들을 대상으로 읍면동별 인구수에 비례하여 표본수를 할당했다. 도시지역의 경우 모든 동을 표집에 활용했고, 농촌지역의 경우는 몇 개의 면들을 도시지역을 중심으로 동·서·남·북, 4개의 단위로 묶었다. 〈표 1-1〉은 각 지역별로 할당된 표본수를 간단히 정리한 것이다.

〈표 1-1〉 조사대상지역 표본수

| | 조사지역 | 조사인원(명) | |
|---|---|---|---|
| 신북읍 | 유포리 | 27 | 읍면지역 |
| 동내면 | 신촌리, 고은리 | 46 | |
| 남산면 | 창촌리 | 12 | |
| 서면 | 신매리 | 10 | |
| 소양동 | 7통 | 19 | 시내지역 |
| 교동 | 13통 | 11 | |
| 조운동 | 10통 | 9 | |
| 약사명동 | 3통 | 13 | |
| 근화동 | 7통 | 14 | |
| 후평1동 | 20통 | 34 | |
| 후평2동 | 9통 | 26 | |
| 후평3동 | 46통 | 54 | |
| 효자1동 | 6통 | 11 | |
| 효자2동 | 7통 | 33 | |
| 효자3동 | 3통 | 13 | |
| 석사동 | 36통 | 95 | |
| 퇴계동 | 10통 | 96 | |
| 강남동 | 13통 | 35 | |
| 신사우동 | 34통 | 42 | |
| 계 | | 600 | |

그 다음 도시지역의 경우 해당 동에서 무작위로 통을, 그리고 선정된 통 중에서 무작위로 반을 선정했다. 훈련받은 조사원들이 직접 방문하여 선정된 반에서 가장 낮은 번지수부터 차례로 면접조사를 실시했다. 선정된 반에서 조사가 완료되었음에도 불구하고 표본수가 채워지지 않은 경우 다음 반으로 이동하여 계속 조사하였다. 농촌지역의 경우는 동·서·남·북, 각 지역단위로부터 한 개의 리를 선정하여 1번지부터 조사하였다.

면접조사는 자기기입식(*self-administered*)으로 진행되었으나 무응답이나 응답오류를 줄이기 위해 조사원이 현장에서 설문지를 검토하여 부정확한 부분을 재질문하는 방식으로 진행되었다. 조사를 통해 수거된 600매의 설문지를 일일이 검증한 결과 분석에 활용되기 적합하지 않다고 판단된 2부의 설문지를 제외하고 총 598매의 유효설문지를 분석하였다. 응답자의 기본적인 사회·인구학적 특성은 〈표 1-2〉와 같다.

먼저 성별로는 남성이 40%, 여성이 60%였으며, 연령별로는 전 연령대에 걸쳐 고르게 조사되었으나 40대가 약간 많았다. 학력별로는 고등학교 졸과 4년제 대학 졸이 가장 많아 각각 36%, 35%를 차지했고, 중졸 이하는 대략 18%로 나타났다. 춘천거주기간을 10년 단위로 범주화해본 결과 단기거주자와 장기거주자가 골고루 분포되어 있었으나 40년 이상의 장기거주자가 24.6%로 가장 많았다. 한편 주 성장지는 춘천이 45%, 춘천을 제외한 강원도가 25%로 강원도 출신이 전체 표본의 70%를 차지했고, 서울 및 경기도 출신은 16.6%로 나타났다. 혼인상태별로는 기혼자가 68.1%로 가장 많았고, 미혼자가 23.2%, 이혼, 별거, 사별이 8.6%로 조사되었다. 주택소유형태는 자가가 64.5%, 전월세가 25.3%였으며, 기타형태가 10.2%였으며, 기타가 많은 이유는 군인 아파트 거주자가 많았기 때문인 것으로 파악된다. 본인의 월평균 소득은 0~100만 원 사이가 가장 많아 절반

〈표 1-2〉 응답자의 특성

| 변수 | 범주 | 빈도(%) |
|---|---|---|
| 성별 | 남성 | 238(39.8) |
| | 여성 | 360(60.2) |
| 연령별 | 20대 | 116(19.4) |
| | 30대 | 110(18.4) |
| | 40대 | 132(22.1) |
| | 50대 | 120(20.1) |
| | 60대 이상 | 119(19.9) |
| 학력 | 초등학교 졸 이하 | 63(10.5) |
| | 중졸 | 42(7.0) |
| | 고졸 | 216(36.1) |
| | 전문대졸 | 69(11.5) |
| | 4년제 대졸 이상 | 208(34.8) |
| 춘천거주기간 | 10년 미만 | 128(21.4) |
| | 10~19년 | 116(19.4) |
| | 20~29년 | 116(19.4) |
| | 30~39년 | 91(15.2) |
| | 40년 이상 | 147(24.6) |
| 주 성장지 | 춘천 | 270(45.3) |
| | 춘천을 제외한 강원도 | 149(25.0) |
| | 서울 | 57(9.6) |
| | 경기도 | 48(8.0) |
| | 기타 | 72(12.1) |
| 혼인상태 | 미혼 | 139(23.2) |
| | 기혼 | 407(68.1) |
| | 별거 | 5(0.8) |
| | 이혼 | 11(1.8) |
| | 사별 | 36(6.0) |
| 주택소유형태 | 자가 | 385(64.5) |
| | 전세 | 101(16.9) |
| | 월세 | 50(8.4) |
| | 기타 | 61(10.2) |

〈표 1-2〉 계속

| 변수 | 범주 | 빈도(%) |
|---|---|---|
| 본인의 월평균 소득 | 0~100만 원 미만 | 257(51.3) |
| | 100만~200만 원 미만 | 102(20.4) |
| | 200만~300만 원 미만 | 82(16.4) |
| | 300만~400만 원 미만 | 31(6.2) |
| | 400만~500만 원 미만 | 21(4.2) |
| | 500만 원 이상 | 8(1.6) |
| 직업 | 전문직 | 19(3.5) |
| | 관리직 | 10(1.9) |
| | 반 전문기술직 | 51(9.4) |
| | 사무직 | 57(10.6) |
| | 판매직 | 49(9.1) |
| | 서비스직 | 54(10.0) |
| | 생산직 | 15(2.8) |
| | 농어민 | 13(2.4) |
| | 미취업 | 272(50.4) |

을 넘어서는데, 이는 대부분 주부나 학생, 정년퇴직자들인 것으로 보인다. 400만 원 이상의 고소득자는 전체 표본의 7.8%에 불과했다. 직업별로는 미취업(50.4%)을 제외하고 사무직(10.6%), 서비스직(10.0%), 판매직(9.4%), 반 전문기술직(9.1%) 순으로 많았는데, 이는 2차 산업의 발달이 저조하고, 서비스업과 도소매업이 극히 발달한 춘천의 산업구조를 반영하는 것으로 볼 수 있다.

2

# 춘천의 인구

정동일

## 1. 서론

한국 지역사회 연구의 시발점이 되었던 《춘천 리포트 1》이 출판된 지 대략 반 세대가 지나갔다. 당시 이 책에서 '호반의 도시' 춘천을 큰 격랑이 없는 잔잔하고 고요한 호수에 비유한 것이 흥미롭다. 강원도의 수부이며 행정도시인 춘천은 수도권에 근접해 있으면서도 '소중한 상수원과 관광자원을 가지고 있기 때문에' 그 발전이 수도권과 중앙정부에 의해 상당 부분 억제되었고, 따라서 '춘천의 인구는 호반에 고여 있는 물처럼 커다란 변화를 보이지 않고 있다'고 평가한 《춘천 리포트 1》 연구진의 통찰력이 돋보이는 대목이다(한림대 사회조사연구소, 1991: 34). 그리고 아직도 춘천은 상수원보호구역으로 묶여 있고, 이렇다 할 산업시설이 제대로 갖추어져 있지 못하며, 따라서 인구증가의 속도도 자연증가율 이상을 벗어나지 못한다는 점에서 춘천을 호수에 빗댄 17년 전의 비유는 지금도 여전히 유효하다고 할 수 있다.

여기서 우리는 《춘천 리포트 1》에 명시적으로 드러나지는 않았지만 춘천이 가지는 호수의 속성을 또 한 가지 짚어볼 수 있다. 마치 호수의 수위가 항상 일정하고 물의 흐름도 정체된 것처럼 보이지만, 실제로는 상류로부터 끊임없이 물을 공급받고 또 그만큼의 물을 하류로 흘려보내는 것처럼, 춘천이라는 호수도 17년의 세월동안 많은 양의 새로운 '물'을 받아들이고 또 내보냈다는 점이다. 수면은 흡사 평온하고 정체된 것처럼 보이지만, 그 수면 아래서는 도시 춘천을 구성하는 구성원들이 꾸준히 교체되었다. 그런 점에서 춘천은 '정'(靜)뿐만 아니라 '동'(動)을 지니는 '정중동'의 도시라고 할 수 있다. 춘천은 인구학에서 말하는 단계적 이동의 중간거점지로서 도내 타 지역으로부터 유입되는 인구만큼 수도권을 비롯한 타 지역으로 꾸준히 인구가 유출된다. 또한 대학, 의료시설, 행정기관 종사자들이 이주해 오기는 하지만 많은 사람들이 오래 머물지 않고 다시 수도권으로 돌아가는 양상을 보인다.

17년간 이어진 정중동의 춘천은 《춘천 리포트 1》이 발표되었던 1990년대 초반과 어떤 점에서 유사하고 어떤 점에서 변화했는가? 도시 구성원의 교체와 더불어 춘천이라고 비껴갈 수 없는 세계화의 흐름, 지방자체제도의 도입을 비롯한 각종 지역정책의 변화, 그리고 수도권과의 교통망 개선에 대한 기대감과 불안 등이 춘천의 모습과 춘천인의 생활에 어떤 변화를 가져왔을까? 이 책의 각 장들은 이러한 문제의식을 객관적 자료를 바탕으로 상세히 짚어 내고자 한다. 이를 위한 기초적 작업으로 이 장에서는 춘천의 인구구조와 인구변동에 대한 분석을 실시한다.

## 2. 인구추세 및 인구변동

2005년 센서스에 따르면 춘천의 인구는 260,234명으로 광역시를 포함한 전국 85개 도시들 가운데 38위에 속하는 중소도시이다. 1990년 67개 도시 가운데 21위였던 점을 감안하면 타 도시에 비해 인구성장이 다소 느린 것으로 볼 수 있다. 지난 10년간 춘천의 연평균 인구증가율은 1.1%로 85개 도시 가운데 38위를 기록했다. 하지만 춘천과 비슷한 인구 규모를 가진 28개 도시들의 10년간 연평균 인구증가율이 평균적으로 2.3%였던 것에 비하면 춘천의 1.1%는 매우 낮은 수치이고 그 순위도 18위로 비교적 낮은 편이다.

〈그림 2-1〉은 1995년도에 춘천과 인구규모가 가장 비슷했던 5개 도시들의 지난 10년간 인구추세를 보여준다. 1995년에 24만 명 정도였던 용인시의 인구는 매년 평균적으로 11% 정도의 인구증가세를 보여 2005년에는 70만에 육박하고 있다. 남양주시나 군포시의 경우도 연평균 증가율이 각각 6.3%, 1.4%를 기록했다. 강원도에서는 원주의 인구가 23만 7천명에서 28만 3천명으로 10년 동안 매해 1.8% 정도씩 증가했고, 강릉의 경우는 거의 변화가 없었다.

지난 10년간 인구증가율이 평균 1.1%를 보였다고는 하지만 그 추세를 보면 최근으로 올수록 급격히 떨어진다. 〈그림 2-2〉에 따르면 2000년 이후 인구증가폭의 감소세가 뚜렷하게 나타나고, 2%대에 육박하던 인구증가율도 2001년에 0%로 급락했다가 이후 0.5% 선에서 크게 벗어나지 못하고 있다.

이와 같이 0.5%대 인구성장률의 추세가 지속된다는 가정하에 춘천의 장래 인구를 추계해 보면, 춘천인들이 희망하는 인구 30만의 도시는 앞으로도 28년이 더 지난 2036년이 되어서야 달성되고, 인구 50만은 그로부터 100년이 더 지난 2136년이 되어야 가능하다는 계산이 나온다. 하지만 저출산 고령화의 여파로 인해 전국적으로 인구의

〈그림 2-1〉 춘천시와 몇몇 도시의 연평균 인구증가율 추이

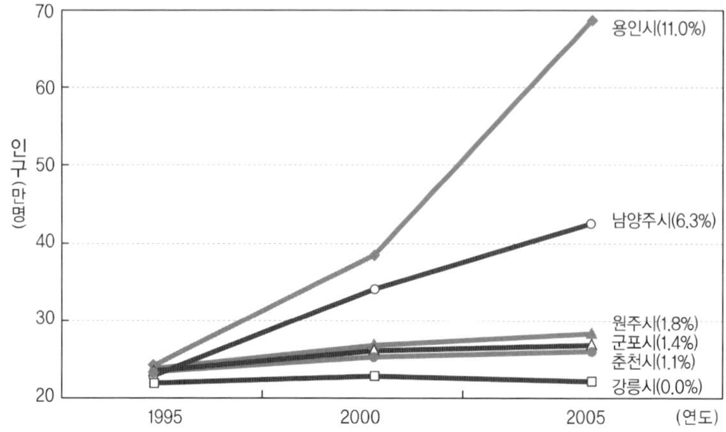


〈그림 2-2〉 춘천시의 연도별 총인구와 인구증가율 변화추이

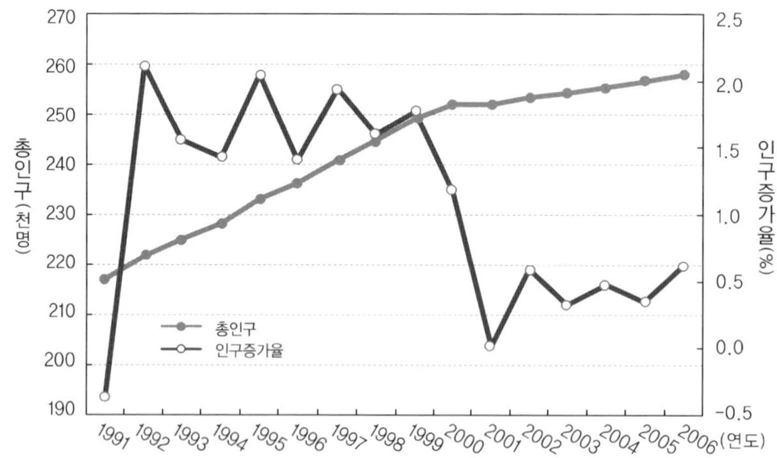

자연증가율이 현저히 떨어질 뿐 아니라, 춘천에 젊은 인구를 공급해 주던 춘천 인근 농촌의 인구가 급속히 고령화되고 있다는 점을 고려하면 춘천의 인구가 30만을 넘어서기는 앞으로 쉽지 않을 전망이다.

인구학에 따르면 인구성장은 출생, 사망, 그리고 인구이동에 의해서 결정된다. 춘천의 경우 출생자 수에서 사망자 수를 뺀 자연증가분은 항상 순증가를 기록했다. 인구통계에 따르면 매해 출생자 수가 사망자 수를 500~800명 정도 앞지르는 것으로 조사되었고, 이 증가분이 매해 전체 인구증가율 중 대략 0.2~0.3%를 고정적으로 설명하는 것으로 보인다. 이렇게 볼 때 인구성장의 나머지 한 요소인 인구이동이 인구증가율의 시간적 변이를 대부분 설명한다고 해석할 수 있다. 따라서 1992년부터 2000년까지 비교적 높은 인구증가율은 인구유출에 비해 인구유입이 많았기 때문이며, 그 이후 인구증가율이 둔화된 것은 인구유입이 점차로 감소하는 대신 인구 유출이 상대적으로 증가했기 때문이라고 할 수 있다. 인구이동이 중요한 것은 이것이 그 지역사회가 가진 상대적 매력성을 나타내는 간접적 지표가 될 수 있기 때문이다. 다시 말하면 수도권 및 도내 타지역에 비해 춘천이 가진 인구 흡인 요인이 2000년 이후 급격하게 감소한 반면, 인구를 배출하는 요인이 크게 증가했다는 해석이 가능하다.

이를 보다 자세히 살펴보기 위해 인구이동을 전입과 전출로 나눈 후 그 각각을 다시 강원도 내에서의 전입과 강원도 이외 지역으로부터의 전입, 그리고 강원도 내 타 지역으로의 전출과 강원도 이외 지역으로의 전출로 나누어 그 시간적 추이를 나타내 보았다. 〈그림 2-3〉에 따르면 2001년을 제외하고 '도내에서의 전입'과 '도 밖에서의 전입'을 합한 전입 요인이 '도내로의 전출'과 '도 밖으로의 전출'을 합한 전출요인보다 대체로 큰 것으로 나타났다.

하지만 전입과 전출을 하위 네 종류로 나누고 여기에 시간축을 함께 고려하면 몇 가지 흥미로운 사실들을 확인할 수 있다. 첫째, 도

〈그림 2-3〉 인구이동 유형에 따른 춘천의 이동자 수 변화추이

단위: 천 명

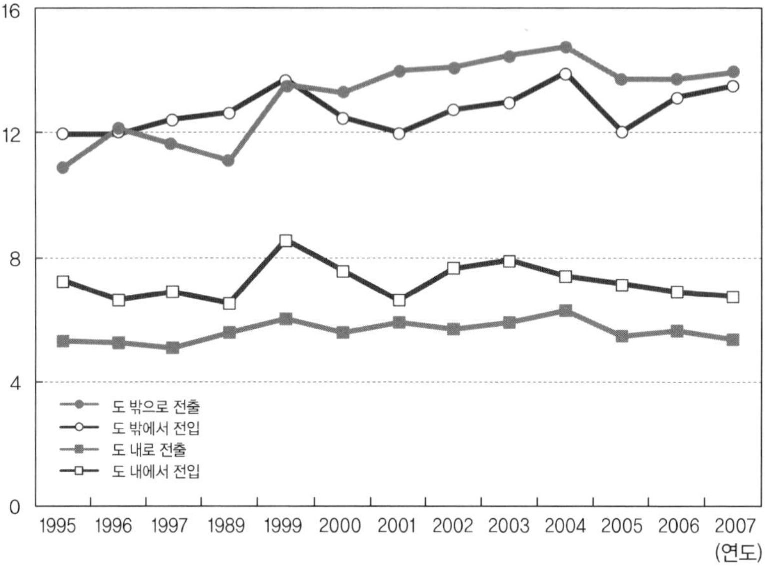


내 타 지역으로 빠져나가는 인구보다 도내 타 지역으로부터 유입되는 인구가 대략 1~2천 명 정도 많지만 강원도 이외의 지역으로부터 유입되는 인구는 빠져나가는 인구에 비해 대체로 적다는 점이다. 이러한 패턴은 특히 1998년 이후 보다 분명해지는데, 이는 춘천이 강원도 내 농촌지역의 인구를 흡수한 후 다시 수도권을 비롯한 타 지역으로 이들을 내보내는 인구이동의 중간 거점지 역할을 한다는 것을 의미한다.

둘째, 시간이 지남에 따라 전체적으로 전입에 비해 전출이 다소 증가했으며, 그 가장 커다란 요인은 무엇보다도 강원도 이외의 지역으로의 전출이 빠르게 증가하기 때문이라는 점이다. 1999년까지 도 이외의 지역에서 유입되는 인구가 도 밖으로 빠져나가는 인구를 대체로 웃돌았지만 2000년 이후 적게는 5백여 명, 많게는 2천여 명가량

〈표 2-1〉 2001~2006년까지 전출입지별 인구수

| 지역 | 6년 합계 전출입 인구수 | | 연평균 전출입 인구수 | |
|---|---|---|---|---|
| | 전입 | 전출 | 전입 | 전출 |
| 도내 | 230,833 | 222,228 | 38,472.2 | 37,038 |
| 수도권 | 57,093 | 66,038 | 9,515.5 | 11,006.3 |
| 영남권 | 7,995 | 7,104 | 1,332.5 | 1,184 |
| 호남권 | 3,714 | 3,021 | 619 | 503.5 |
| 충청권 | 7,317 | 7,766 | 1,219.5 | 1,294.3 |
| 제주권 | 521 | 554 | 86.8 | 92.3 |

전출이 전입을 앞섰다. 춘천에서 배출된 인구가 어디로 가는지에 대해서는 보다 상세한 분석이 뒤따라야 하겠지만, 대체로 이들의 목표지는 춘천에서 지리적으로 가까이 있으면서 매우 강한 인구흡인력을 지닌 수도권일 것이라고 추정하는 데에 큰 무리가 없을 것이다.

셋째, 도내에서의 인구이동의 경우는 전출이 약간 증가하고 전입이 약간 감소한 것으로 나타났지만 대체로 그 추세는 매우 안정적이라고 할 수 있다. 이를 종합하면, 최근 원주의 부상에도 불구하고 춘천은 인구학적 측면에서 보면 여전히 강원도 내에서 맹주의 위치에 있다고 볼 수 있다. 하지만 수도권과의 인구 경쟁력은 시간이 갈수록 약화되는 모습을 보인다.

2001년부터 2006년까지 춘천의 인구이동을 기원지와 목표지별로 나누어 살펴본 〈표 2-1〉을 보면 수도권과의 인구 경쟁에서 춘천이 매우 취약하다는 사실을 알 수 있다. 춘천은 지난 6년 동안 도내 타 지역으로부터 매년 평균적으로 1천 5백 명가량의 순 인구이동을 기록했고, 영호남권으로부터의 인구유입도 인구유출보다 다소 앞섰다. 하지만 같은 기간 동안 서울, 인천, 경기 등 수도권으로부터 5만 7천 명 정도 인구가 유입된 반면, 6만 6천 명 정도의 인구가 이 지역으로 유출되었다. 이를 연평균으로 환산하면 매년 대략 1천 5백 명이 순감

소한 것으로 계산되는데, 이 수치는 공교롭게도 강원도에서 춘천으로 순유입(유입-유출)된 인구와 거의 일치한다.

인구이동이 한 사회의 인구성장과 밀접한 관련이 있기는 하지만 보다 중요한 측면은 인구이동의 선택성과 그로 인해 나타나는 인구구성의 변화이다. 특히 연령에 따른 선택성의 패턴은 그 사회의 활력과 장기적 발전 가능성을 가늠할 수 있는 척도가 된다는 점에서 매우 중요하다. 인구학의 연구결과에 따르면 안정적 직장생활이 시작되기 직전인 20~30대 초반 연령대의 이동성이 가장 높다는 것이 일반적 견해이다. 그 다음으로는 그들의 자녀 연령대인 10세 이전 인구의 이동성이, 그리고 은퇴연령인 60세 이후 인구의 이동성이 뒤를 잇는다고 알려져 있다.

이러한 패턴은 춘천의 경우에도 크게 다르지 않다. 1995년과 그 후로부터 12년 뒤인 2007년에 계산된 춘천의 연령별 인구이동률이 〈그림 2-4〉에 나타나 있다. 전체적인 연령별 인구이동의 모습은 인구학의 일반론을 크게 벗어나지 않는다. 10세 미만 인구의 대략 10% 정도가 매해 춘천을 빠져나가고 비슷한 정도의 인구가 춘천으로 유입되는 것으로 나타났다. 그 이후 인구 이동률은 차츰 감소하다가 20대에 들어 다시 급격히 증가해서 25~29세 사이에는 매해 대략 15%의 인구가 유출되고 그만큼의 인구가 춘천으로 유입되었다. 본격적인 직장생활이 시작되는 30대 후반부터 50대까지의 인구이동률은 유입과 유출을 합쳐서 10% 이내에 고착되다가 60대 이후 소폭 증가했다.

1995년과 2007년을 비교하면 이러한 패턴에는 커다란 변화가 없었지만 강원도의 경계를 벗어난 인구이동률이 다소 증가했다. 특히 강원도 밖으로의 이출률이 10세 이상의 전 연령대에서 1~2% 정도씩 증가한 것은 눈여겨 볼 만하다. 이러한 이출인구의 대부분이 수도권을 목적지로 한다는 점을 고려할 때 수도권이 춘천 인구증가의 구조

〈그림 2-4〉 춘천의 연령별 인구이동률 비교(1995년과 2005년)

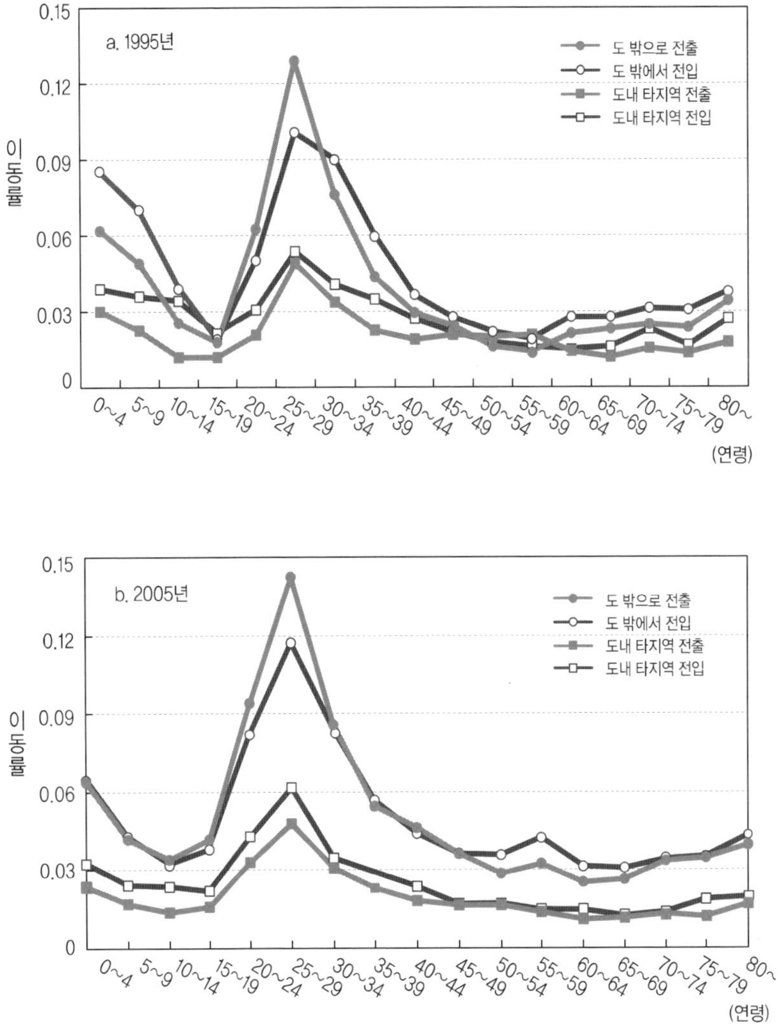

적 제약조건이라는 사실을 다시 한 번 확인하는 결과라고 하겠다. 더군다나 구직연령대인 25~29세 인구의 경우 1995년이나 2007년 모두 도 경계를 벗어난 이출이 이입에 비해 대략 3%가량 높은 것으로 나타났는데, 이는 춘천의 노동시장 여건이 수도권의 그것에 비해 매우 열악하기 때문인 것으로 풀이된다. 이는 장기적으로 춘천인구의 고령화를 촉진하고, 도시의 활력과 발전을 저해하는 인구학적 조건이 될 수 있다는 점에 그 문제의 심각성이 있다.

또한 은퇴 연령대 인구의 유출이 1995년에 비해 보다 심각해졌는데, 이러한 결과는 춘천의 바람직한 미래상 중 하나로 제시되곤 하는 수도권 은퇴자를 위한 전원도시의 가능성도 그리 밝지 않다는 점을 시사한다. 의료시설과 사회복지시설 등 노인 친화적인 인프라가 제대로 갖추어지지 않는 이상 앞으로도 수도권으로부터 춘천으로의 이동보다는 춘천에서 수도권으로의 이동이 더욱 증가할 가능성이 매우 크다.

이러한 인구이동의 패턴은 타 지역으로의 이주 의사를 묻는 설문조사결과에서도 나타난다. 〈표 2-2〉를 보면, 먼저 응답자 598명 중 이주할 의사가 있는 사람은 217명으로 36.6%였으며 이주 의사가 없는 사람은 46.2%, 그리고 아직 생각해보지 않았다고 답한 사람은 17.5%였다. 적어도 3분의 1 이상이 현재 이주를 고려한다는 것이다. 이주할 의사가 있다고 답한 217명에게 어느 지역으로 이주하고 싶은지를 물어본 결과 역시 서울과 경기도가 46.7%, 22.9%로 나타나 수도권으로의 이주 희망자가 70%에 이르렀다.

인구이동은 흔히 다음 3가지 요소의 결합으로 설명된다. 인구이동의 가능성은 목적지(*destination*)의 흡인력과 기원지(*origin*)의 배출 요인과는 정비례하고, 기원지와 목적지 간의 거리와는 반비례한다. 이렇게 볼 때 수도권으로의 이주 의사가 높은 것은 한편으로 수도권이 가진 매력성이 춘천에 비해 상대적으로 우월한 데다 다른 한편 수도권과의 거리가 상대적으로 가깝기 때문이라고 설명할 수 있다. 즉,

〈표 2-2〉 이주 의사와 이주하고 싶은 지역의 분포

| 이주 의사 | 이주하고 싶은 지역 | 빈도(%) | 비고 |
|---|---|---|---|
| 이주할 의사가 있다 | 서울 | 100(46.7) | |
| | 경기도 | 49(22.9) | |
| | 춘천 이외의 강원지역 | 18(8.4) | |
| | 국내 타 지역 | 29(13.6) | |
| | 해외 | 18(8.4) | 무응답 3명 포함 |
| | 소계 | 214(100.0) | 217(36.6) |
| 이주할 의사가 없다 | | | 276(46.2) |
| 생각해 보지 않았다 | | | 105(17.6) |
| 계 | | | 598(100.0) |

〈표 2-3〉 이주하고 싶은 이유

단위: 명(%)

| | 1순위 | 2순위 |
|---|---|---|
| 자녀 교육 문제 때문에 | 51(23.9) | 23(11.4) |
| 취업이나 사업을 위해 | 82(38.5) | 34(16.9) |
| 경제적 발전 전망이 나빠서 | 24(11.3) | 29(14.4) |
| 수준 높은 문화생활을 하기 위해서 | 12(5.6) | 59(29.4) |
| 춘천이 너무 좁고 답답하여 | 17(8.0) | 25(12.4) |
| 타 지역에 사는 가족과 합치기 위하여 | 18(8.5) | 12(6.0) |
| 친구나 지인이 없어서 | 2(0.9) | 10(5.0) |
| 기타 | 7(3.3) | 9(4.5) |
| 계 | 213(100.0) | 201(100.0) |

〈표 2-4〉 연령에 따른 이주 의사

단위: 명(%)

| | 20대 | 30대 | 40대 | 50대 | 60대 이상 |
|---|---|---|---|---|---|
| 이주 의사 있음 | 71(61.2) | 40(36.4) | 60(45.5) | 33(27.5) | 12(10.1) |
| 이주 의사 없음 | 30(25.9) | 54(49.1) | 56(42.4) | 58(48.3) | 78(65.5) |
| 생각해보지 않았음 | 15(12.9) | 16(14.5) | 16(12.1) | 29(24.2) | 29(24.4) |
| 계 | 116(100.0) | 110(100.0) | 132(100.0) | 120(100.0) | 119(100.0) |

춘천이 영호남의 다른 도시에 비해 인구성장 속도가 느린 것은 인구 흡인력이 매우 큰 수도권이 지근거리에 위치해 있다는 것에 의해서 일부 설명될 수 있다. 더군다나 최근 급속도로 성장하는 남양주, 구리 등 수도권 동부지역은 앞으로 춘천의 인구를 추가적으로 흡수할 수 있는 커다란 잠재력을 갖추었다.

수도권의 흡인력이 큰 것은 무엇보다도 취업기회와 자녀교육기회의 격차, 그리고 춘천 경제에 대한 불안감 때문이다. 이주 의사가 있는 응답자들을 대상으로 그 이유를 물어본 결과 〈표 2-3〉에서 보는 바와 같이 39%가 취업이나 사업을, 24%가 자녀 교육 문제를 들었다. 경제적 발전전망이 나쁘기 때문에 이주하고 싶다는 응답자도 11.3%로 비교적 높았다. 2순위에서 가장 높은 응답률을 보인 것이 문화생활에 대한 욕구라는 점도 주목할 필요가 있다. 자타에 의해 '문화의 도시'라고 불리는 춘천이 지역민의 문화적 욕구를 해결해 주지 못하는 현실은 매우 역설적이다.

취업이나 사업전망에 대한 불안감이 높은 것은 춘천이 그동안 각종 규제로 인해 지역경제의 침체가 지속되면서 괜찮은 일자리가 고갈되었기 때문이다. 따라서 춘천지역은 20~30대의 사회 초년병들에게 그리 매력적인 도시가 되지 못한다. 〈표 2-4〉에서 보듯이 막 학교를 마치고 노동시장에 진입하는 20대의 61%가 이주 의사를 밝혔고, 이주 의사가 있는 20대의 86%가 서울이나 경기도를 이주 희망 지역으로 선택했으며, 79%가 이주 희망 이유 1순위로 취업이나 사업 혹은 경제적 발전전망을 꼽았다. 이주 의사가 다소 높은 30대도 40대 이상에 비해 이들을 주요한 이주 희망 이유로 선택했다. 현재 춘천에는 도시 규모에 비해 많은 대학생들이 거주한다. 수도권이나 강원도 타 지역으로부터 대학생 인구가 해마다 1만여 명씩 유입되지만, 졸업 후에는 산업이나 일자리가 턱없이 부족한 춘천보다는 상대적으로 취업 기회가 양호한 수도권으로 빠져나간다.

비교적 안정적인 직장을 얻었다 할지라도 자녀들이 취학연령이 되거나 상급학교로 진학할 때가 되는 30대 중반~40대 춘천시민들은 더 나은 교육 기회를 찾아 수도권 등지로 떠나고 싶어 하는 것으로 나타났다. 30대의 36%, 40대의 46%가 이주 의사를 표시했는데, 이들의 경우 자녀 교육 문제가 가장 중요한 이주 희망 이유였다. 이주 의사가 있는 30대의 45%, 40대의 37%가 자녀 교육 문제를 이주 희망 이유 1순위로 택했다.

만약 젊은 인구의 이주 의사가 현실화되고 그만큼의 젊은 인구가 유입되지 않는다면 춘천은 앞으로 재생산 연령 인구의 유출로 인한 인구의 지속적 감소, 인구 고령화의 문제뿐만 아니라, 생산연령 인구의 감소와 그로 인한 도시 활력의 저하라는 문제마저 떠안게 될 가능성이 농후하다.

이와 관련하여 젊은 인구의 감소 문제는 인적자원의 유출이라는 차원에서 바라볼 수도 있다. 연령과 학력 간의 부정적 상관관계를 고려할 때 20~30대 인구의 지속적 유출은 지역경제 발전을 위한 인적자원의 토대가 붕괴되는 결과를 가져올 수 있다. 〈표 2-5〉에서 보는 바와 같이 학력이 올라갈수록 이주 의사가 증가했다. 중졸 이하의 경우 11%만이 이주 의사가 있었던 반면에, 고졸은 36%, 전문대졸 이상은 47%가 이주 의사가 있었다. 전문대 졸 이상의 경우 취업 기회를 이주 희망 이유로 꼽은 비율이 매우 높았으며, 다른 학력 범

〈표 2-5〉 학력에 따른 이주 의사

단위: 명(%)

| | 중졸 이하 | 고졸 | 전문대졸 이상 |
|---|---|---|---|
| 이주 의사 있음 | 11(10.5) | 77(35.6) | 129(46.6) |
| 이주 의사 없음 | 66(62.9) | 102(47.2) | 108(39.0) |
| 생각해 보지 않았음 | 28(26.7) | 37(17.1) | 40(14.4) |
| 계 | 105(100.0) | 216(100.0) | 277(100.0) |

주에 비해 문화생활의 기회를 선택한 비율도 꽤 높았다.

이주 의사를 가진 응답자의 3분의 2가 수도권을 이주 희망 지역으로 꼽는 점을 고려할 때, 수도권의 흡인력은 청년층, 고학력자에게 강하게 작용하는 것으로 요약해 볼 수 있다. 지역의 발전은 단순히 인구 규모보다는 인구의 구성에 의해 크게 영향을 받는다. 춘천이 매력 있고 생기 있는 도시가 되기 위해서는 젊고 유능한 인력이 두터운 층을 이루고 있어야 한다. 그러한 점에서 현 상태로 춘천의 미래를 내다본다면 명(明)보다는 암(暗)쪽에 가깝다. 수도권의 강한 흡인력을 고려해 본다면 앞으로 춘천지역의 발전은 이러한 인구층을 얼마나 춘천에 끌어들일 수 있는지, 그리고 이를 위해 어떤 발전 전략을 수립하는지에 달려 있다고 볼 수 있다.

## 3. 춘천의 인구구조와 구성의 변화

인구이동을 비롯한 인구과정은 인구구조에 커다란 영향을 미친다. 춘천은 다른 지역과 마찬가지로 고령화가 매우 빠르게 진행되고 있다. 1995년과 2005년의 인구피라미드를 비교한 〈그림 2-5〉를 보자.

1995년 춘천의 인구구조는 인구변천 단계상 사망률과 함께 출산율이 빨리 떨어지는 시기에 해당된다. 하지만 그 10년 뒤인 2005년의

〈그림 2-5〉 춘천의 인구구조 비교(1995년과 2005년)

단위: 천 명

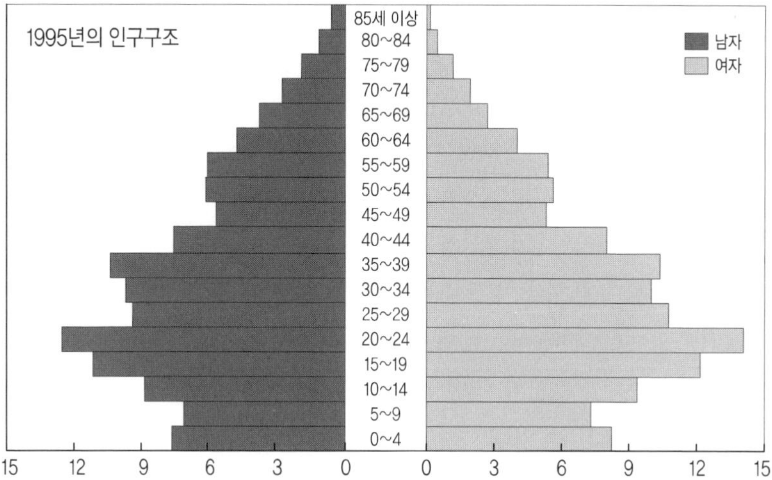


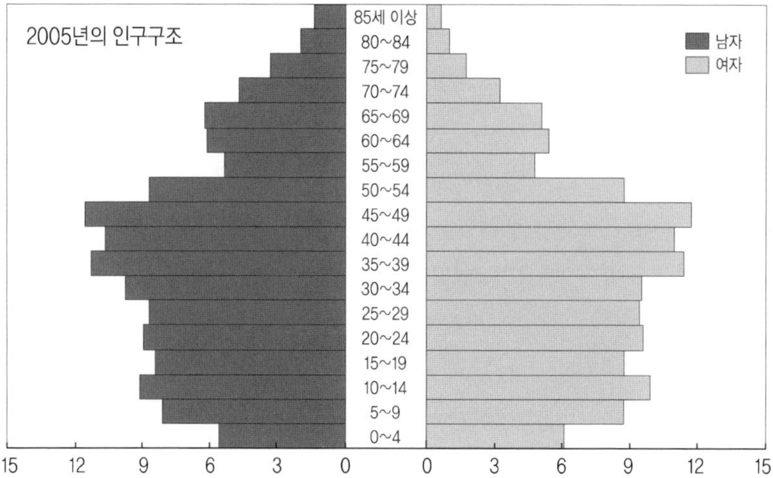

인구구조는 고령사회의 문턱에 들어선 사회의 전형적 모습을 보여준다. 1995년에는 20~24세의 청년층 인구가 가장 많은 비중을 차지했던 반면에 2005년에 오면 그 비중은 크게 감소하고 35~49세의 장년층 연령대가 상대적으로 두터워졌으며, 65세 이상 인구의 비중도 크게 증가한 것을 볼 수 있다. 물론 고령사회로의 빠른 진전은 비단 춘천만의 문제는 아니지만 춘천의 경우 고령화가 우리나라 다른 지역보다 빠르게 진전된다는 데 문제의 심각성이 있다. 65세 이상 인구가 차지하는 비율로 측정되는 고령화율을 비교해 보면, 우리나라 전체적으로 1995년에 5.9%에서 2000년에는 9.3%로 10년 동안 약 3.4% 증가했다. 춘천의 경우 1995년 7.4%에서 2005년 11.4%로 같은 기간 동안 약 4%가량 증가했다.

고령화와 더불어 청년층 인구의 감소도 눈에 띄는 부분이다. 1995년의 인구피라미드를 보면 20~24세의 인구가 대략 2만 6,600명 정도로 춘천의 연령별 인구구성에서 가장 많은 비중을 차지했다. 하지만 2005년에는 이 연령대의 인구가 약 1만 8,500명으로 급격히 감소했다.

더욱 눈여겨 볼 점은 1995년 20~24세 연령대 인구와 2005년 동일 코호트(*cohort*)에 속하는 30~34세 인구를 비교해 보면, 이 10년 동안 2만 6,600명에서 1만 9,300명으로 7천 3백 명 정도의 순감소를 보였다는 사실이다. 사망에 따른 자연감소분이 그리 크지 않을 것으로 가정한다면, 이러한 급격한 인구감소는 청년층의 인구유출이 유입을 압도하기 때문인 것으로 파악된다.

이와 같은 변화는 1995년에 15~19세 연령대에 속했던 인구에서도 나타난다. 1995년 대략 2만 2천 명이었던 이 연령대의 인구는 25~30세가 되는 2005년에 1만 8천 명 정도로 감소했다. 이러한 결과는 앞서 인구이동에서 분석한 것에서 살펴본 바와 같이 춘천에 거주하는 유소년 인구가 초직 연령에 해당하는 청년 인구가 되면서 직장을 찾아 수도권을 비롯한 타 지역으로 대량 이탈하기 때문인 것으로 이해

〈그림 2-6〉 춘천지역 재학생 인구의 구성과 변화 추이

단위: 천 명

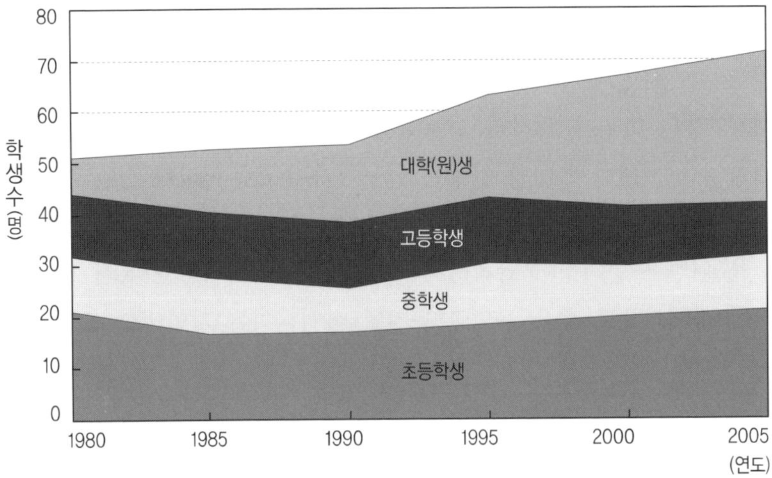


할 수 있다. 한편 1995년에 25~44세 코호트는 2005년에 35~54세 연령대에 속하게 되는데, 이 코호트는 10년 동안 대략 8천 8백 명 정도의 순증가를 보였다. 이러한 결과를 종합해 보면 제조업이나 벤처산업 등의 기반이 매우 취약한 춘천은 학교를 마치고 첫 직장을 구하는 노동시장 진입자에게 그리 매력적인 도시로 여겨지지 못하지만, 병원, 학교, 각종 행정기관, 금융기관 등에서 안정적 일자리를 가지거나 이러한 일자리를 찾는 30대 전후의 사람들에게는 비교적 나쁘지 않은 도시로 여겨지는 것으로 보인다.

이처럼 지난 10년간 20대 인구의 비중이 현저히 감소한 원인이 젊은 층을 위한 일자리의 부족 때문일 것이라는 추측은 춘천의 학생인구를 보여주는 〈그림 2-6〉에서도 다시 한 번 확인된다. 20대 인구가 꾸준히 감소하는 것과는 달리 대학(원)생의 수는 1980년 이래 꾸준히 증가했다. 1980년 7천여 명이던 대학(원)생 인구는 1995년 19,903명으로, 2005년에는 다시 29,453명으로 지난 25년 동안 4배 이상 증가

했다. 지난 25년 동안 전체 춘천인구에서 대학생이 차지하는 비율이 4.5%에서 11.3%로 급격히 증가한 것이다. 1980년대 이래 대학의 신규설립과 성장에 따라 춘천지역이 고등교육의 도시로 거듭나고 있다고 할 수 있다. 그러나 대학생 수의 꾸준한 증가에도 불구하고 20대의 젊은 인구가 급격히 감소하는 것은 역설적이다. 달리 말하면 대학생을 제외한 20대의 인구는 인구피라미드에 나타나 있는 것보다 훨씬 더 큰 폭으로 감소했다는 의미이다. 이러한 사실은 결국 젊은 층을 위한 노동시장이 급격히 위축되고 있고, 따라서 노동시장의 여건이 상대적으로 좋은 수도권 등지로 빠져나가는 지역대학 졸업생의 비중이 증가했기 때문인 것으로 풀이된다(〈그림 2-6〉). 춘천의 경제적 여건은 젊은 인구의 유인은 고사하고 유지에도 상당히 취약하다는 반증이기도 하다.

지난 십수 년간 춘천의 인구구성에서 나타난 중요한 변화 중 하나가 외국인의 급격한 증가이다. 1995년 춘천에 거주하는 외국인 수는 334명에 지나지 않았으나, 2007년 말 현재 등록된 춘천거주 외국인 수는 대략 7배 증가한 2,298명으로 춘천인구 100명당 1명에 해당되는 수치이다. 이러한 추세는 농촌지역을 중심으로 한 국제결혼의 급증, 외국인 유학생과 영어 원어민 강사의 대거 유입 등과 밀접한 관련을 맺는다.

하지만 제조업을 비롯한 2차 산업의 기반이 취약한 춘천의 경우 외국인 노동자의 유입으로 인한 외국인 등록인구 비율의 증가는 상대적으로 미약한 것으로 보인다. 특히 중국인의 증가가 눈에 띄는데, 2001년 춘천에 거주하는 중국인은 총 291명이던 데 반해 2005년에는 683명, 2006년에는 1,007명으로 그 증가세가 갈수록 빨라지는 양상을 보인다. 이들의 상당수는 최근 수년 사이 지역 소재 대학이 적극적으로 추진하는 국제화 바람을 타고 춘천에 들어온 교환학생이나 장기유학생인 것으로 파악된다. 또한 동남아 결혼이주 여성의 비

〈그림 2-7〉 외국인 등록자 수의 변화 추이

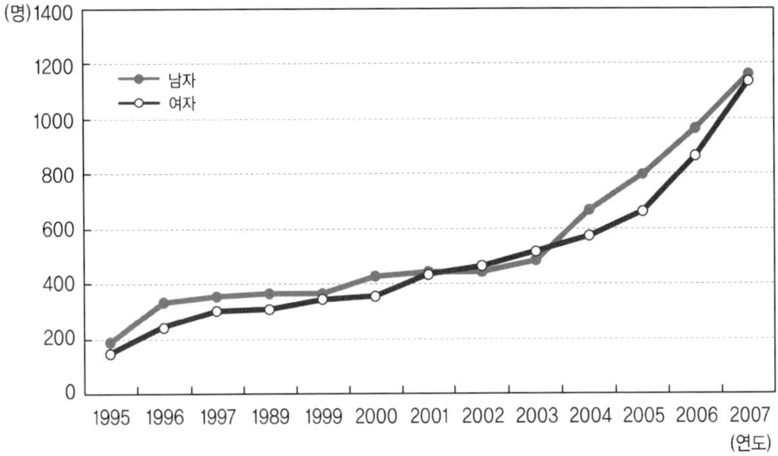


율도 꾸준히 증가하였다. 베트남 여성의 경우 2001년에 단 2명에서 2006년에는 70명으로 증가했고, 필리핀 여성의 경우도 동 기간에 25명에서 56명으로 늘어났다. 이렇게 볼 때, 근래 우리 사회를 강타한 세계화의 여파가 춘천지역에도 적지 않은 영향을 미치고 있으며, 이에 따른 인종적·문화적 다원화가 앞으로 더욱 강화될 것이라고 예측해 볼 수 있다.

춘천은 인구이동이 매우 활발한 것과는 달리 주간 유출입 인구의 비중은 비교적 낮은 도시이다. 전국적으로 보면 주간 유출입 인구는 상주인구 대비 5.9%인데 비해 춘천의 경우 상주인구 대비 유입인구의 비중은 2.9%, 유출인구의 비중은 3.1%이다. 2005년 센서스에 따르면 주간 유입인구는 7,521명이고, 이 중 통근으로 인한 유입인구는 3,263명, 통학으로 인한 유입인구는 4,258명이다. 주간 유출인구는 전체 8,073명인데, 대부분(7,536명)이 춘천 밖에 있는 직장으로 통근하는 인구이고, 통학 때문에 나가는 인구는 537명에 불과하다. 통학의 경우 유입인구가 유출인구를 압도하는 것은 수도권 출신의 대

〈그림 2-8〉 주간 유출입 인구의 변화

단위: 천 명

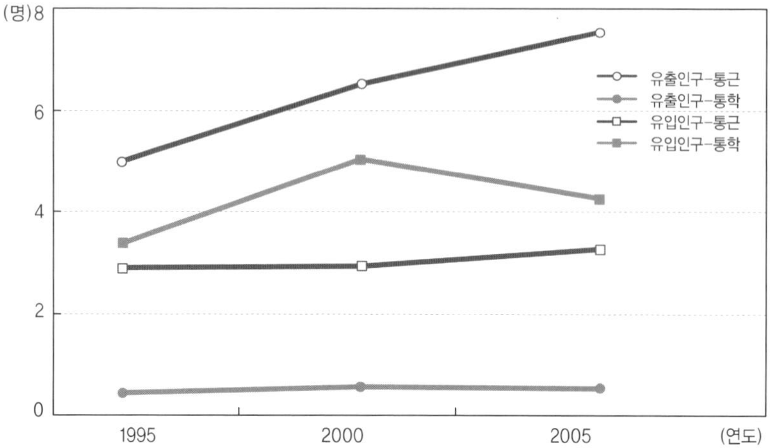


학생들 중 상당수가 기숙사에 입사하거나 학교 주변에서 자취하기보다는 통학을 선호하기 때문인 것으로 볼 수 있다.

통학의 경우와는 반대로 통근의 경우 유출인구가 유입인구에 비해 2.3배 정도 많은 것으로 나타났다. 특히 〈그림 2-8〉을 보면 1995년 이후 통근에 따른 유출인구와 유입인구의 격차가 점점 더 벌어지는 것을 확인할 수 있다. 1995년 통근에 따른 유입인구와 유출인구는 각각 2,876명과 4,965명으로 유출과 유입의 차가 2,089명이었는데, 2005년에 오면서 유출인구의 급격한 증가로 그 차가 4,273명으로 크게 늘어났다.

주간 유출인구의 통근(학)지를 살펴보면, 이들은 대체로 춘천 주변의 각종 행정기관에 근무하거나 그곳에서 자영업을 하는 인구가 적지 않은 것으로 보인다(〈표 2-6〉). 2005년 센서스에 따르면 춘천 인근에 있는 홍천과 화천으로 통근〔통학〕하는 인구가 각각 1,998명, 1,339명으로 나타났다. 원주로 통근하는 인구도 645명으로 상당히 많았고, 양구와 횡성, 인제가 각기 226명, 185명, 그리고 173명으로 그 뒤를 이었다. 강원도 이외 지역으로 통근하는 인구는 2,994명으로 이들 대부분은 수도권 동부지역에 직장을 가진 인구일 것으로 추측된다. 1995년과 비교하면 눈에 띄는 것이 홍천과 기타 지역이다. 1995년 홍천으로 통근하는 인구가 총 1,314명이었다가 2005년에는 700명 가까이 증가했다. 수도권이 대부분일 것으로 추정되는 기타 지역의 경우도 같은 기간 동안 1,975명에서 2,994명으로 천 명 이상 증가하였다.

〈표 2-6〉 춘천 거주자의 통근(학)지별 분포

| 통근(통학)지 | 2005년 | 1995년 | 순증가 | 증가율(%) |
|---|---|---|---|---|
| 강원도 이외 | 2,994 | 1,975 | 1,019 | 51.6 |
| 홍천군 | 1,998 | 1,314 | 684 | 52.1 |
| 화천군 | 1,339 | 1,002 | 337 | 33.6 |
| 원주시 | 645 | 435 | 210 | 48.3 |
| 양구군 | 226 | 182 | 44 | 24.2 |
| 횡성군 | 185 | 69 | 116 | 168.1 |
| 인제군 | 173 | 196 | -23 | -11.7 |
| 강릉시 | 161 | 33 | 128 | 387.9 |
| 철원군 | 124 | 97 | 27 | 27.8 |
| 정선군 | 54 | 11 | 43 | 390.9 |
| 삼척시 | 53 | 37 | 16 | 43.2 |
| 영월군 | 35 | 0 | 35 | - |
| 고성군 | 24 | 9 | 15 | 166.7 |
| 평창군 | 24 | 10 | 14 | 140.0 |
| 양양군 | 17 | 10 | 7 | 70.0 |
| 태백시 | 11 | 0 | 11 | - |
| 동해시 | 10 | 0 | 10 | - |
| 속초시 | 0 | 41 | -41 | -100 |

이러한 현상에 대해서는 다양한 설명이 가능하겠지만 우선 그 일차적 원인은 춘천이 거주 여건에 비해 고용 여건이 열악하기 때문인 것으로 볼 수 있다. 물론 유출 통근인구에 대한 보다 면밀한 분석이 뒤따라야 하겠지만 만약 앞으로 춘천의 고용 여건이 크게 개선되지 못한다면 춘천이 수도권 직장인들을 위한 베드타운으로 전락할 수 있다는 우려도 전혀 현실성이 없는 것은 아니라고 할 수 있다.

## 4. 춘천의 도시생태학적 구조와 과정

춘천이라는 도시를 하나의 생활생태계로 본다면 춘천의 공간적 분화구조와 그 변화 양상을 짚어볼 필요가 있다. 일반적으로 도시가 발전하면 지역내의 인구이동이 활발해지고, 그 결과 지역의 기능이나 주민들의 생활양식이 변화한다. 현재의 춘천시는 1995년 춘천시와 춘성군이 통합되어 만들어진 도농복합형 도시이다. 따라서 춘천시에는 자연스럽게 도시공간과 농촌공간, 도시적 생활양식과 농촌적 생활양식이 공존한다. 춘천의 총면적은 1,116.80km$^2$로 서울시의 2배에 가까운 크기이다. 이 중 과거 춘성군에 속해 있던 농촌지역이 차지하는 면적이 1,063.55km$^2$로 춘천시의 전체 면적 중 95%를 차지한다. 하지만 2005년 현재 춘천시 인구 중 고작 14%만이 농촌지역에 거주하고, 대부분의 춘천시민들은 5%밖에 되지 않는 좁은 공간에 밀집해 있다. 농촌지역의 인구밀도는 34.6/km$^2$로 도시지역의 4,208.4/km$^2$에 비해 100분의 1도 되지 않는다. 이런 생태학적 환경 속에서 살아가는 춘천시민들의 생활양식이나 가치관, 의식과 행태는 도시적 특성과 농촌적 특성이 복잡하게 어우러진 형태로 나타난다는 점을 이해할 필요가 있다.

생태학적 과정이라는 측면에서 보면 지난 십수 년간 춘천에서 나타난 가장 특징적 변화는 주거기능이 도시 중심지역에서 주변지역으로 옮아가는 '근교화'(*suburbanization*) 현상이다. 근교화는 대체로 도시의 성장에 따라 거의 필수적으로 나타나는 현상이라는 것이 일반적 견해이다. 일반적으로 급격한 인구성장으로 도심지역에 인구가 집중되면 토지의 효율적 사용에 대한 압력이 증가하고, 이에 따라 주거기능이 도시 근교로 이동한다는 것이다. 춘천의 근교화는 도시의 성장이 매우 완만하게 진행되는 가운데 나타났다는 점에서 이러한 일반적인 패턴과는 다르다. 이와 관련하여 1995년부터 2005년까지 각 읍면동별 인구규모와 연평균 인구증가율을 비교한 〈표 2-7〉을 통해 몇 가지 눈에 띄는 변화를 알아보기로 하겠다.

먼저 대부분의 읍면 지역의 인구가 2000년대 들어 빠르게 감소하였다는 점을 들 수 있다. 유독 동내면만이 연평균 11%에 달하는 빠른 증가를 보이는데, 이는 이 지역이 춘천의 신흥 주거지역인 석사동, 퇴계동과 바로 인접해 있는 데다 중앙고속도로 진입로 바로 옆에 위치해 있고, 산업단지 조성 계획이 예정된 지역이기 때문인 것으로 파악된다.

둘째, 도시지역 중에는 도시 남쪽 벨트를 잇는 석사동, 퇴계동, 강남동에서 인구가 급격히 증가하였고, 북쪽으로는 신사우동이 새로운 주거지역으로 빠르게 성장하고 있다. 석사동, 퇴계동, 강남동은 중앙고속도로에의 접근성이 뛰어나고 내부순환도로와 경춘선의 종착점인 남춘천역이 위치해 있는 지역으로 1990년대부터 대규모 아파트 건설이 이루어졌다. 이 지역은 빠른 인구성장과 더불어 각종 교육시설, 상가 등이 밀집한 '춘천의 강남'으로 자리 잡고 있다. 소양강 북쪽에 위치한 신사우동은 원래 넓은 평야 덕에 대단위 시설 농업이 발달한 전형적 농촌이었으나 지리적으로 가까운 화천 직장인들이 몰려들고 인근 군부대 관사아파트가 건설되면서 새로운 주거지역으로 주목받고 있다.

〈표 2-7〉 춘천인구의 공간적 분포와 변화

| 지역 | 1995년 인구 | 2000년 인구 | 2005년 인구 | 1995~2000년 연평균 인구증가율 (%) | 2000~2005년 연평균 인구증가율 (%) | 1995~2005년 연평균 인구증가율 (%) |
|---|---|---|---|---|---|---|
| 신북읍 | 8,891 | 9,152 | 7,674 | 0.58 | -3.46 | -1.46 |
| 동면 | 3,674 | 4,131 | 3,632 | 2.37 | -2.54 | -0.12 |
| 동산면 | 2,438 | 2,505 | 2,271 | 0.54 | -1.94 | -0.71 |
| 신동면 | 3,065 | 2,768 | 2,459 | -2.02 | -2.34 | -2.18 |
| 동내면 | 5,499 | 5,488 | 9,247 | -0.04 | 11.00 | 5.34 |
| 남면 | 1,344 | 1,190 | 1,042 | -2.41 | -2.62 | -2.51 |
| 남산면 | 3,854 | 3,902 | 3,605 | 0.25 | -1.57 | -0.67 |
| 서면 | 4,877 | 4,917 | 3,854 | 0.16 | -4.76 | -2.33 |
| 사북면 | 2,762 | 2,966 | 2,287 | 1.44 | -5.07 | -1.87 |
| 북산면 | 770 | 818 | 718 | 1.22 | -2.57 | -0.70 |
| 교동 | 6,830 | 5,606 | 6,049 | -3.87 | 1.53 | -1.21 |
| 조운동 | 4,671 | 4,404 | 3,648 | -1.17 | -3.70 | -2.44 |
| 약사명동 | 7,299 | 6,175 | 5,039 | -3.29 | -3.98 | -3.64 |
| 근화동 | 11,268 | 9,270 | 5,839 | -3.83 | -8.83 | -6.36 |
| 소양동 | 9,727 | 9,471 | 8,375 | -0.53 | -2.43 | -1.49 |
| 후평1동 | 17,601 | 16,987 | 16,716 | -0.71 | -0.32 | -0.52 |
| 후평2동 | 16,978 | 16,142 | 12,078 | -1.01 | -5.64 | -3.35 |
| 후평3동 | 24,770 | 25,396 | 23,750 | 0.50 | -1.33 | -0.42 |
| 효자1동 | 7,193 | 6,058 | 4,770 | -3.38 | -4.69 | -4.02 |
| 효자2동 | 20,408 | 18,441 | 19,381 | -2.01 | 1.00 | -0.52 |
| 효자3동 | 7,554 | 6,715 | 7,066 | -2.33 | 1.02 | -0.67 |
| 석사동 | 14,111 | 33,522 | 43,957 | 18.89 | 5.57 | 12.03 |
| 퇴계동 | 22,508 | 28,761 | 36,384 | 5.03 | 4.81 | 4.92 |
| 강남동 | 12,083 | 14,131 | 15,266 | 3.18 | 1.56 | 2.37 |
| 신사우동 | 14,353 | 13,631 | 15,780 | -1.03 | 2.97 | 0.95 |

이러한 신흥 주거지역의 형성은 춘천시 타 지역에 거주하는 주민들이 이전 거주지에 비해 생활환경이 비교적 양호한 교외로 이사해 온 탓도 있지만, 시 밖에서 유입된 인구의 대부분이 초기 정착지로 이 지역들을 선택하기 때문인 것으로 보인다. 2006년 한 해 동안 춘천시 타 지역에서 석사동, 퇴계동, 강남동, 신사우동 등으로 전입한 인구가 전체 시내 이동 인구의 46%를 차지한 반면, 타 지역에서 춘천으로 유입된 인구의 52%가 이들 지역으로 전입한 것으로 나타났다.

셋째, 전통적 도시중심가의 점진적 공동화를 확인할 수 있다. 교동, 조운동, 약사명동, 근화동, 후평동, 효자동 등 과거 주거와 상권이 밀집해 있던 '시내' 지역의 인구가 빠르게 감소하고 있다. 2006년 한 해 동안 이들 지역으로의 전입인구가 18,990명이었던 데 반해 이 지역에서 빠져나간 인구는 22,821명으로 대략 -5천 명의 순이동을 기록했다. 이는 교외지역에 해당되는 석사동, 퇴계동, 강남동, 신사우동으로의 전입인구가 전출인구보다 3천 명가량 많았던 것과 대조를 이룬다. 여전히 도심지역에 시청과 도청을 비롯한 각종 행정기관이 소재해 있고 아직까지 금융권이나 상권이 밀집해 있기는 하지만 그 영향력이 과거에 비해 현저히 줄어들고 있는 것 또한 사실이다. 게다가 젊은 인구층이 대거 교육여건과 정주여건이 보다 나은 도시 근교로 빠져나가면서 인구고령화 문제도 점차 심각해지고 있다.

근교화는 차별적 인구이동과 이에 따른 도시 내 지역 간 분절(*segregation*) 현상과 밀접한 관련이 있다. 분절이란 도시 내부의 특정 지역이 인구학적·산업적·기능적 측면에서 내적 동질성이, 다른 지역과는 차별성이 강화되는 현상을 말한다. 앞서 살펴본 바와 같이 춘천 외부에서 유입된 인구는 일반적으로 신흥 거주지역인 도심 남단과 북단에 정주하는 경향이 있다. 따라서 춘천에 비교적 장기적으로 거주해 온 사람들이 주로 거주하는 도심지역과 춘천 밖으로부터 유입된 인구가 상당부분을 차지하는 신흥 거주지역 간에는 사회적 관계의 측면에서 분절적 양상이 나타날 것으로 추정된다.

춘천 출신 혹은 장기 거주자들이 오래전부터 형성되어 온 강한 결속의 네트워크를 유지하고, 비교적 최근에 춘천에 유입된 사람들은 생활공간의 동질성을 바탕으로 새로운 사회적 관계를 형성하지만, 이 두 집단을 연결하는 고리는 매우 약한 것으로 보인다. 흔히 '춘천출신'과 '비춘천출신' 간의 집단적 관계를 '물과 기름'으로 묘사하기도 하는 바, 이와 같은 사회적 관계의 분절 현상은 일면 공간적 분화와도 상당한 관련이 있을 것이다.

공간적 분절과 관련하여 또 한 가지 주목할 만한 측면은 도심지역과 신흥 거주지역 간 연령분포 상의 분화이다. 연령은 그 자체로 혹은 직업이나 소득, 교육수준 등을 매개로 하여 생활양식이나 문화적 선호 등과 밀접한 관련을 맺는다는 점에서 지역간 연령분포의 차이를 탐구해 볼 가치가 있다. 앞서 살펴본 바와 같이 젊은 인구의 지속적 유출로 도심지역의 고령화 문제는 점차로 심각해지고 있다. 인구 유출이 가장 많았던 근화동, 약사명동, 조운동, 교동의 고령자 비율은 17%대로 유출인구의 상당수가 젊은 층이라는 것을 간접적이나마 시사한다. 이는 신흥 거주지역의 고령자 비율이 8%대에 그치는 것과 비교하면 커다란 차이이다. 신흥 거주지역에는 고령자의 비율이 낮은 대신 학령인구의 비율이 매우 높은 것도 특징적이다. 자녀를 둔 젊은 층들이 몰려들면서 자연스럽게 '명문'학원을 비롯한 교육시설들이 대거 설립되었으며, 이는 다시 자녀를 둔 기혼가정의 유입을 촉진하는 순환 구조를 만들어 낸 것이다. 따라서 이 두 지역간에는 양적으로나 질적으로 교육기회의 격차가 점점 벌어지고 있다고 할 수 있다.

농촌지역, 구도심지역, 신흥 거주지역 중 대표적 몇 지역의 인구 피라미드를 비교한 〈그림 2-9〉를 보면 연령분포의 차이가 극명하게 나타난다. 연령분포의 차이는 계층구조의 차이를 반영하기도 한다.

〈그림 2-9〉 읍면동별 인구구조

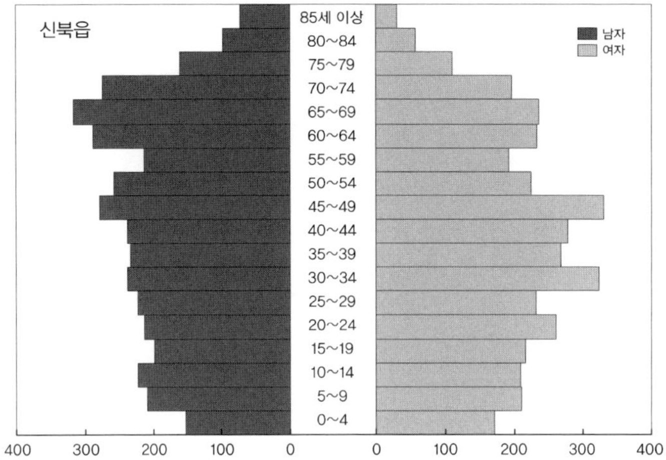


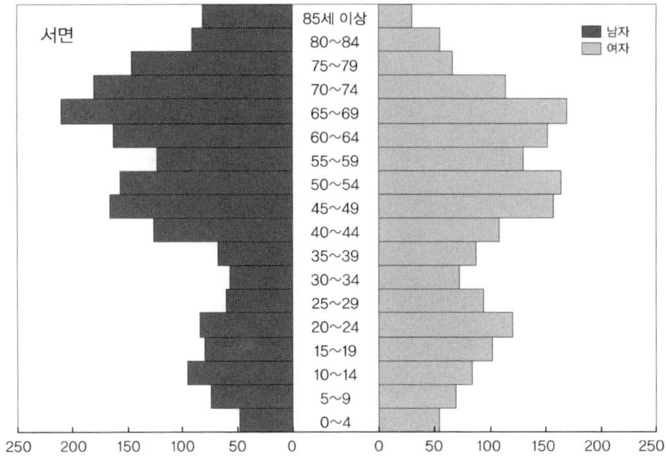

〈그림 2-9〉 계속

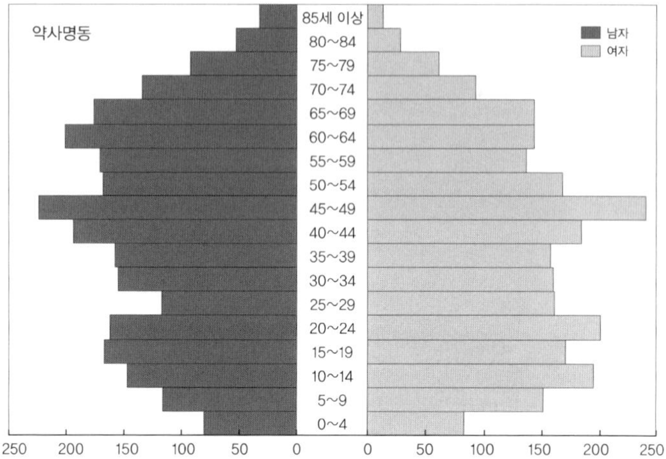
약사명동
남자
여자
85세 이상
80~84
75~79
70~74
65~69
60~64
55~59
50~54
45~49
40~44
35~39
30~34
25~29
20~24
15~19
10~14
5~9
0~4
250 200 150 100 50 0
0 50 100 150 200 250

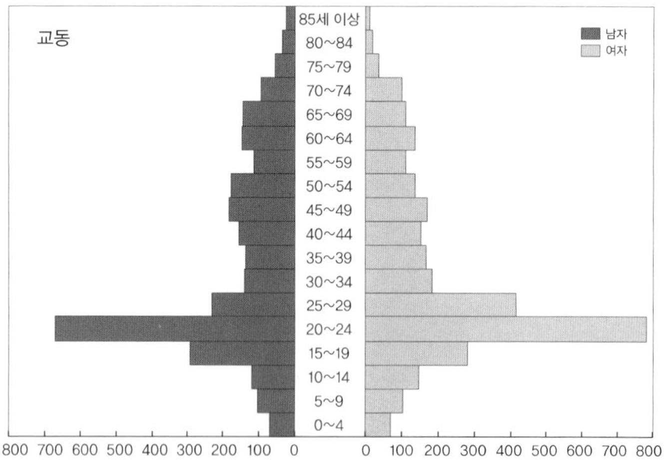
교동
남자
여자
85세 이상
80~84
75~79
70~74
65~69
60~64
55~59
50~54
45~49
40~44
35~39
30~34
25~29
20~24
15~19
10~14
5~9
0~4
800 700 600 500 400 300 200 100 0
0 100 200 300 400 500 600 700 800

〈그림 2-9〉 계속

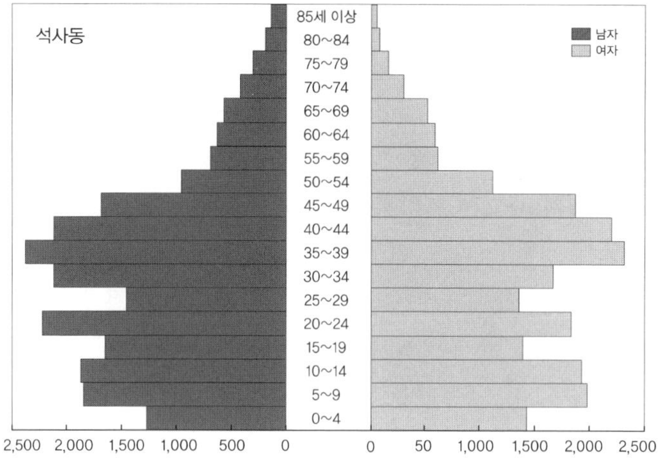
석사동
남자
여자
85세 이상
80~84
75~79
70~74
65~69
60~64
55~59
50~54
45~49
40~44
35~39
30~34
25~29
20~24
15~19
10~14
5~9
0~4
2,500 2,000 1,500 1,000 500 0
0 50 1,000 1,500 2,000 2,500

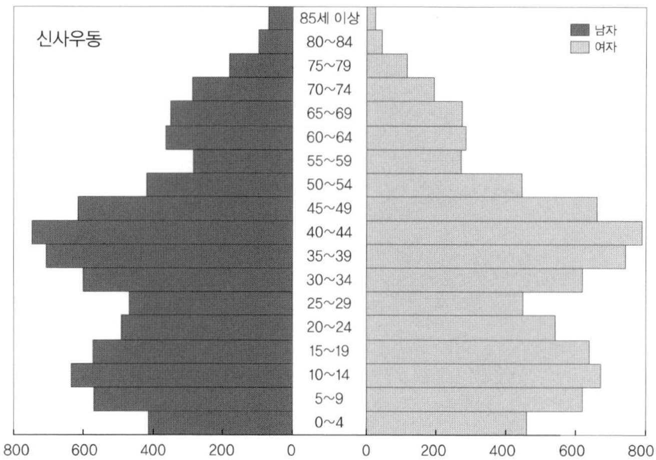
신사우동
남자
여자
85세 이상
80~84
75~79
70~74
65~69
60~64
55~59
50~54
45~49
40~44
35~39
30~34
25~29
20~24
15~19
10~14
5~9
0~4
800 600 400 200 0
0 200 400 600 800

또한 생활양식과 문화적 향유라는 측면에서도 지역간 분절 혹은 격차가 발생하는 것을 의미한다. 원래 야산이나 전답이었던 도심 남부지역은 1990년대 들어 시작된 아파트 건설 붐과 함께 성장했기 때문에 대규모 첨단 아파트가 밀집해 있는 지역이다. 1990년 8,622세대에 불과하던 아파트는 매해 평균 2천여 세대씩 증가하여 2005년에는 춘천 전체 세대의 44%에 해당하는 40,886세대가 되었는데, 이들 중 상당수가 도시 외곽의 신흥 주거지역에 건설되었다.

아파트 중심의 도시 공간이 조성되면서 편리한 주거공간을 선호하는 중산층이 대거 이 지역에 유입되었다. 의사, 변호사, 교수, 교사 등 전문직 종사자, 공무원을 비롯한 화이트칼라 종사자, 고소득 자영업자 등이 밀집해 있는 이곳은 춘천에서 가장 '부유한 동네'로 성장했다. 이들의 문화적 기호에 걸맞은 고급 레스토랑, 대규모 쇼핑몰, 스포츠클럽, 대형 서점, 극장 등의 각종 문화·오락시설과 그 자녀들이 다니는 명문 초급학교와 각종 학원 등의 교육시설이 이 지역에 집중되면서 문화적 '구별짓기'가 공간적으로 전개되는 양상을 보인다.

3

# 춘천의 경제와 산업

정동일

## 1. 춘천 경제의 현황

인구학적 측면에서 춘천을 한마디로 묘사하면 외면상 호수와 같이 고요하고 잔잔하면서도 끊임없이 그 구성원이 바뀌는 '정중동의 도시'라고 할 수 있다. 한편 산업·경제적 측면에서 춘천의 대표적 이미지는 전형적 '소비도시'이다. 그도 그럴 것이 오랫동안 상수원 보호구역으로 지정되어 왔고 각종 군사시설이 밀집해 있는 소도시 춘천은 제조업과 같은 생산적 산업의 발달이 극히 제한되어 온 반면 수도권 관광객 혹은 인근 부대 면회객들을 상대로 하는 음식·숙박업과 수도권과 인근 농촌지역의 중간경유지로서 도소매업이 크게 발달했다.

춘천에는 2006년 총 18,366개의 사업체가 들어서 있는데 그 중 제조업체는 903개로 전체 사업체의 4.9%에 불과하다. 이는 전국 단위에서 제조업체가 차지하는 비중이 10.6%인 것에 비해 반에도 못 미치는 낮은 수치이다. 제조업은 타 산업에 비해 고용력이 상당히 높다는 점에서 지역경제에 미치는 영향이 크다. 실제로 춘천의 경우 전체 사

〈표 3-1〉 주요 산업별 종사자 비율

단위: %

| | 제조업 | 도소매업 | 숙박음식업 | 공공행정 | 교육서비스업 | 보건복지사업 |
|---|---|---|---|---|---|---|
| 1999 | 7 | 17.7 | 15.7 | 8.4 | 10.4 | 3.2 |
| 2000 | 6.9 | 18.5 | 16.3 | 7.9 | 9.5 | 4 |
| 2001 | 7.2 | 18.7 | 16.9 | 7.3 | 10.1 | 4.8 |
| 2002 | 6.7 | 18.2 | 17.7 | 6.6 | 11.8 | 5.3 |
| 2003 | 6.1 | 17.2 | 17.7 | 6.8 | 11.3 | 5.4 |
| 2004 | 5.9 | 16.8 | 17 | 7 | 11.4 | 5.6 |
| 2005 | 5.8 | 15.9 | 16 | 6.7 | 12.9 | 6 |
| 2006 | 5.7 | 16.1 | 15.6 | 7 | 12.1 | 6.5 |

업체 종사자 중 5.8%만이 제조업에 종사하는데, 이는 전국 단위에서 추산된 22.6%의 4분의 1에 불과한 수치이다. 그마저도 〈표 3-1〉에서 보는 바와 같이 1999년 7%대에서 지속적으로 감소하고 있어 앞으로도 제조업 부문의 성장을 기대하기는 힘들 것으로 보인다.[1] 이렇게 볼 때 춘천지역의 고용 여건이 열악하다는 점, 그리고 그 여파로 젊은 층의 인구유출이 가속화되고 있다는 점은 무엇보다 제조업의 기반이 매우 취약한 데 그 한 가지 원인이 있다고 할 수 있다.

춘천이 소비도시로 발전할 수 있었던 것은 어찌 보면 제조업의 발전이 원천적으로 제한된 상태에서 이루어진 불가피한 선택의 결과물일 것이다. 도소매업과 숙박음식업에 종사하는 인구가 2만 3,700명으로 전체 사업체 종사자의 31.7%를 차지하는데 이는 전국평균보다

---

1) 1991년과 1999년에 출판된 《춘천 리포트 1》과 《춘천 리포트 2》에서도 춘천경제에서 제조업이 차지하는 비중이 극히 낮으며, 이것이 지역경제 낙후성의 중요한 원인이라고 지적했다. 1980년 춘천지역 전체 종사자 중 제조업에 종사하는 인구가 16%였다가 1985년에는 10%로 낮아졌고, 1996년에는 다시 7%로 하강했으며, 그 10년 뒤인 2006년에는 6%로 떨어졌다. 이러한 추세는 제조업이 춘천지역 경제구조에서 점점 더 주변화되고 있다는 것을 의미한다고 할 수 있다.

7%가량 높은 것이다. 이외에도 춘천은 강원도의 수부로서 각종 행정기관과 고등교육기관, 의료기관이 밀집해 있는 행정도시이며 교육도시이다. 교육부문과 공공행정부문, 보건·사회복지부문 종사자수는 각각 9,088명, 5,250명, 4,918명으로 전국평균보다 3~4%가량 높은 12.1%, 7.0%, 6.5%를 각각 차지한다. 특히 교육부문과 보건사회복지 부문은 1999년 이래 2%가량 증가한 수치이다.

춘천지역 제조업의 열악함은 단순히 사업체의 수가 적다는 점, 그리고 고용수준이 매우 낮다는 점 이외에도 매우 영세하고 고용의 질 또한 좋지 않다는 데에 근본적 문제가 있다. 춘천지역 제조업체들은 대부분 종업원 수가 수십 명을 넘지 못하는 영세한 사업체들이다. 춘천에 있는 제조업체 중 종업원 규모가 100명을 넘는 사업체는 3개에 불과하고, 대부분이 10인 이내 종업원을 고용한다. 고용의 질 또한 매우 낮은데, 전국 5인 이상 제조업체의 평균임금이 2천 6백만 원 정도인 데 비해 춘천에 위치한 제조업체의 종업원 평균임금은 1천 8백만 원 수준으로 매우 낮다. 가까운 원주의 경우는 2천 7백만 원, 영월은 3천만 원, 횡성은 2천만 원, 홍천은 2천 2백만 원으로 강원도 18개 시군 가운데 춘천은 8위를, 전국 274개 시군구 가운데는 182위를 기록하고 있다(〈표 3-2〉).

사업체당 평균 출하액이나 부가가치도 전국 수준에 비해 훨씬 낮다. 전국 단위에서 평균적 제조업체가 2006년 한 해 동안 기록한 출하액과 부가가치는 약 76억과 27억 정도였던 반면에 춘천 제조업체의 평균 출하액과 부가가치는 각각 24억과 8억에 그쳤다. 이는 전국 274개 시군구 가운데 184위이며, 강원도 내 18개 시군 가운데에서도 홍천군, 영월군, 삼척시, 동해시, 횡성군, 원주시, 철원군, 정선군, 강릉시, 평창군에 이어 11번째에 그치는 것이다. 우리나라 경제발전에서 제조업이 담당했던 역할이 매우 컸으며, 특히 제조업이 가지는 지역경제에 대한 파급효과를 고려할 때 춘천지역 경제의 낙후는 상당 부분 제조업 부문의 영세성에서 기인하는 것으로 볼 수 있다.

춘천지역사업체의 영세성은 비단 제조업에만 국한되는 것은 아니다. 타 산업으로의 파급효과가 큰 제조업의 영세성은 춘천지역 산업 전반에 걸친 저발전으로 이어졌다. 2006년 현재 춘천지역 사업체 18,366개 중 5인 미만을 고용하는 사업체는 15,730개로 85.6%를 차지하며, 100인 이상을 고용하는 사업체는 46개로 0.2%에 불과하다. 300명 이상을 고용한 사업체는 총 7개로 도청과 시청 등의 행정기관, 2개의 종합대학교, 병원 등을 제외하고는 실질적으로 없다고 할 수

〈표 3-2〉 강원도 내 시군별 사업체 주요 지표

단위: 백만 원

| | 평균 급여액 | 평균 출하액 | 평균 부가가치 | 유형자산연말 잔액 |
|---|---|---|---|---|
| 전국 | 25.8 | 7627.6 | 2742.4 | 2602.6 |
| 춘천시 | 18.3 | 2362.9 | 786.7 | 733.3 |
| 원주시 | 26.7 | 6558.2 | 2651.9 | 2177.2 |
| 강릉시 | 17.4 | 2747.1 | 1248.1 | 1467.8 |
| 동해시 | 21.4 | 7558.0 | 2814.9 | 10450.5 |
| 태백시 | 14.6 | 2050.0 | 875.9 | 1379.1 |
| 속초시 | 10.2 | 1026.0 | 432.3 | 372.7 |
| 삼척시 | 28.6 | 8052.2 | 3350.8 | 24153.8 |
| 홍천군 | 22.6 | 11231.0 | 6757.3 | 9249.3 |
| 횡성군 | 20.6 | 7049.9 | 3062.7 | 2153.5 |
| 영월군 | 30.1 | 9554.9 | 5230.8 | 10902.6 |
| 평창군 | 18.1 | 2510.0 | 1249.3 | 916.4 |
| 정선군 | 20.4 | 3720.0 | 1728.2 | 1640.5 |
| 철원군 | 17.5 | 4035.7 | 1122.5 | 1112.4 |
| 화천군 | 15.5 | 1903.7 | 778.3 | 699 |
| 양구군 | 16.2 | 1982.3 | 901.6 | 1377.5 |
| 인제군 | 12.3 | 1509.9 | 640.2 | 546.7 |
| 고성군 | 14.9 | 2104.6 | 753.5 | 938 |
| 양양군 | 13.4 | 1558.4 | 636.6 | 484.3 |

〈표 3-3〉 춘천과 전국의 종사상의 지위 분포 비교(1999년과 2006년)

단위: %

| 종사상의 지위 | 전국 | | 춘천 | |
|---|---|---|---|---|
| | 1999 | 2006 | 1999 | 2006 |
| 자영업자 | 9.7 | 8.1 | 12.0 | 10.4 |
| 무급가족 및 무급종사자 | 4.7 | 7.5 | 7.7 | 12.1 |
| 상용종사자 | 77.6 | 71.1 | 70.5 | 64.4 |
| 임시 및 일용근로자 | 7.9 | 13.3 | 9.8 | 13.1 |
| 계 | 100.0 | 100.0 | 100.0 | 100.0 |

있다. 이러한 소규모 사업체 중심의 산업구조는 《춘천 리포트》가 처음 출간된 1990년대 초 이후 거의 변화 없이 이어졌다.

소규모 영세 사업체들이 겪는 가장 커다란 문제는 여유자원(*slack resources*)의 결여와 체계화된 관리능력의 부족으로 인해 환경의 불확실성과 경기변동에 매우 취약하다는 점이다. 1990년대 말 경제위기 당시 타 지역에 비해 제조업의 비중이 낮은 춘천은 상대적으로 직접적 충격을 덜 받았던 것은 사실이다. 하지만 영세한 도소매업과 음식숙박업이 발달한 지역 산업구조의 특성상 경제위기에 따른 소비심리의 위축으로 적지 않은 타격을 받았던 것으로 보인다. 특히 현재와 같이 장기적 경제침체가 지속되는 경우 영세 소비산업이 기형적으로 발달한 춘천은 탈출의 활로를 찾기 매우 힘들 것으로 판단된다.

춘천지역 경제의 낙후성은 춘천시민들의 경제생활에도 직·간접적 영향을 줄 수밖에 없다. 그 중 가장 큰 문제가 일자리의 부족이다. 많은 사람을 고용할 수 없는 영세 자영업의 비중이 크기 때문에 좋은 일자리는 말할 것도 없이 일자리 자체가 말라 있는 상태이다. 지역 사업체의 고용현황을 분석해 보면 춘천은 무급 가족 혹은 무급 종사자와 임시 및 일용 근로자의 비중이 매우 높다. 〈표 3-3〉에서 보는 바와 같이 춘천지역 사업체 종사자의 10.4%가 자영업자,

64.4%가 상용종사자, 12.1%가 무급종사자, 13.1%가 임시 및 일용 근로자이다. 상용종사자의 비중이 전국평균에 비해 7% 정도 낮은 반면에 무급종사자의 비중은 5% 정도 높은 수치이다.

특히 무급종사자의 비율은 1999년 이후 꾸준히 증가하여 7년 동안 4.4% 증가했으며 임시 및 일용 근로자는 3.3% 증가했다. 한편 상용종사자의 비중은 같은 기간 동안 6.1% 감소했다. 이렇게 볼 때 지난 7년 동안 상용종사자의 상당수가 무급종사자로 전환되었거나 상용직 일자리가 임시직·일용직으로 대체되었다고 해석할 수 있다. 이는 물론 춘천만의 문제는 아니다. IMF 이후 본격화된 신자유주의 체제의 진전과 경기 둔화가 얽히면서 전국적으로 나타난 현상임에는 틀림이 없다. 하지만 타 지역에 비해 상대적으로 높았던 무급종사자의 비중이 최근 들어 전국 단위에서 보다 더 빠르게 증가하고 있다는 점은 춘천 경제와 노동시장의 열악함을 반영하는 것이라고 할 수 있다.

소비도시로 그려지는 춘천 경제의 초상화에는 적당한 수입이 보장되는 안정된 직장을 가진 시민들이 풍요롭게 살아갈 수 있는 쾌적한 도시라는 밝은 이미지와 더불어 생산적 산업기반의 부재와 그에 따른 노동시장의 열악함이라는 그늘이 공존한다고 요약할 수 있다.

## 2. 춘천의 고용구조

이제 설문조사 결과를 바탕으로 춘천의 고용구조와 춘천시민의 일과 직업에 대해 보다 구체적으로 알아보기로 하겠다. 먼저 조사에 응한 596명 중 수입이 있는 일을 하고 있는 응답자는 283명으로 48%를 차지했다. 취업의 경우 고용상의 지위에 따라 사업체에 고용되어 있는 피고용자와 개인사업을 하거나 가족의 개인사업을 돕는 경우로 나눌 수 있는데, 피고용자는 전체 응답자의 31%, 자영업자나 사업

〈표 3-4〉 응답자의 종사상의 지위, 고용형태별 분포

| 취업 여부 | 종사상의 지위 | 비율 (%) | 종사상의 지위 | 비율 (%) |
|---|---|---|---|---|
| 취업 | 피고용자 | 31.1 | 상용직 | 72.3 |
| | | | 임시직 | 17.5 |
| | | | 일용직 | 10.2 |
| | | | 소계 | 100.0 |
| | 자영업자/무급가족종사자 | 16.6 | 무급가족종사자 | 17.2 |
| | | | 고용원이 없는 자영자 | 61.3 |
| | | | 고용원을 둔 사업주 | 21.5 |
| | | | 소계 | 100.0 |
| 미취업 | | 52.3 | | |
| 계 | | 100.0 | | |

주 혹은 무급가족종사자는 17%로 나타났다. 다시 말하면 취업자의 3분의 2 정도는 피고용자로, 나머지 3분의 1 정도는 개인 혹은 가족 사업을 하거나 고용원을 둔 사업을 하였다. 앞서 살펴본 바와 같이 춘천에는 대기업을 비롯한 대규모 사업체가 거의 없는 대신 음식업, 숙박업, 소매업 등 소규모 영세 자영업의 비중이 타 지역에 비해 상대적으로 높다. 자영업자의 78.5%가 1인 단독사업 혹은 가족사업에 종사하였고, 1인 이상의 종업원을 고용하는 사업주는 21.5%에 지나지 않았으며, 그마저도 대부분이 1~3인을 고용하는 소규모 자영업자들이었다(〈표 3-4〉 참조).

피고용자 중에는 상용직이 72%, 임시직이 18%, 그리고 일용직이 10%로 나타나서 상용직의 비율이 비교적 높았다. 피고용자의 경우도 직장의 규모는 매우 영세한 것으로 나타났는데, 전체 피고용자 중 10인 이하 영세 사업체에 근무하는 응답자는 47%였다.[2)]

2) 2006년 통계청에서 실시한 사업체 조사결과에 따르면 춘천 소재 사업체에 근무하는 종사자 중 10인 미만 사업체에서 일하는 사람의 비율은 50%였다.

〈그림 3-1〉 성별 · 연령별 취업자 비중

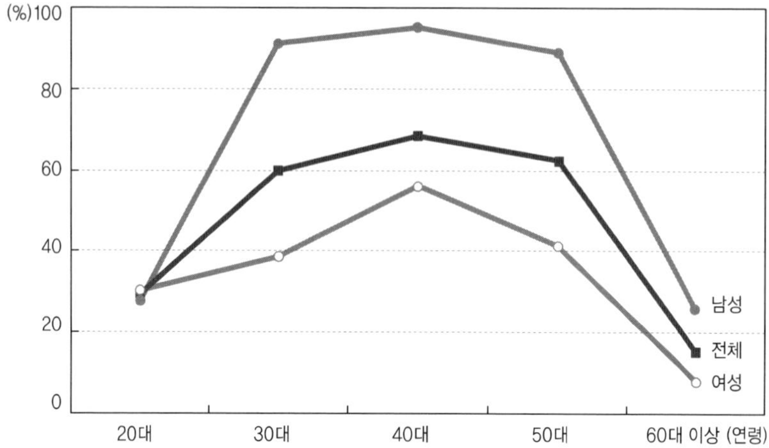


하지만 취업자의 분포, 종사상 지위의 분포 등은 성, 연령, 학력 등 주요 사회·인구학적 변수에 따라 커다란 편차를 보인다. 먼저 성별로 보면 남성이 여성에 비해 취업 비중이 매우 높았다. 남성의 경우 65%가 수입 있는 일을 하고 있는 반면에 여성의 경우는 36%만이 수입 있는 일을 하고 있다고 답했다. 연령별로는 20대의 취업자 비중이 29.3%로 낮다가 30대 60.0%로 증가하고 40대에 이르러서는 69%로 취업자 비중이 가장 높았다가, 50대에 62.5%로 하락하고, 60대 이상이 되면 15.1%로 대폭 감소하였다. 20대가 낮게 나타난 것은 학교를 다니거나 취업을 준비 중인 사람이 많기 때문이다. 인구 규모에 비해 대학생 인구의 비중이 높은 춘천의 특성이 반영된 것으로 볼 수 있다. 60대의 취업률이 매우 낮은 것은 정년퇴직 등의 사유로 노동시장에서 이탈했기 때문인 것으로 볼 수 있다. 전국 수준에서 60대 이상의 취업자 비중이 27%를 차지한다는 점과 비교하

---

이는 전국평균인 43%보다 7% 높은 수치로 춘천지역 근로자들의 직장이 전체적으로 매우 영세하다는 것을 다시 한 번 확인할 수 있는 결과이다.

면 춘천에 거주하는 이 연령대의 취업률이 크게 낮다고 볼 수 있다(〈그림 3-1〉).

연령별 취업자의 비중은 성에 따라 커다란 편차를 보인다는 점에 주목할 필요가 있다. 20대의 경우 남성이나 여성 모두 취업자의 비중이 비슷하지만 30대가 되면서 그 격차가 급격히 증가한다. 91%에 달하는 30대 남성이 취업을 하는 반면에 30대 여성은 고작 39%만이 취업을 하는 것으로 조사되었다. 40대에 그 격차가 다소 감소하기는 하지만 여전히 취업자 비중에서 40% 정도 차이가 나고, 50대에 들어서면 다시 격차가 벌어진다(〈그림 3-1〉 참조). 다시 말하면 춘천지역 여성들은 남성에 비해 노동시장 진입 장벽이 매우 높을 뿐만 아니라, 상대적으로 이른 시기에 노동시장으로부터 퇴출되거나 자발적으로 이탈한다고 볼 수 있다. 전체적 수준에서 남녀 간의 취업률 격차는 전국 수준과 크게 다르지 않지만,[3] 춘천이 남성 중심적인 2차 산업에 비해 여성이 보다 쉽게 취업할 수 있는 3차 산업이 발달했다는 점을 고려한다면 취업률에서 남녀 간의 두드러진 격차는 다소 의외의 결과라고 볼 수 있다.

이에 대해서는 보다 면밀한 분석이 뒤따라야 하겠지만 우선 생각해 볼 수 있는 이유는 춘천지역에 일자리 자체가 많지 않기 때문이다. 노동시장 이론에 따르면 일자리가 줄어드는 경우 가족의 생계를 책임지는 남성가장에 비해 노인이나 여성층이 취업에 취약하다는 것이 일반적 견해이다. 전국 단위에서 보면 30대 여성의 취업률이 46.9%, 40대가 44.2%, 50대가 49.3%, 60대 이상이 19.6%인 것으로 나타났는데, 이와 비교하면 춘천의 여성 취업률은 40대를 제외하고 전 연령대에서 전국에 비해 상당히 낮다고 할 수 있다.

---

3) 2005년 인구 총조사에 따르면 20세 이상 남성과 여성의 취업자 비중은 각각 68%와 38%로 이 조사의 결과와 거의 일치한다.

〈그림 3-2〉 학력별 취업자 비중

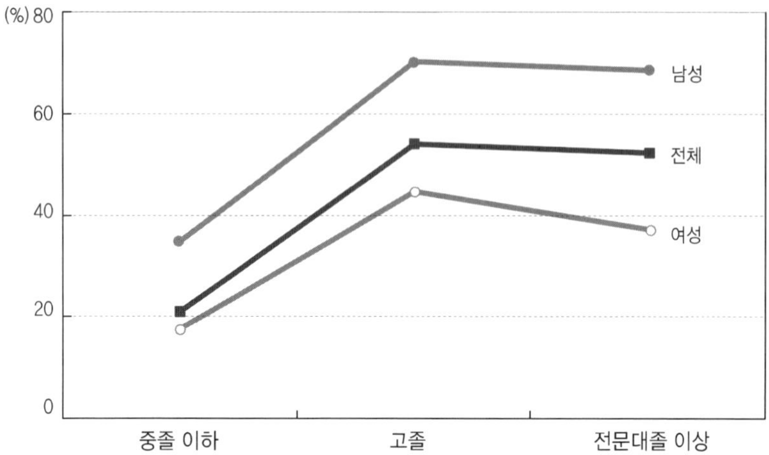


학력별로 보면 중졸이하에 비해 고졸과 전문대졸 이상의 취업률이 크게 높았다. 종졸 이하의 취업률은 21%, 고졸 54%, 전문대졸 이상 52%로 나타났다(〈그림 3-2〉 참조). 학력에 따른 취업률의 차이는 연령별 취업률의 차이를 일정한 정도 반영하는 것으로 볼 수 있다. 남성과 여성을 나누어 살펴보면 두드러진 차이는 전문대졸 이상에서 발견된다. 전문대졸 이상의 학력을 가진 남성은 68%가 취업중인 반면에 여성은 38%만이 수입 있는 일을 하였다.

취업률과 더불어 종사상의 지위에 있어서도 성, 연령, 학력에 따른 차이가 나타난다. 연령별로 미취업자와 피고용자, 자영·무급가족 종사자의 비중을 살펴보면 〈그림 3-3〉과 같다.

전체적으로 연령이 증가할수록 피고용자의 비중과 자영·무급가족 종사자의 비중 간의 격차가 감소하다가 60대 이상에서는 역전되는 것을 볼 수 있다. 20대의 경우 응답자 중 취업자는 모두 피고용자였으며, 30대에 들어서면 피고용자의 비중이 42%로, 자영·무급가족 종사자의 비중은 18%로 증가해서 그 차이는 24%였다. 40대는 피고용

〈그림 3-3〉 연령별 취업여부 및 고용형태의 비중

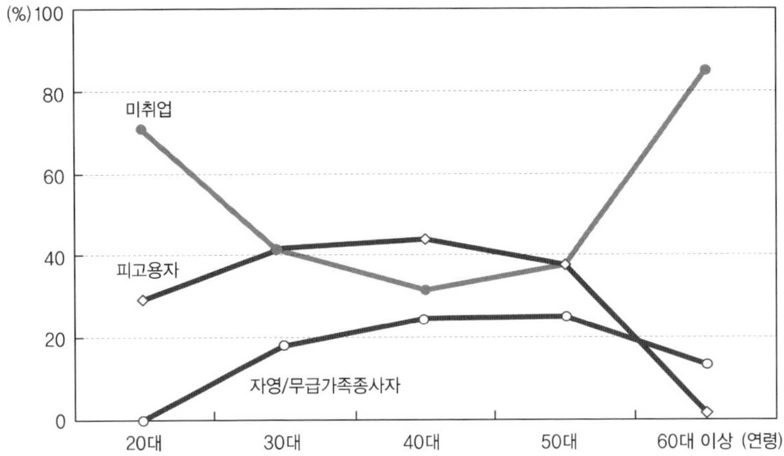


자와 자영·무급가족종사자의 비중이 각각 44%, 25%로 그 격차가 19%로 감소했고, 50대에는 38%, 25%로 차이가 13%로 조사되었다. 60대에 들어서면 피고용자는 1.7%에 불과하고 13.4%가 자영자 혹은 무급가족 종사자였다. 물론 종단 자료를 활용한 보다 정교한 분석이 필요하겠지만 일단 〈그림 3-3〉에서 보이는 패턴은 춘천인들은 대체로 피고용자로 노동시장에 진입한 후 나이가 들면서 조금씩 자영업이나 무급가족 종사자로 전환하며, 정년퇴직을 기점으로 해서 노동시장에서 이탈하거나 자영업자로 빠르게 전환하는 것으로 해석할 수 있다.

이외에도 종사상의 지위와 관련하여 눈에 띄는 몇 가지를 요약하면 다음과 같다. 첫째, 최근 전국적으로 문제가 되고 있는 청년층의 고용불안정이 춘천에서도 나타난다는 점이다. 종사상의 지위를 좀더 세분화해서 살펴보면 20대의 상당수가 임시직이나 일용직으로 고용되어 있었다. 20대 피고용자의 47%가 상용직으로, 44%가 임시직으로, 9%가 일용직으로 일하고 있었는데, 이는 30대 이상 연령층에서

〈그림 3-4〉 학력별 임금근로자와 자영업자의 비중(전국과의 비교)

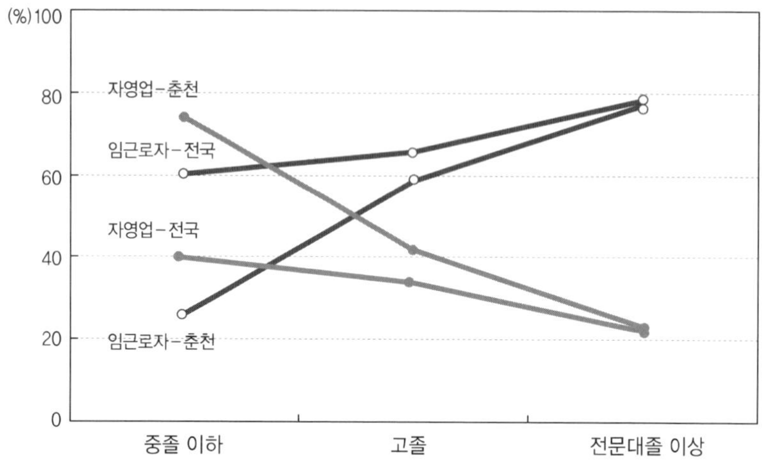


피고용자 중 상용직이 차지하는 비중이 70~80%에 이르는 것과 비교되는 수치이다. 즉 상당수의 청년들이 노동시장 경험을 불안정한 임시직으로 시작한다는 것이다.

둘째, 여성의 고용불안정이 크다는 점이다. 고용되어 있는 남성의 경우 상용직이 81%에 이르고, 임시직은 13%, 일용직은 6%였지만 여성은 상용직이 60%, 임시직이 24%, 일용직이 17%로 남성에 비해 임시직과 일용직의 비중이 매우 높다. 또한 여성은 남성에 비해 무급가족 종사자의 비중이 상대적으로 높은데, 특히 연령이 올라갈수록 더욱 그러하다. 적당한 일자리를 찾기 힘든 중년 여성들이 배우자의 사업을 돕는 방식으로 경제활동에 참여하기 때문일 것이다.

셋째, 학력이 올라갈수록 임금근로자의 비중이 급격히 증가하고 자영업자의 비중이 크게 떨어진다. 물론 이 같은 추세는 조직노동에 요구되는 기술과 기능이 점점 복잡해지는 현대사회의 특징을 반영하는 것이기는 하다. 〈그림 3-4〉에서 보는 바와 같이 전국 통계를 보더라도 학력이 올라가면서 임금근로자의 비중이 점차 커지는 반면에 자영업자 무급종사자의 비중은 감소하는 것을 볼 수 있다. 하지만 춘천의 경우 전국 수준과 비교해 보면 학력에 따른 차이가 매우 큰 것을 볼 수 있다. 중졸 이하 학력을 가진 응답자 중 임금근로자는 26%에 불과해 전국 수준에서 중졸 이하 학력자의 60%가 임금근로자인 것과 커다란 대조를 보인다. 한편 전문대졸 이상의 경우 춘천과 전국의 차이는 실질적으로 없다고 할 수 있다. 이렇게 볼 때 춘천의 고용구조는 상당부분 학력이라는 차원에 의해 분절되어 있다고 보아야 할 것이다. 제조업의 발달이 극히 미미하고 규모가 큰 사업체들은 대체로 행정기관, 교육기관, 병원 등 상당한 수준의 인적자본을 요구하는 기관이라는 것을 고려할 때 춘천의 저학력자들이 맞닥뜨리는 조직노동부문의 장벽은 상당히 높다고 할 수 있으며, 따라서 이들의 상당수가 자영업으로 돌아서는 것으로 볼 수 있다.

## 3. 춘천의 노동시장

지금까지 밝혀본 춘천지역 노동시장의 구조를 염두에 두고 제한된 자료이기는 하지만 노동시장 과정에 대한 보다 동태적 분석을 시도해 보고자 한다. 우선 노동시장 과정은 크게 노동시장으로의 (재)진입, 노동시장으로부터의 이탈, 그리고 노동시장 내에서의 직장(업) 이동으로 나누어 볼 수 있다.

한 개인의 생애사를 노동시장 과정이라는 관점에서 바라보면, 우선 학교를 마치거나 일정 연령이 된 후 노동시장으로 진입할 수도 혹은 이를 포기할 수도 있다. 노동시장에 진입하게 되면 다양한 경력 경로가 가능하다. 가장 대표적인 몇 가지 경로를 제시하면 우선 직장이동이나 일시적 단절 없이 한 직장에서 정년퇴직까지 계속 일을 하는 경우가 있을 수 있다. 다음으로 노동시장으로부터 이탈하지

〈그림 3-5〉 연령별 · 성별 노동시장 경험이 없는 사람의 비중

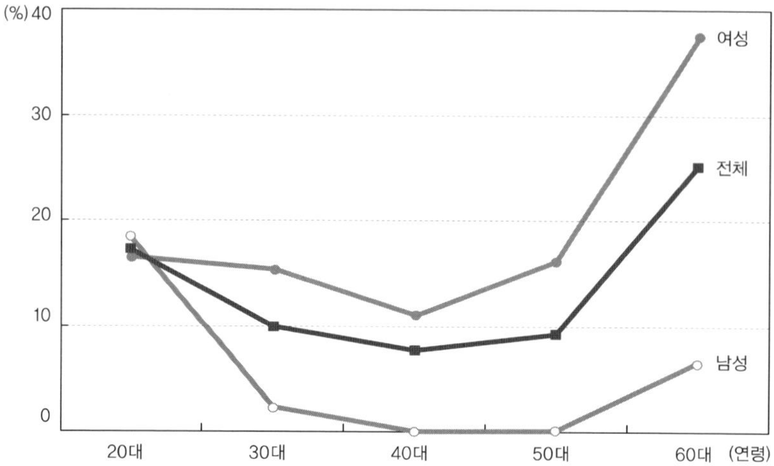


않고 한 번 혹은 그 이상 직장을 옮긴 후 마지막 직장에서 정년퇴직까지 종사하는 것 또한 가능한 경로이다. 셋째로 출산, 육아, 실직 등의 이유로 일시적 혹은 상당한 기간 동안의 노동시장 이탈 후 재진입하는 경우도 있을 수 있다. 이러한 시나리오들을 염두에 두고 춘천의 노동시장 과정에서 나타나는 몇 가지 특징을 요약하면 아래와 같다.

첫째, 응답자 중 노동시장 경험이 전혀 없는 사람은 극히 적다. 전체 595명의 응답자 중 일을 해본 경험이 전혀 없는 사람은 82명으로 13.7%에 불과하다. 연령에 따라 보면 〈그림 3-5〉에서 보는 바와 같이 20대와 60대에서 노동시장 경험이 전혀 없는 사람의 비율이 상대적으로 높았다. 특히 여성의 경우 20대를 제외하고 전 연령대에서 남성보다 그 비율이 크게 높은 것으로 나타났으며, 60대의 경우는 38%의 여성이 노동시장 경험이 전무하다고 답했다. 여성이 노동시장에의 진입을 포기하는 비율이 높은 것은 가사와 매우 밀접한 관련이 있는 것으로 보인다. 노동시장 경험이 전무한 여성 72명에게 현

재 일을 하지 않는 이유를 물어본 결과 48명(66.7%)이 집안일을 하고 있기 때문이라고 답했으며, 11명(15.3%)이 학교를 다니기 때문이라고 답했다. 물론 노동시장 진입을 포기한 이유를 직접 물은 것은 아니지만 상당수의 여성이 가사 때문에 노동시장 진입을 아예 포기한 것이라고 유추할 수 있다.

둘째, 노동시장에 진입한 후 어떤 이유 때문에 노동시장에서 이탈하여 현재는 일을 하고 있지 않는 경우를 생각해 볼 수 있다. 전체 응답자 595명 중 이에 해당하는 사람은 226명(38%)이었다. 현재 일을 하지 않는 사람들만을 대상으로 한 경우 노동시장으로부터 일시적 혹은 영구적으로 이탈한 사람들의 비중은 73%였다. 이들 226명을 대상으로 가장 최근 일을 그만둔 때를 물어 보았다. 그 결과 노동시장으로부터의 이탈 기간이 2년 미만인 단기 이탈자들은 전체 이탈자의 46%였고, 2~10년 미만의 중기 이탈자는 29.4%, 10년 이상의 장기 이탈자는 24.6%였다. 물론 2년 미만의 단기이탈자의 상당수가 중기나 장기 이탈자로 전환될 수 있다는 점을 고려하면 춘천시민의 상당수가 노동시장에서 이탈한 후 재진입을 포기하거나 이에 어려움을 겪는 것으로 생각할 수 있다. 특히 〈그림 3-6〉에서 보는 바와 같이 나이가 많이 들어 일을 그만둔 경우 노동시장 재진입이 상당한 기간 유보되는 것을 확인할 수 있다.[4] 성별로 보면 남성의 경우 50~60대에

4) 물론 이 분석은 완전한 형태의 종단 자료를 활용한 것이 아니라는 점에 유의할 필요가 있다. 달리 말하면 여기에 제시된 단기, 중기, 장기의 구분은 노동시장에서 이탈한 사람들이 노동시장에 재진입하기까지의 기간을 의미하는 것이 아니라는 것이다. 예를 들어 20대에 노동시장에서 이탈한 사람들의 대부분은 아직 20대이기 때문에 이들 중 얼마나 많은 사람들이 중기 혹은 장기 이탈자로 전환될지에 대해서는 이 자료로는 알 수 없다. 또한 60대 이상의 나이에 노동시장에서 이탈한 경우는 그로부터 조사시점까지 시간이 많이 지나지 않았기 때문에 장기 이탈자의 비중이 낮을 수밖에 없다. 이러한 점을 감안하더라도 40~50대 이탈자들의 재진입 비율은 매우

〈그림 3-6〉 노동시장 이탈연령에 따른 재진입 유예기간

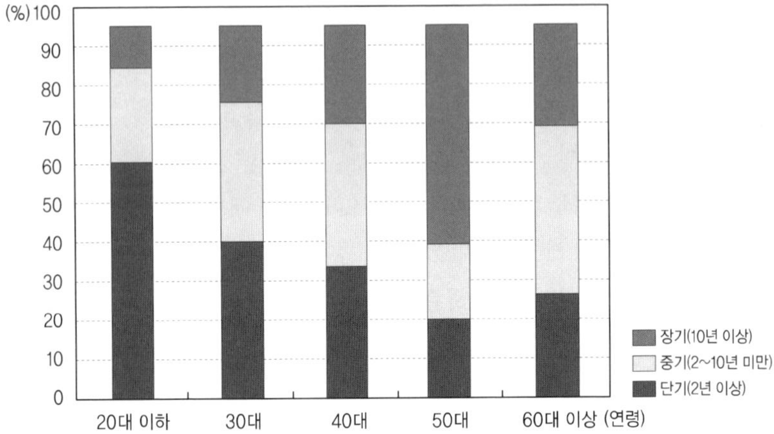


이탈하는 경우가 많았던 반면에 여성은 30~40대에 그 비중이 상대적으로 높았다. 이는 여성들이 결혼 이후 육아 및 가사 때문에 직장을 그만두기 때문인 것으로 보인다. 일을 한 경험이 있으나 현재는 일을 하지 않는다고 답한 남성의 경우 그 이유를 대체로 학업과 정년퇴직으로 꼽은 반면, 여성들의 경우 가사가 압도적으로 높았다.

셋째, 춘천지역 노동시장의 특성으로 직장이동이 매우 활발하다는 점을 꼽을 수 있다. 현재 일을 한다고 응답한 244명 중 163명인 66.8%가 현 직장 이전에 다른 곳에서 일한 경험이 있다고 답했다. 직장 이동의 횟수가 1회인 사람은 42명(17.2%), 2회인 사람은 54명(22.1%), 3회 이상인 사람은 66명(27.5%)이었다. 이를 직장이동 횟수로 환산하면 응답자들은 평균 1.7회 정도 직장을 옮긴 것으로 나타

낮은 것으로 추정하는 데는 논란의 여지가 없을 것이다. 20대에 이탈한 사람 중 30대 이후까지 노동시장에 재진입하지 못한 사람은 20%에 불과한 반면에, 30대에 이탈한 사람 중 40대 이후까지 노동시장에 진입하지 못한 사람은 39%, 40대 이탈자 중 50대 이후까지 진입하지 못한 사람은 53%, 50대 이탈자 중 60대 이후까지 진입하지 못한 사람은 67%였다.

〈그림 3-7〉 가장 최근 직장의 위치

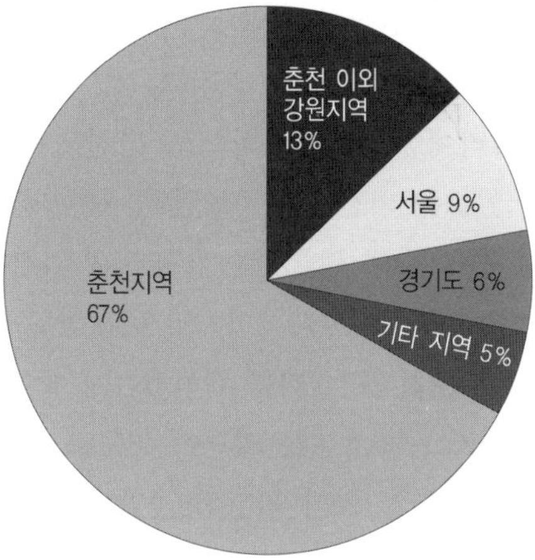


나 평균적으로 현재의 직장이 2~3번째 직장인 셈이 된다. 특히 학력이 낮을수록 직장 이동횟수가 높은데, 중졸이하의 경우 1.8회, 고졸의 경우 1.9회, 전문대졸 이상의 경우 1.6회였다. 직장 이동은 대부분 춘천지역 내에서 일어나는 것으로 조사되었다. 〈그림 3-7〉에서 보는 바와 같이 최근 직장이 춘천지역인 사람은 전체 이동자의 67%였으며, 춘천 이외의 강원지역으로부터 유입된 사람은 13.0%, 수도권으로부터 유입된 사람은 15%로 조사되었다.

## 4. 춘천 경제에 대한 평가

마지막으로 춘천시민들이 춘천지역의 경제와 고용사정에 대해서 어떻게 평가하는지 알아보기로 하겠다. 전반적으로 응답자들은 춘천지역의 경제사정과 고용여건에 대해 매우 부정적 의견을 보였다. 춘천에 좋은 일자리가 충분하다고 생각하는지에 대해서는 단지 1.9%

만이 그렇다고 답했고 충분하지 않다는 의견은 73%였다. 춘천지역에는 다른 지역에 비해 견실한 사업체가 많다고 생각하는지에 대해서는 단 1.0%만이 많다고 답했고, 75%가 적다고 답했다. 또한 춘천지역은 다른 지역에 비해 경제적으로 발전되어 있다는 의견이 1.2%, 낙후되어 있다는 의견이 65.0%였다. 춘천지역의 사업체들은 다른 지역 사업체들에 비해 임금수준이 높다는 의견 역시 1%에 그쳤고, 낮다는 의견이 67.1%였다. 마지막으로 만일 직장을 다시 구하게 되면 수도권과 춘천 중 어디를 택하겠는지 물어본 결과 춘천보다는 수도권으로 가서 구하겠다는 의견이 48%로 수도권보다는 춘천에서 구하겠다는 의견 27%보다 월등히 높았다(〈표 3-5〉). 거의 대

〈표 3-5〉 춘천지역에 대한 평가

| 항목 | 응답 | 빈도(%) |
|---|---|---|
| 춘천에는 좋은 일자리가 | 충분하지 않다 | 432(73.0) |
| | 많지도 적지도 않다 | 149(25.2) |
| | 충분히 있다 | 11(1.9) |
| 춘천지역에는 다른 지역에 비해 눈에 띠는 견실한 사업체가 | 별로 없다 | 445(75.0) |
| | 많지도 적지도 않다 | 142(23.9) |
| | 매우 많다 | 6(1.0) |
| 춘천지역은 다른 지역에 비해 경제적으로 | 낙후되어 있다 | 385(65.0) |
| | 차이가 없다 | 200(33.8) |
| | 발전되어 있다 | 7(1.2) |
| 춘천지역의 사업체들은 다른 지역에 비해 임금수준이 | 낮다 | 394(67.1) |
| | 비슷하다 | 187(31.9) |
| | 높다 | 6(1.0) |
| 내가 만일 일자리를 구하게 된다면 이왕이면 | 춘천지역보다는 수도권으로 가는 것이 좋다 | 282(47.8) |
| | 지역은 상관없다 | 148(25.1) |
| | 수도권보다는 춘천지역에서 구하는 것이 좋다 | 160(27.1) |

부분의 질문에 긍정적 답변이 1%대로 나온 것, 그리고 특히 마지막 질문에 절반 가까이 되는 응답자가 일자리를 찾아 수도권으로 떠나고 싶다는 의견을 피력한 것은 매우 우려스러운 점이다.

이러한 견해는 성, 연령, 학력, 고용상태, 종사상의 지위 등과 관계없이 거의 일정하게 나타났다. 굳이 그 차이를 말하자면 춘천 경제에 대한 부정적 견해는 대체로 남성에 비해 여성이, 고학력자에 비해 저학력자가, 그리고 청년층보다는 장·노년층이 높았고, 미취업자보다는 취업자가, 그리고 취업자 중에서도 임금근로자보다는 자영업자가 춘천의 경제를 더 부정적으로 평가하는 것으로 나타났다는 점이다. 일례로 춘천지역이 다른 지역에 비해 경제적으로 낙후되어 있다는 의견에 대해 취업자의 70%가 찬성한 반면에, 미취업자는 61%가 찬성했고, 임금근로자는 63%가 찬성한 반면에, 자영업자는 81%가 찬성했으며, 연령별로는 20대가 53%, 30대가 61%가 찬성한 반면에 40대 이상은 70% 이상이 찬성하는 것으로 나타났다.

학력에 따른 차이도 다소간 존재하는 것으로 나타났는데, 같은 질문에 대해서 중졸은 68%, 고졸은 69%가 찬성한 반면에, 전문대졸 이상은 그보다 약간 적은 61%가 찬성했다. 특히 임금근로자와 자영업자의 차이가 매우 큰 것으로 나타났는데, 이는 춘천의 노동시장이 행정기관, 교육기관 등을 비롯한 비교적 '괜찮은' 일자리를 제공하는 조직노동부문과 빈약한 자원에 의존해야 하고 불확실한 환경에 노출되어 있는 영세 자영업 사이에 상당한 간극이 존재하는 것으로 해석할 수 있다.

4

# 춘천사회의 계층과 불평등

윤상우

## 1. 서론

주지하듯이, 1997년 IMF 위기 이후 한국사회는 급격하게 증대된 사회경제적 불평등과 빈곤을 경험하였다. 우리나라는 1980년대 민주화 이행 이후 1990년대 중반까지는 불평등이 완만하게 감소하는 추세였지만, 1997년 IMF 위기를 경험하고 신자유주의적 구조조정이 사회 전반에 본격화되면서 불평등과 빈곤은 전례 없는 수준으로 확대되고 있는 실정이다(신광영, 2004; 윤상우, 2008).[1] 단적으로, '양극화'는 한국의 사회경제적 현실을 상징하는 최대 화두가 되었다(윤진호, 2005).

그렇다면, IMF 위기와 신자유주의로의 전환이 10여 년 정도 경과

1) 국가적 수준에서 불평등의 정도와 추이를 손쉽게 파악할 수 있는 지표로는 지니계수(*Gini coefficient*)와 소득5분위배율을 들 수 있다. 도시근로자가구(2인 이상)를 기준으로 한 지니계수의 경우, 1990년 0.295이던 것이 1998년 0.316으로 급등하였고 2006년에도 0.310의 높은 수준을 유지하였다. 소득5분위배율도 1990년 4.64배였던 것이 1998년 5.41배, 2006년 5.38배로 급등하였다. 빈곤율도 매년 급증하여 2004년의 경우 절대빈곤율은 8.50%, 상대빈곤율은 16.44%인 것으로 추정된다(성명재, 2007; 윤상우, 2008).

한 현재의 시점에서, 한국사회 전반에서 가속화되는 경제적 불평등, 양극화, 계층·계급 문제는 춘천과 같은 지역사회에는 어떻게 투영되는가? 춘천과 같은 중소 지방도시에서도 한국사회 전체에서 나타나는 일반적 불평등의 양상이 그대로 관찰되는가? 아니면 춘천이라는 지역적 특수성이 가미된 보다 독특한 형태를 띠는가? 이 연구는 2008년 현재 춘천지역의 계층구조와 경제적 불평등의 실태, 그리고 이에 관한 춘천시민들의 의식을 탐색하는 데 주된 목적을 둔다.

사실, 과거 《춘천 리포트》의 연구성과에서도 이 문제는 중요한 이론적·실천적 관심대상의 하나였다. 한국 지역연구의 활성화에 선도적 역할을 했던 《춘천 리포트》는 지역사회 주민들의 일반적 생활상을 파악하는 데서 출발하면서도 단순히 그것의 기술(*description*)에만 그치지 않고, 그러한 생활상에 내재한 지역사회의 구조적 특성들, 그리고 사회변동에의 함의를 이끌어내는 것을 지향해왔다. 여기서 계층·불평등 문제는 지역사회의 구조적 특성을 보여주는 핵심지표로서의 위상을 지니며, 따라서 과거 연구성과에서도 중요한 연구영역으로 다루어져 왔다.[2] 따라서 이 연구는 과거 연구와의 연속성을 확보하면서 동시에 춘천사회 불평등의 현재적 실태를 파악한다는 점에서 의미를 지닌다고 할 수 있다.

---

2) 그럼에도 과거 《춘천 리포트》의 경우, 계층 및 불평등 문제를 독립된 장(*chapter*)으로 다루지는 않았다는 점에서는 다소 한계가 있다. 《춘천 리포트 1》(1991)의 경우 "제 3장 춘천시민의 생활상태"에 이 부분이 포함되어 있고, 《춘천 리포트 2》(1999)에서는 "제 3장 문화와 일상생활"에 계급·계층별 여가활동의 차이가 한 부분으로 수록되어 있을 뿐이다. 그리고 《춘천 리포트 3》(2004)에서는 계층·불평등에 대한 연구가 이루어지지 않았다. 그럼에도, 모든 《춘천 리포트》의 조사항목에는 개인소득과 가구소득에 대한 질문문항을 담고 있기 때문에 계층구조 및 불평등의 전반적 실태를 파악할 수 있다. 이번 연구에서 이 문제를 독립된 주제로 다루는 것은 IMF 이후 불평등 문제가 한국사회의 핵심 현안으로 부각되었다는 연구자의 관심을 반영한 것이다.

이러한 연구 관심에 기반하여, 이 조사에서는 춘천시민들의 소득수준, 직업지위, 주택보유여부, 교육비 지출실태, 소비·여가생활, 정보서비스 이용실태에 관한 질문을 포함하였고, 이외에도 주관적 계층의식, 한국사회 및 춘천지역의 불평등 정도에 대한 인식, 불평등의 향후 전망에 대한 질문도 포함하여 춘천시민이 인식하는 계층과 불평등의 실태를 파악하고자 하였다. 전자인 소득 및 직업, 주택, 소비생활에 관한 것은 과거의 연구에도 포함된 사항이므로 일정한 연속성을 갖지만 정보서비스 이용실태나 한국사회 및 춘천지역의 불평등에 대한 인식조사는 이번 연구에서 새롭게 추가된 부분이다.[3) ] 특히, 후자의 일부 조사항목들은 전국단위로 실시된 한국종합사회조사(KGSS)의 〈한국사회의 불평등과 공정성 조사〉와 동일한 설문으로 구성함으로써 전국수준에서의 불평등 의식과 춘천지역의 불평등 의식을 비교 분석할 수 있도록 하였다.

이 연구의 구성은 다음과 같다. 먼저, 2절에서는 춘천사회의 계층 및 불평등을 이해하기 위한 배경 작업으로 강원·춘천지역의 전반적 경제상황을 파악하고자 한다. 이미 잘 알려졌듯이 강원·춘천지역은 대도시 및 타 지역에 비해 경제적으로 열악하며 낙후된 지역이다. 춘천사회의 계층 및 불평등 양상은 바로 이러한 춘천지역 자체의 열악한 경제환경에서 출발한다. 이에 대한 논의는 통계청, 강원도청, 춘천시청 등의 통계자료에 근거하였다. 3절에서는 이번에 실시된 〈춘천시민의 의식과 생활에 대한 조사〉 결과를 바탕으로 춘천지역의 계층구조를 개괄적으로 살펴보고자 하였다. 여기서는 소득계층, 종사상 지위별 분포, 주택보유여부, 사교육비 지출실태 등 계층구조의 전반적 성격을 검토하고, 더불어 계층별 문화 및 여가생활의 차

---

3) 이번 조사에서는 과거 조사와의 연속성을 확보하기 위해 과거 연구에서 사용된 관련 설문항목을 최대한 활용하고자 했지만, 시간적 차이로 인해 직접적 비교가 어려운 부분(예를 들면 화폐가치의 차이 등)도 있음을 밝혀둔다.

이를 조사하였다. 4절에서는 춘천사회의 정보격차와 정보불평등의 실태를 소득계층별 정보서비스 이용실태를 통해 접근하였다. 여기서는 초고속인터넷, 휴대전화 인터넷, 지상파·위성 DMB, 위성 TV, 인터넷 TV, 개인홈페이지·블로그 등의 정보서비스가 계층별로 어떻게 이용되는지를 조사하였다. 5절에서는 경제적 불평등에 대한 춘천시민들의 의식을 주로 고찰하였다. 여기서는 춘천시민들의 주관적 계층의식, 경제적 부유함/빈곤에 대한 판단기준, 한국사회 전반 및 춘천지역의 불평등 수준에 대한 인식, 불평등의 향후 전망과 정부정책에 대한 평가 등이 논의될 것이다.

## 2. 강원·춘천지역의 경제상황

이 연구는 춘천지역이라는 특정 '지역내'의 경제적 불평등에 관심을 갖지만, 일반적으로 지역불평등에 대한 연구는 수도권-지방, 도시-농촌과 같은 '지역간' 불평등에 주된 관심을 두었다. 춘천지역 내의 계층구조나 불평등 추이를 보다 객관적이고 체계적으로 이해하기 위해서는 일단 한국사회 전체에서 강원도와 춘천시가 어떤 경제상황에 처해 있는지를 먼저 논의할 필요가 있다고 본다.

이미 기존 연구나 정부의 공식통계에서도 확인되었듯이, 우리나라는 국가주도적 산업화를 시작한 이래 지역불균형과 지역간 경제격차가 지속적으로 확대·심화되었고, '수도권-비수도권', 또는 '수도권·영남권-그 외 지역'이 그러한 지역 불평등을 가르는 주된 축이었다(김영정, 1994; 윤상우, 2005). 강원·춘천지역은 경제발전에서 소외된 여러 지역들 중에서도 가장 낙후되고 경제규모도 가장 작은 편이며, 이러한 추세는 별다른 상황반전이나 변화 없이 현재까지도 지속되었다. 〈표 4-1〉은 시도별 지역내 총생산(GRDP)의 추이를 보여준다.

이를 보면, 강원도의 경제규모는 2005년 현재 전국대비 2.58%에 지나지 않으며 광역지자체 중에서 제주도 다음으로 규모가 작음을 알 수 있다. 게다가 강원도 GRDP의 전국대비 비중은 다른 지역에 비해 상대적으로 급속하게 감소하여(2000년 2.84% → 2005년 2.58%), 경제규모 자체가 열악할 뿐만 아니라 경제의 활력도 정체·쇠퇴하고 있음을 확인할 수 있다. 앞서 언급했듯이, 이런 추세는 비단 최근만의 현상이 아니다. 김영정(1994: 174~176)의 추계에 따르면, 강원도의 전국대비 GRDP 비중은 1968년 5.1%였는데, 1991년에 이르면 3.0% 수준으로 감소한 바 있다. 따라서 강원도의 경제적 저발전과

〈표 4-1〉 시도별 지역내 총생산(GRDP)

단위: 백만 원, %

| | 2000년 | | 2005년 | |
|---|---|---|---|---|
| | 2000년 기준가격 | 전국대비 구성비 | 2000년 기준가격 | 전국대비 구성비 |
| 전국 | 577,970,942 | 100.00 | 730,121,176 | 100.00 |
| 서울특별시 | 138,492,266 | 23.96 | 158,304,122 | 21.68 |
| 부산광역시 | 33,839,838 | 5.85 | 40,815,222 | 5.59 |
| 대구광역시 | 20,776,260 | 3.59 | 23,000,935 | 3.15 |
| 인천광역시 | 26,230,654 | 4.53 | 33,219,335 | 4.54 |
| 광주광역시 | 12,628,813 | 2.18 | 15,431,675 | 2.11 |
| 대전광역시 | 13,559,020 | 2.34 | 16,442,392 | 2.25 |
| 울산광역시 | 28,355,275 | 4.90 | 36,415,245 | 4.98 |
| 경기도 | 111,793,461 | 19.34 | 158,694,332 | 21.73 |
| 강원도 | 16,462,239 | 2.84 | 18,888,731 | 2.58 |
| 충청북도 | 19,521,392 | 3.37 | 23,900,139 | 3.27 |
| 충청남도 | 28,962,820 | 5.01 | 41,403,366 | 5.67 |
| 전라북도 | 18,977,807 | 3.28 | 22,564,979 | 3.09 |
| 전라남도 | 26,907,552 | 4.65 | 31,675,777 | 4.33 |
| 경상북도 | 38,445,650 | 6.65 | 53,902,299 | 7.38 |
| 경상남도 | 37,728,411 | 6.52 | 48,961,442 | 6.70 |
| 제주도 | 5,289,484 | 0.91 | 6,501,185 | 0.89 |

* 출처: 통계청 홈페이지 국가통계포탈(KOSIS)에서 계산하여 작성.

지속적인 경제규모의 쇠퇴는 1998년의 IMF 위기와 관계없이 산업화 과정 내내 줄곧 지속된 현상으로 볼 수 있다.

이러한 강원도의 경제상황은 가계소득 관련 자료에서도 고스란히 나타난다. 〈표 4-2〉는 시도별 가구당 가계소득 및 가계수지 추이를 보여준다. 여기서도 강원도 가구의 연간소득은 전국평균에 비해 400만 원가량, 서울에 비해서는 천만 원 가까이 낮은 것으로 나타나며, 충청남북도, 전라북도 등과 더불어 전국 하위권을 형성한다. 그리고 소득수준이 낮기 때문에 강원도의 가계지출 및 가계수지 흑자율 역시 전국평균을 한참 밑도는 수준에 머물러 있다.

〈표 4-2〉 시도별 가계소득 및 가계수지(2000년)

단위: 만 원, %

| | 연간소득 | 연간지출 | 흑자율 |
|---|---|---|---|
| 전국 | 3,035.9 | 2,353.1 | 26.2 |
| 서울특별시 | 3,501.4 | 2,643.9 | 28.8 |
| 부산광역시 | 2,726.5 | 2,094.0 | 26.3 |
| 대구광역시 | 2,873.0 | 2,410.5 | 18.5 |
| 인천광역시 | 2,733.5 | 2,236.8 | 21.2 |
| 광주광역시 | 2,831.7 | 2,279.0 | 22.8 |
| 대전광역시 | 2,829.4 | 2,204.9 | 25.8 |
| 울산광역시 | 3,384.0 | 2,633.0 | 25.8 |
| 경기도 | 3,162.0 | 2,436.2 | 26.5 |
| 강원도 | 2,666.0 | 2,119.7 | 24.3 |
| 충청북도 | 2,640.5 | 2,091.7 | 24.5 |
| 충청남도 | 2,598.1 | 2,061.9 | 24.8 |
| 전라북도 | 2,491.6 | 1,927.7 | 26.1 |
| 전라남도 | 2,738.5 | 2,119.7 | 26.8 |
| 경상북도 | 2,946.1 | 2,265.9 | 27.4 |
| 경상남도 | 2,925.3 | 2,186.1 | 29.8 |
| 제주도 | 2,756.6 | 2,330.4 | 17.9 |

* 주: 조사대상은 2인 이상 전 가구.
* 출처: 통계청 홈페이지 국가통계포탈(KOSIS)에서 작성.

〈표 4-3〉 강원도 주요도시의 지역 내 총생산(GRDP)

단위: 10억 원, %

| | 1996 | 1998 | 2000 | 2002 | 2004 | 2005 |
|---|---|---|---|---|---|---|
| 강원도 | 13,962<br>(100.0) | 14,453<br>(100.0) | 17,113<br>(100.0) | 18,609<br>(100.0) | 21,676<br>(100.0) | 22,381<br>(100.0) |
| 춘천시 | 1,821<br>(13.0) | 1,973<br>(13.6) | 2,161<br>(13.1) | 2,502<br>(13.4) | 2,998<br>(13.8) | 3,245<br>(14.5) |
| 원주시 | 2,868<br>(20.5) | 2,883<br>(19.9) | 2,945<br>(17.9) | 3,271<br>(17.6) | 4,156<br>(19.2) | 4,115<br>(18.4) |
| 강릉시 | 1,668<br>(11.9) | 1,716<br>(11.9) | 1,921<br>(11.7) | 2,403<br>(12.9) | 2,608<br>(12.0) | 2,552<br>(11.4) |

* 주: ( ) 안은 도내 GRDP에서의 구성비.
* 출처: 강원도청 홈페이지.

이 연구의 대상인 춘천시의 경제상황도 강원도만큼이나 열악하다. 〈표 4-3〉은 강원도 주요도시들의 지역내총생산(GRDP)을 보여준다. 이를 보면, 춘천시의 GRDP는 2005년 강원도 전체의 14.5%에 불과하며, GRDP의 절대액수의 증가율은 지극히 완만한 편이고 도내 GRDP에서 차지하는 비중도 사실상 정체되어 있다는 인상을 준다. 게다가 춘천시는 강원도의 수부도시임에도 원주시보다 낮은 지역총생산 비중을 점하며, 강릉시와도 큰 격차를 보이지 않는다. 이런 점은 춘천시의 경제적 조건이 강원도 내에서도 열악한 편이며 전반적으로 지역경제의 역동성이나 활력이 떨어짐을 보여준다고 하겠다.

그렇다면 이처럼 전반적으로 열악한 강원도와 춘천시의 경제상황이 지역내의 계층구조 및 소득불평등과 어떠한 관계가 있고 어떠한 영향을 미치는지 알아보기로 하겠다.

계층구조상의 격차나 소득불평등의 확대는 경제성장이 급속하게 진행되고, 높은 생산성과 고부가가치를 지닌 산업부문·기업이 있는 곳에서 나타나는 것이 일반적이다. 고생산성 및 고부가가치의 산업

부문이 성장함에 따라 기존의 낙후된 경제 · 산업부문과의 격차가 지속적으로 벌어지면서 경제적 불평등이 확대되기 때문이다(Campos and Root, 1996). 따라서 강원도와 춘천시의 열악한 경제수준과 경제적 활력 · 역동성의 부재는 이 지역의 고생산성 · 고부가가치 산업부문이 취약함을 반증하며, 이는 계층구조 및 경제적 불평등구조가 전반적으로 '하향평준화' 되어 있고 그 격차가 크지 않을 가능성이 높음을 시사한다.

실제로 앞서 3장("춘천의 경제와 산업")에서도 확인되듯이, 춘천지역의 제조업은 사업체의 수가 적고 고용수준이 매우 낮을 뿐만 아니라 매우 영세하고 고용의 질 또한 좋지 못한 특성을 지니고 있다(정동일, 2007: 34~35). 춘천지역 제조업체들은 대부분 종업원이 수십 명을 넘지 못하는 영세한 사업체들이며, 종업원 규모가 100명을 넘는 사업체는 3개에 불과한 실정이다. 또한 전국 5인 이상 제조업체의 평균임금이 2천 6백만 원 정도 인데 비해 춘천지역 제조업체의 종업원 평균임금은 1천 8백만 원으로 매우 낮다. 이는 강원도 18개 시군 가운데 8위, 전국 274개 시군구 가운데 182위에 해당하는 것이다. 따라서 춘천의 낙후된 지역경제의 특성은 계층구조에서의 하향평준화 가능성을 충분히 배태한다고 볼 수 있다.

그러면 이와 같은 춘천지역의 경제상황을 염두에 두면서 춘천사회의 계층구조 및 불평등의 실태가 어떠한지 본격적으로 살펴보기로 한다.

## 3. 춘천사회의 계층구조

### 1) 전반적 계층구조 개관

여기서는 한림대 사회조사연구소가 2008년 10월 실시한 〈춘천시민의 의식과 생활에 관한 조사〉 결과를 토대로 춘천지역의 계층구조와 경제적 불평등의 현황을 살펴보기로 한다. 이 조사는 불평등·계층만이 아닌 정치·경제·사회·문화영역에서의 다양한 질문을 담고 있고, 또한 KGSS와 같은 전국규모 조사와의 비교를 염두에 두고 문항을 구성했기 때문에 정확한 계층구조를 파악하는 데 어느 정도 제약이 있다는 점을 미리 전제해 두고자 한다.[4] 여기서는 제한적이나마 소득계층과 고용구조상의 종사상 지위를 통해 춘천사회의 대략적 계층구조를 파악하고자 했다.

먼저 소득분포에 따른 계층구조는 〈표 4-4〉와 같다. 이 질문에 대한 무응답이 많다는 점에서 조사결과의 신뢰성(*reliability*)에 상당한 문제가 될 수 있겠지만, 대략적 계층구조의 추이만을 파악하는 선에서 논의를 전개하고자 한다.

본인소득과 가구소득에 따른 계층분포는 대략 피라미드 형태를 띤다. 본인소득의 경우, 최하층(99만 원 이하)이 유효응답자의 절반을 넘는 51.3%에 달하고 중하층(100~200만 원)의 비율도 20.4%로서, 중하층 이하가 무려 71.7%에 달하는 극단적인 하향평준화의 모습을 보여준다. 중간층(200~400만 원)의 비율은 고작 22.6%에 불과하고, 중상층 이상(400만 원 이상)은 5.8%인 것으로 나타났다.[5]

---

4) 예를 들면, KGSS와 일관성을 확보하기 위해, 계급구분(자본가계급, 노동자계급, 신중간계급)이 가능한 직업분류표를 사용하지 못한 점, 고용구조와 관련해 종사상 지위에 관한 질문이 여러 항목에 걸쳐 분산적으로 조사된 점 등을 들 수 있다.

〈표 4-4〉 본인 및 가족의 월평균소득

| 소득범주 | 본인의 월평균소득 | | | 본인 외 가족소득 | | |
|---|---|---|---|---|---|---|
| | 빈도 | 비율(%) | 유효 비율(%) | 빈도 | 비율(%) | 유효 비율(%) |
| 0~99만 원 | 257 | 43.0 | 51.3 | 121 | 20.2 | 25.7 |
| 100만~200만 원 | 102 | 17.1 | 20.4 | 109 | 18.2 | 23.1 |
| 200만~300만 원 | 82 | 13.7 | 16.4 | 113 | 18.9 | 24.0 |
| 300만~400만 원 | 31 | 5.2 | 6.2 | 66 | 11.0 | 14.0 |
| 400만~500만 원 | 21 | 3.5 | 4.2 | 35 | 5.9 | 7.4 |
| 500만 원 이상 | 8 | 1.3 | 1.6 | 27 | 4.5 | 5.7 |
| 무응답 | 97 | 16.2 | - | 127 | 21.2 | - |
| 합계 | 598 | 100.0 | 100.0 | 598 | 100.0 | 100.0 |

본인소득을 제외한 가구소득에 따른 계층분포는 본인소득만큼 극단적 형태를 띠지는 않지만 여기서도 중하층과 최하층을 합한 비율(유효응답수 기준)은 전체의 48.8%로 중간층의 38.0%를 월등히 능가하는 분포를 보여준다. 이는 춘천시의 소득별 계층구조가 상층과 중간층은 대단히 취약하고 중하층이 가장 큰 다수를 점하는 전형적 피라미드형, 하향평준화된 계층구조를 지닌다는 것을 보여준다.

이러한 결과는 과거의 《춘천 리포트》 조사결과와 큰 차이를 보이지 않는다. 〈표 4-5〉는 본인 월평균 소득의 1998년, 2003년, 2008년 조사결과를 비교해 보여주는데, 물가상승률 등 화폐가치의 변동을 전혀 감안하지 않은 단순비교임에도 불구하고 예전의 소득계층 분포와 크게 차이가 나지 않음을 확인할 수 있다. 중간층 이상(200만 원 이상)의 소득계층이 약간씩 증가하긴 했지만, 중하층 이하의 비중이 여전

5) 본인소득에서 최하층의 비율이 지나치게 높고 중간층 이상의 비율이 극단적으로 낮은 것은 전체응답자 중에서 여성의 비율이 높은 점과 관련이 있는 것으로 추측된다. 이 조사에서 응답자의 성비는 40 대 60이었다. 추후 수정·보완과정에서 가중치(*weight*)를 적용할 필요가 있다고 본다.

〈표 4-5〉 과거 조사와의 소득분포 비교

단위: %

| 본인 월평균 소득 | 《춘천 리포트 2》 (1998년 조사) | 《춘천 리포트 3》 (2003년 조사) | 《춘천 리포트 4》 (2008년 조사) |
|---|---|---|---|
| 100만원 미만 | 49.6 | 49.4 | 51.3 |
| 100만~200만원 | 36.4 | 26.3 | 20.4 |
| 200만~300만원 | 11.1 | 14.6 | 16.4 |
| 300만~400만원 | 1.9 | 7.0 | 6.2 |
| 400만~500만원 | 0.6 | 2.2 | 4.2 |
| 500만원 이상 | 0.4 | 0.4 | 1.6 |
| 합계 | 100.0 | 100.0 | 100.0 |

* 주: 유효응답수 기준.
* 출처: 1998년, 2003년 자료는 한림대 사회조사연구소·춘천문화방송(2004: 25)에 근거.

히 전체의 70% 이상을 차지하며 최하층인 100만원 미만 소득자는 오히려 과거보다 약간 늘어난 것으로 나타났다. 이는 지난 10년간의 물가상승률을 반영하지 않은 명목소득이란 점에서 춘천지역의 소득수준이 그동안 전혀 개선되지 않았으며, 전반적으로 하향평준화된 소득분포가 현재까지도 여전히 지속되는 것을 보여준다.

다음으로 직업지위에 따른 계층분포를 들 수 있는데, 이 조사의 직업분류표는 계층을 구분할 수 있도록 설계되지 않았기 때문에 이는 분석에서 제외했다. 대신 '경제활동과 고용상태'와 관련된 설문들에서 추출한 고용구조상의 종사상 지위를 바탕으로 직업지위에 따른 계층분포를 가늠하고자 한다. 그 내용은 〈표 4-6〉과 같다.

종사상 지위에 따른 계층분포는 비경제활동인구(학생, 주부 등)와 경제활동인구 중 실업자라고 응답한 사람을 제외한 277명을 대상으로 한다. 그 결과, 고용주는 7.2%, 자영업자 20.6%, 무급가족종사자 5.8%, 임금근로자 66.4%인 것으로 나타났다. 임금근로자 안에는 중간관리직, 사무직, 준전문직, 생산직 등 모든 피고용자 범주가 포함되기 때문에 사무직 화이트칼라 위주의 신중간계급과 생산직 위주의 노동자계급이 정확히 구분되지 않는다. 하지만 계급구조적 차원에서 노동자계급이 춘천사회의 대다수를 점한다는 것을 추정할 수 있다.

〈표 4-7〉의 고용형태별로 보면, 춘천시의 임금근로자 177명 중에서 상용직이 128명으로 임금근로자의 72.3%, 임시직이 31명으로 17.5%, 일용직이 18명으로 10.2%의 구성비를 가진다. 이는 춘천시의 임금근로자가 정규직 위주이며 비정규직의 문제는 상대적으로 그리 심각하지는 않음을 시사한다.[6)]

〈표 4-6〉 종사상 지위에 따른 계층분포

| 종사상 지위 | 빈도 | 비율(%) |
|---|---|---|
| 고용주 | 20 | 7.2 |
| 자영업자 | 57 | 20.6 |
| 무급가족종사자 | 16 | 5.8 |
| 임금근로자 | 184 | 66.4 |
| 합계 | 277 | 100.0 |

〈표 4-7〉 고용형태별 임금노동자 지위

| 고용 형태 | 빈도 | 비율(%) | 유효비율(%) |
|---|---|---|---|
| 상용직 | 128 | 21.4 | 72.3 |
| 임시직 | 31 | 5.2 | 17.5 |
| 일용직 | 18 | 3.0 | 10.2 |
| 합계 | 177 | 29.6 | 100.0 |
| 해당사항 없음 | 411 | 68.7 | - |
| 무응답 | 10 | 1.7 | |
| 합계 | 598 | 100.0 | - |

6) IMF 위기 이후 한국사회의 양극화에서 가장 큰 문제가 됐던 것은 고용구조상의 양극화, 즉 '정규직/비정규직'의 분절문제였다(김유선, 2007). 한국사회 전체의 고용구조에서 비정규직의 비중은 2007년 전체 임금노동자의 절반이 넘는 55.8%인 것으로 추정된다. 춘천에서 비정규직의 문제가 심각하지 않은 것은 양극화가 덜 진행돼서라기보다는 춘천의 비경제활동인구 비중이 크고 임금노동자의 상대적 크기가 작은 데서 연유하는 것으로 볼 수 있다.

### 2) 계층별 생활실태

춘천사회의 계층 및 불평등의 실상을 보다 정확하게 이해하기 위해서는 소득부문 계층구조의 측면이 구체적 일상생활에서 어떻게 반영되는가를 살펴보아야 한다. 계층·계급의 불평등은 단순히 직업·소득부문에서의 불평등뿐만 아니라 노동력의 재생산을 의미하는 소비실태의 불평등 측면을 포괄하기 때문이다. 여기서는 각 소득계층별 생활실태를 파악하기 위하여 계층별 주택소유형태, 사교육비 지출, 외식 및 여가실태 등을 검토하기로 한다.

#### (1) 주택보유형태

먼저 〈표 4-8〉은 전체 응답자를 대상으로 한 주택소유형태를 보여준다. 이를 보면, 춘천시민의 자가의 비율은 64.5%, 전세 및 월세의 비율은 25.3%로 전국평균보다는 다소 높은 자가보유율을 보여준다. 2005년 센서스를 기준으로 우리나라의 전국평균 자가보유율은 약 60% 정도인 것으로 추정된다.[7] 그러나 이 점이 춘천의 부동산 등 자산보유율이 높은 것으로 해석되기는 어려울 것이다. 왜냐하면 높은 자가비율은 상대적으로 저렴한 춘천의 지가 및 주택가격을 반영하는 것일 수도 있기 때문이다. 한 예로, 신광영의 조사에 의하면, 2003년 4월, 서울과 춘천의 동일한 31평 아파트가격은 서울(개포 우성 31평형)이 6억 7천만 원이고, 춘천(석사 극동 31평형)은 6,500만 원으로 10배 이상의 격차를 보이는 것이 현실이다(신광영, 2004: 170~171).

그리고 과거 《춘천 리포트》의 조사결과와 비교해 보면, 최근의 주택소유실태는 IMF 위기 이후 지난 10년간 오히려 악화된 측면도 있다. 1998년의 조사에서는 자가비율이 70.0%, 전·월세비율은 9.3%

7) 〈매일경제〉 2009. 4. 11.

〈표 4-8〉 전체응답자의 주택소유형태

| | 빈도 | 비율(%) | 유효비율(%) |
|---|---|---|---|
| 자가 | 385 | 64.4 | 64.5 |
| 전세 | 101 | 16.9 | 16.9 |
| 월세 | 50 | 8.4 | 8.4 |
| 기타 | 61 | 10.2 | 10.2 |
| 합계 | 597 | 99.8 | 100.0 |
| 무응답 | 1 | 0.2 | - |
| 합계 | 598 | 100.0 | - |

로 나타났고, 2003년의 조사에서는 자가비율 69.4%, 전·월세비율 19.8%인 것으로 나타나, 자가비율은 지속적으로 하락한 반면 전월세비율은 계속 상승했기 때문이다(한림대 사회조사연구소·춘천문화방송, 2004: 25). 물론 이 조사의 설문항목에는 주택의 평수, 가격 등이 빠져있다는 점에서 이러한 결과를 곧바로 주택보유실태가 나빠진 것으로 속단하기는 어려울 수도 있다. 하지만 지난 10년간 춘천시민들의 주거상황이 보다 불안정해지고 과거보다 크게 개선되지 않았다는 사실은 분명한 것으로 보인다.

〈표 4-9〉에서는 춘천시민의 주택보유실태를 소득계층별(본인의 월평균소득 기준)로 보여준다.[8] 이를 보면 소득계층별 주택보유실태에서는 계층별 편차가 그리 뚜렷하게 나타나지 않는다. 최상층(500만원 이상)의 자가비율은 쉽게 예상할 수 있듯이 전 계층에서 가장 높지만 최하층(100만원 미만)의 자가비율도 71.2%로 중하층 및 중간층

8) 조사설계(*research design*) 및 설문지 구성상의 착오로 인하여 소득부문에 대한 조사가 '본인소득' 및 '가구소득'(본인소득 포함)이 아닌, '본인소득'과 '본인소득 외 가구소득'으로 이루어졌다. 따라서 본인소득을 포함한 정확한 가구소득을 추정할 수 없었기 때문에, 소득수준과 관련된 이후의 모든 교차분석은 '본인의 월소득' 변수만을 활용하였다. 이는 불평등과 계층을 다루는 이 연구의 치명적 한계라고 할 것이다.

보다 오히려 더 높게 나오기 때문이다. 그러나 앞서와 동일한 이유로 최하층의 자가비율이 높다는 것이 이들의 생활수준이 높음을 의미한다고는 보기 어렵다. 예를 들어, 춘천의 강남이라 할 수 있는 퇴계동의 중대형 고급아파트에 전세 사는 사람은 춘천시 농촌지역(면/읍 단위)의 소규모 단독주택 보유자보다 훨씬 큰 재산가치를 지니기 때문이다.

〈표 4-9〉 소득계층별 주택보유실태[9)]

| 본인 월소득 | 자가 | 전세 | 월세 | 기타 | 전체 |
|---|---|---|---|---|---|
| 0~99만 원 | 183<br>(71.2%) | 33<br>(12.8%) | 25<br>(9.7%) | 16<br>(6.2%) | 257<br>(100.0%) |
| 100만~200만 원 | 66<br>(64.7%) | 19<br>(18.6%) | 8<br>(7.8%) | 9<br>(8.8%) | 102<br>(100.0%) |
| 200만~300만 원 | 51<br>(62.2%) | 19<br>(23.2%) | 4<br>(4.9%) | 8<br>(9.8%) | 82<br>(100.0%) |
| 300만~400만 원 | 20<br>(64.5%) | 4<br>(12.9%) | 0<br>(0.0%) | 7<br>(22.6%) | 31<br>(100.0%) |
| 400만~500만 원 | 15<br>(71.4%) | 2<br>(9.5%) | 0<br>(0.0%) | 4<br>(19.0%) | 21<br>(100.0%) |
| 500만 원 이상 | 7<br>(87.5%) | 0<br>(0.0%) | 0<br>(0.0%) | 1<br>(12.5%) | 8<br>(100.0%) |
| 합계 | 342<br>(68.3%) | 77<br>(15.4%) | 37<br>(7.4%) | 45<br>(9.0%) | 501<br>(100.0%) |

9) '본인월소득'을 기준으로 한 교차분석표를 보면, 소득 400만 원 이상은 사례수가 많지 않아 사례수가 0이 되는 곳이 있다. 일반적으로 교차표에서 사례수가 5이하로 내려가는 셀은 없어야 한다는 것이 정설이다. 그럼에도, 이 연구에서는 99만 원 이하를 최하층, 100만~200만 원을 중하층, 200만~400만 원을 중간층, 400만~500만 원을 중상층, 500만 원 이상을 최상층으로 계층분류하였기 때문에, 400만 원 이상을 단일범주로 설정하기가 어려웠다. 따라서 사례수의 제약에도 불구하고 설문지의 소득범주를 그대로 교차표에서 사용한다는 점을 밝혀둔다.

그리고 주택보유유형과 관련해 한 가지 흥미로운 것은 자가, 전세, 월세를 제외한 기타의 응답비율이 꽤 높다는 점이다. 특히 월소득 300만 원 이상의 중상층에서 기타 주택유형의 비율이 높은 편인데, 차후 조사에서는 이것이 구체적으로 무엇을 의미하는지 검토할 필요가 있다고 본다.[10]

### (2) 교육비 지출

통상적으로 교육은 상향이동을 가능케 하는 계급이동(*class mobility*)의 수단이자 통로로 인식되지만, 경우에 따라서는 계급지위의 세습을 야기하는 계급재생산(*class reproduction*)의 기제로 작용한다(Bourdieu, 1995). 특히 한국에서는 1997년 IMF 위기 이후 계급·계층간 경제력의 격차가 확대되고 '부익부 빈익빈' 현상이 지속되면서, 이것이 교육비(특히 사교육비) 지출의 차이로 이어지고 계급구조의 고착화를 강화한다는 우려의 목소리가 높다(남춘호, 2004; 방하남, 2004).

이러한 우려는 춘천사회에서도 그대로 나타난다. 〈표 4-10〉은 소득계층별(본인의 월소득 기준) 사교육비 지출실태를 보여주는데, 소득계층간 사교육비 지출의 편차는 통계적으로 유의미한 수준인 것으로 나타났다.

이를 보면, 전체응답자 중에서 "사교육을 하지 않음"이 23.9%로 가장 많은 가운데 "30~50만 원의 사교육비 지출"이 그 다음으로 많은 13.1%를 차지하는 것으로 나타났다. 이를 소득계층별로 세분화해보면, 최하층은 "사교육을 하지 않는다"는 응답이 가장 많은 27.7%를 차지하는 데 비해, 중상층(400~500만 원)은 "50~100만 원 사교육비를 지출한다"는 응답이 23.8%로 가장 많고 최상층(500만 원 이상) 역시 "50~100만 원 사교육비를 지출한다"는 응답이 37.5%로

10) 2003년 조사에서는 '자가', '전세', '월세' 이외에 '임대주택/사택/기숙사/기타'의 항목이 있는데 아마도 이것일 가능성이 높다고 생각된다.

가장 많았다. 그리고 이러한 계층별 사교육비 지출의 격차는 통계적으로도 유의미하였다. 이는 춘천사회에서도 경제적 수준에 따라 교육비지출의 격차가 나타나고, 이는 계속해서 계급재생산을 강화하는 기제로 작용할 수 있음을 시사한다.

〈표 4-10〉 소득계층별 사교육비 지출실태

| 본인 월소득 (만 원) | 월평균 사교육비 (만 원) | | | | | | | | 전체 |
|---|---|---|---|---|---|---|---|---|---|
| | 하지 않음 | 10 미만 | 10~30 | 30~50 | 50~100 | 100~200 | 200 | 해당사항 없음 | |
| 0~99 | 69 (27.7%) | 20 (8.0%) | 26 (10.4%) | 27 (10.8%) | 14 (5.6%) | 1 (0.4%) | 0 (0.0%) | 92 (36.9%) | 249 (100%) |
| 100~200 | 24 (24.2%) | 4 (4.0%) | 9 (9.1%) | 11 (11.1%) | 8 (8.1%) | 3 (3.0%) | 0 (0.0%) | 40 (40.4%) | 99 (100%) |
| 200~300 | 15 (18.3%) | 1 (1.2%) | 10 (12.2%) | 18 (22.0%) | 9 (11.0%) | 2 (2.4%) | 0 (0.0%) | 27 (32.9%) | 82 (100%) |
| 300~400 | 5 (16.1%) | 1 (3.2%) | 7 (22.6%) | 5 (16.1%) | 4 (12.9%) | 2 (6.5%) | 3 (9.7%) | 4 (12.9%) | 31 (100%) |
| 400~500 | 4 (19.0%) | 0 (0.0%) | 2 (9.5%) | 2 (9.5%) | 5 (23.8%) | 1 (4.8%) | 2 (9.5%) | 5 (23.8%) | 21 (100%) |
| 500 이상 | 0 (0.0%) | 1 (12.5%) | 1 (12.5%) | 1 (12.5%) | 3 (37.5%) | 1 (12.5%) | 0 (0.0%) | 1 (12.5%) | 8 (100%) |
| 전체 | 117 (23.9%) | 27 (5.5%) | 55 (11.2%) | 64 (13.1%) | 43 (8.8%) | 10 (2.0%) | 5 (1.0%) | 169 (34.5%) | 490 (100%) |

* 주: Pearson $\chi^2$ 유의도=.000

(3) 소비 및 여가실태

먼저 춘천시민의 소비수준을 측정하기 위한 지표로 가족단위의 외식 빈도수를 조사하였다. 〈표 4-11〉은 소득계층별(본인 월소득 기준) 외식 빈도수의 교차분석 결과를 보여준다.

〈표 4-11〉을 보면 외식 빈도수의 소득계층별 편차는 통계적으로 유의하지 않은 가운데, 모든 소득계층에서 '월 1~3회'라

는 응답이 절반가량으로 가장 많았다. 그럼에도 미약하나마 소득계층상의 지위가 올라갈수록 가족외식 빈도가 조금씩 증가하는 추세였다. 최하층은 '월 1회 미만'이 35.4%로 다음 순위였지만, 중상층은 '월 4회 이상'이 33.3%, 최상층은 '월 4회 이상'이 37.5%로 차 순위였다.

그리고 과거의 조사결과와 비교해보면, 외식 빈도를 통해본 춘천 시민들의 소비수준은 그다지 나아지지 않은 것으로 보인다. 10년 전인 1998년의 조사결과(《춘천 리포트 2》)에서는 '월 1~3회'라는 응답이 전체의 47.0%로 가장 큰 비중을 점하고 그 다음으로 '거의 안함'이 30.0%인 것으로 나타나, 이번 조사결과와 큰 차이가 없었다(유팔무, 1999: 88). 이는 춘천시민들의 생활수준이 10년 전이나 현재나 별다른 큰 변화가 없음을 보여주는 것이라 할 수 있다.

〈표 4-11〉 소득계층별 외식 빈도수

| 본인 월소득 | 한 달 동안 가족과 외식하는 횟수 | | | | | 전체 |
|---|---|---|---|---|---|---|
| | 1회 미만 | 1~3회 | 4~6회 | 7~9회 | 10회 이상 | |
| 0~ 99만 원 | 91 (35.4%) | 127 (49.4%) | 26 (10.1%) | 8 (3.1%) | 5 (1.9%) | 257 (100.0%) |
| 100만~ 200만 원 | 27 (26.5%) | 60 (58.8%) | 9 (8.8%) | 2 (2.0%) | 4 (3.9%) | 102 (100.0%) |
| 200만~ 300만 원 | 19 (23.2%) | 40 (48.8%) | 20 (24.4%) | 1 (1.2%) | 2 (2.4%) | 82 (100.0%) |
| 300만~ 400만 원 | 8 (25.8%) | 16 (51.6%) | 7 (22.6%) | 0 (0.0%) | 0 (0.0%) | 31 (100.0%) |
| 400만~ 500만 원 | 4 (19.0%) | 10 (47.6%) | 5 (23.8%) | 2 (9.5%) | 0 (0.0%) | 21 (100.0%) |
| 500만 원 이상 | 1 (12.5%) | 4 (50.0%) | 3 (37.5%) | 0 (0.0%) | 0 (0.0%) | 8 (100.0%) |
| 전체 | 150 (29.9%) | 257 (51.3%) | 70 (14.0%) | 13 (2.6%) | 11 (2.2%) | 501 (100.0%) |

다음으로 여가활동과 관련된 항목을 들 수 있다. 여기서는 주말 여가활동의 유형과 여름휴가지를 통해 이를 알아보고자 하였다. 〈표 4-12〉는 소득계층별(본인 월소득 기준) 주말 여가활동의 유형에 대한 교차분석 결과를 보여준다.

〈표 4-12〉 소득계층별 주말 여가활동

| | 0~ 99만 원 | 100만~ 200만 원 | 200만~ 300만 원 | 300만~ 400만 원 | 400만~ 500만 원 | 500만 원 이상 | 전체 |
|---|---|---|---|---|---|---|---|
| TV·라디오 시청 | 103 (40.7%) | 26 (26.3%) | 23 (28.8%) | 8 (26.7%) | 8 (40.0%) | 3 (42.9%) | 171 (35.0%) |
| 외식 | 5 (2.0%) | 5 (5.1%) | 0 (0.0%) | 3 (10.0%) | 1 (5.0%) | 1 (14.3%) | 15 (3.1%) |
| 영화·공연관람 | 8 (3.2%) | 6 (6.1%) | 3 (3.8%) | 1 (3.3%) | 1 (5.0%) | 0 (0.0%) | 19 (3.9%) |
| 야외활동(등산 등) | 28 (11.1%) | 23 (23.2%) | 25 (31.3%) | 9 (30.0%) | 3 (15.0%) | 1 (14.3%) | 89 (18.2%) |
| 친구·친지 만남 | 37 (14.6%) | 13 (13.1%) | 14 (6.3%) | 4 (13.3%) | 1 (5.0%) | 0 (0.0%) | 69 (14.1%) |
| 수면 | 16 (6.3%) | 6 (6.1%) | 5 (1.3%) | 1 (3.3%) | 1 (5.0%) | 1 (14.3%) | 30 (6.1%) |
| 음주 | 8 (3.2%) | 3 (3.0%) | 1 (1.3%) | 1 (3.3%) | 0 (0.0%) | 0 (0.0%) | 13 (2.7) |
| 실내 취미활동 | 11 (4.3%) | 5 (5.1%) | 3 (3.8%) | 2 (6.7%) | 3 (15.0%) | 1 (14.3%) | 25 (5.1%) |
| 공부 | 4 (1.6%) | 2 (2.0%) | 0 (0.0%) | 0 (0.0%) | 1 (5.0%) | 0 (0.0%) | 7 (1.4%) |
| 쇼핑 | 3 (1.2%) | 3 (3.0%) | 0 (0.0%) | 0 (0.0%) | 1 (5.0%) | 0 (0.0%) | 7 (1.4%) |
| 기타 | 30 (11.9%) | 7 (7.1%) | 6 (7.5%) | 1 (3.3%) | 0 (0.0%) | 0 (0.0%) | 44 (9.0%) |
| 전체 | 253 (100.0%) | 99 (100.0%) | 80 (100.0%) | 30 (100.0%) | 20 (100.0%) | 7 (100.0%) | 489 (100.0%) |

〈표 4-12〉를 보면, 우선 전체 춘천시민들의 여가활동이 상당히 다양하다는 점이 눈에 들어온다. 'TV・라디오 시청'이 35%로 가장 많은 비중을 차지하지만 다른 지역에 비해서는 비교적 낮은 수준이라고 할 수 있고, '등산, 낚시, 운동과 같은 야외활동'이 18%로 큰 비중을 차지하는 점이 두드러진다. 이는 춘천지역이 지닌 천혜의 환경적 조건, 즉 맑은 공기와 자연환경, 인근의 산과 호수 및 휴양지 등에서 기인하는 것이라 할 수 있다.

그러나 소득계층별 여가활동의 유형에는 뚜렷한 차이를 발견하기 힘들다. 다만, 소득수준이 낮을수록 '야외활동'의 응답비중이 높고, 중상층 이상으로 갈수록 '실내 취미활동(독서, 음악감상 등)'의 응답비중이 높아지는 점이 다소 이채롭다고 하겠다.

〈표 4-13〉 소득계층별 여름휴가지

| 본인 월평균 소득 | 올 여름휴가를 다녀온 곳 | | | | | | 전체 |
|---|---|---|---|---|---|---|---|
| | 집 | 춘천근교 | 강원도 내 (춘천제외) | 강원도 이외 지역 | 해외 | 해당사항 없음 | |
| 0~ 99만 원 | 94 (36.6%) | 33 (12.8%) | 65 (25.3%) | 44 (17.1%) | 5 (1.9%) | 16 (6.2%) | 257 (100.0%) |
| 100~ 200만 원 | 19 (18.6%) | 24 (23.5%) | 31 (30.4%) | 19 (18.6%) | 5 (4.9%) | 4 (3.9%) | 102 (100.0%) |
| 200~ 300만 원 | 11 (13.6%) | 16 (19.8%) | 24 (29.6%) | 24 (29.6%) | 1 (1.2%) | 5 (6.2%) | 81 (100.0%) |
| 300~ 400만 원 | 5 (16.1%) | 7 (22.6%) | 10 (32.3%) | 6 (19.4%) | 0 (0.0%) | 3 (9.7%) | 31 (100.0%) |
| 400~ 500만 원 | 6 (28.6%) | 4 (19.0%) | 8 (38.1%) | 1 (4.8%) | 2 (9.5%) | 0 (0.0%) | 21 (100.0%) |
| 500만 원 이상 | 0 (0.0%) | 0 (0.0%) | 6 (75.0%) | 1 (12.5%) | 1 (12.5%) | 0 (0.0%) | 8 (100.0%) |
| 전체 | 135 (27.0%) | 84 (16.8%) | 144 (28.8%) | 95 (19.0%) | 14 (2.8%) | 28 (5.6%) | 500 (100.0%) |

〈표 4-13〉은 소득계층별(본인 월소득 기준) 여름휴가지를 물어본 것이다. 이를 보면, 평균적 춘천시민들이 2008년 가장 많이 갔던 여름휴가지는 '춘천을 제외한 강원도 내'였고, 그 다음은 '집', '강원도 이외 지역', '춘천근교' 순으로 여름휴가를 보낸 것으로 나타났다. 소득계층별로 여름휴가지의 유형에는 다소간의 편차가 나타나는데, 최하위 계층은 휴가를 '집'에서 보낸 경우가 36.6%로 가장 많아 경제적 능력의 취약성으로 휴가를 다녀올 여력과 선택의 폭이 매우 제한되었음을 알 수 있다. 반면에 소득수준이 높을수록 많은 비용이 소요되는 '해외여행'의 비중이 늘어남을 알 수 있다. 해외여행의 경우, 최하위층은 6.2%에 불과하나 중상위층(400만~500만 원)은 9.5%, 최상위층은 12.5%인 것으로 나타났다.

## 4. 춘천의 계층별 정보불평등

이번 조사에서는 과거에는 다루어지지 않았던 정보화 및 정보서비스에 대한 이용실태를 조사함으로써, 경제적 불평등의 효과가 이른바 '정보불평등'(*information inequality*)과 어떤 관련성을 있는지를 알아볼 수 있었다.[11]

주지하듯이, 한국은 세계적 수준의 초고속인터넷망을 갖추었고 다양한 정보서비스가 상용화되는 세계적 정보화 강국이다. 정보사회론에서는 산업사회에서 나타나는 소득, 자산측면의 경제적 불평등이 정보사회에서도 정보기기, 정보네트워크, 정보 자체의 접근성에서 격차를 야기함으로써, 정보불평등이라는 새로운 유형의 불평등을 창

11) 《춘천 리포트 3》(2004)의 "제1장 춘천주민들의 삶의 질"에서는 일주일간 인터넷 이용시간이 조사된 바 있을 뿐, 세부적 IT서비스 이용실태는 사실상 처음 조사된 내용이다.

출하고 계급간 격차를 더욱 심화시키는 악순환이 나타날 것이라는 전망이 제기된 바 있다(Schiller, 2001; OECD, 2001).

이 조사에서는 춘천시민들의 정보서비스 이용실태를 파악하기 위하여 초고속인터넷/무선랜, 휴대전화/무선인터넷, 지상파 DMB/위성 DMB, 위성 TV방송/케이블 TV방송, 인터넷 TV/인터넷 다시보기(VOD), 개인홈페이지/미니홈페이지/블로그 이용실태를 조사했다.

그렇다면 춘천지역에서 경제적 불평등과 정보불평등의 관계는 어떠한 양상으로 나타나는가? 〈표 4-14〉는 각 소득계층별(본인의 월평균 소득 기준)로 각종 IT 서비스의 이용실태를 보여준다.

위의 내용을 토대로 춘천시민의 정보서비스 이용에서의 편차 및 불평등을 요약해보면 다음과 같다.

〈표 4-14〉 소득계층별 정보서비스 이용 빈도 및 이용률

| 본인 월소득 | 초고속 인터넷/ 무선랜 | 휴대전화/ 무선 인터넷 | 지상파 및 위성 DMB | 위성 TV/ 케이블 TV | 인터넷TV/ 인터넷 VOD | 미니홈피/ 블로그 |
|---|---|---|---|---|---|---|
| 0~ 99만 원 | 155 (61.3%) | 137 (54.6%) | 63 (25.9%) | 146 (59.8%) | 100 (40.0%) | 120 (48.4%) |
| 100만~ 200만 원 | 61 (62.2%) | 54 (55.1%) | 36 (37.1%) | 71 (71.7%) | 34 (35.4%) | 30 (31.3%) |
| 200만~ 300만 원 | 67 (81.7%) | 52 (65.0%) | 32 (40.5%) | 57 (72.2%) | 37 (47.4%) | 38 (48.1%) |
| 300만~ 400만 원 | 26 (86.7%) | 17 (56.7%) | 10 (34.5%) | 16 (53.3%) | 17 (56.7%) | 14 (48.3%) |
| 400만~ 500만 원 | 18 (85.7%) | 13 (61.9%) | 6 (30.0%) | 14 (66.7%) | 17 (85.0%) | 13 (61.9%) |
| 500만 원 이상 | 8 (100.0%) | 6 (75.0%) | 4 (50.0%) | 6 (75.0%) | 3 (37.5%) | 2 (25.0%) |
| 합계 | 335 (68.1%) | 279 (57.2%) | 151 (31.7%) | 310 (64.4%) | 208 (43.2%) | 217 (45.1%) |

* 주: ( )안의 수치는 각 소득범주 내에서의 이용률임.

첫째, 기본적 정보화 지표인 초고속인터넷 가입률은 춘천평균이 68.1%인 것으로 나타났는데, 소득계층별로 그 편차가 비교적 뚜렷하게 나타나는 점이 눈에 띤다. 최하층의 인터넷 이용률은 61.3%인데 비해, 상위계층으로 갈수록 인터넷 이용률은 지속적으로 높아졌으며 최상층의 인터넷 이용률은 100.0%였다. 이는 춘천시의 경우, 소득불평등이 정보불평등과 일정한 상관관계가 있으며, 소득·자산 등 경제적 계층간의 격차가 인터넷과 관련된 정보격차(*information gap*)를 만든다는 것을 시사한다.

둘째, 일반적으로 휴대전화 무선인터넷 이용여부는 서비스 이용가격이 유선망의 인터넷서비스보다 비싼 편이고, 이것의 이용을 위해서는 무선인터넷이 지원되는 휴대전화 단말기를 보유하여야 하기 때문에, 소득계층에 따른 이용실태의 편차는 초고속인터넷보다 훨씬 크다는 점을 예상할 수 있다. 조사결과 역시 대체로 그러한 예측에 부합된다. 최하층의 휴대전화 인터넷 이용률은 54.6%로 춘천시민의 전체평균보다 낮으며, 여기서도 소득계층이 높아질수록 이용률이 증가하고 있음을 알 수 있다. 중상층(400만~500만 원)의 이용률은 61.9%, 최상층(500만 원 이상)의 이용률은 75.0%로 평균치보다 높으며 최하층 이용률과의 격차가 갈수록 커지는 것으로 나타났다.

셋째, 지상파 DMB와 위성 DMB는 최근 확산되는 IT서비스로 DMB 수준이 가능한 단말기가 보급되어야 한다는 점에서 고급 정보서비스의 하나로 분류할 수 있다. 서비스가 시작된 시기가 얼마 되지 않는다는 점에서 춘천시민의 전체적 이용률은 31.7%로 아직 낮은 편이다. 소득계층별 서비스이용실태를 보면, 최하층의 이용률은 25.9%로 전체평균을 하회하는 낮은 수준이고 소득수준이 높아질수록 이용률이 높아지는 추세는 여기서도 대체로 확인된다. 최상위계층은 이용률이 50.0%로 전체평균보다 훨씬 높고 최하층의 거의 2배에 달한다. 그러나 소득계층별 이용률의 편차는 그리 뚜렷한 편은 아니다. 한 예로, 중상층(400만~500만 원)의 이용률은 30%로 전체평균보다 낮고 중하층이나 중간층의 이용률보다 낮게 나타났다.

넷째, 위성 TV/케이블 TV 방송 역시 비교적 높은 수준의 서비스 이용료를 지불해야 하고 별도의 단말기를 갖춰야 하기 때문에 앞서의 DMB 서비스와 마찬가지로 고급 정보서비스의 하나로 파악할 수 있다. 소득계층별 서비스이용실태 역시 앞서 DMB 서비스와 유사한 형태로 나타난다. 즉, 소득계층이 높아질수록 서비스 이용률이 높았지만 계층별 편차는 그리 크거나 뚜렷한 편은 아니다. 최하층의 이용률은 59.8%로 전체 평균보다는 낮지만, 중간층이라 할 수 있는 300만~400만 원 소득자의 이용률이 53.3%에 불과해 전체평균 및 최하층보다 낮은 이용률을 보이는 점이 다소 이채롭다 하겠다. 최상층의 이용률은 75%로 가장 높은 수준을 보여준다.

다섯째, 인터넷 TV와 인터넷 다시보기(VOD)는 최근 들어 각광받는 정보서비스로 앞서 DMB, 위성 TV 등과 마찬가지로 상당한 고가의 서비스 이용료를 지불해야 하고 별도의 수신용 단말기를 구입해야 한다. 여기서는 소득계층별 편차가 그리 뚜렷하게 나타나지는 않는다. 최하층의 이용률은 40%로 전체 평균보다 낮지만, 중하층(100만~200만 원)의 35.4%, 최상층(500만 원 이상)의 37.5%보다는 높게 나타나기 때문이다. 가장 활발하게 인터넷 TV 서비스를 이용하는 계층은 중상층(400만~500만 원) 85.0%, 중간층(300만~400만 원) 56.7%인 것으로 나타났다. 대체로 중상층과 중간층은 높은 교육수준의 도시 화이트칼라가 주를 이룬다고 할 수 있는데, 이들 계층의 높은 이용률은 이와 일정한 관련성이 있지 않나 추정할 수 있다.

여섯째, 개인홈페이지, 미니홈페이지, 블로그 등의 이용률이 가장 활발한 계층은 중상층(400~500만 원)으로 그 비율은 61.9%에 달했다. 그러나 이용률이 가장 낮은 계층은 최상층(500만 원 이상)으로 25.0%에 불과했고, 중하층(100~200만 원)도 31.3%로 최하층(100만 원 이하)의 48.4%보다 낮은 이용률을 보였다. 따라서 소득계층 간 개인홈페이지와 블로그 이용에서의 편차는 통계적으로 유의미하지 않다고 판단할 수 있다.

종합해 보면, 춘천사회에서 소득계층에 따른 정보격차와 정보불평등은 기본적 정보서비스(초고속인터넷, 휴대전화 인터넷, 위성 DMB 등)에서는 대체로 확인되지만, 일부 정보서비스에서는 계층간 격차가 그리 뚜렷하게 나타나지 않음을 알 수 있었다.

한국사회의 정보불평등을 조사한 염명배(2003)의 연구에 따르면, 우리사회에서 정보격차는 '학력별 〉 연령별 〉 직업별' 순으로 크게 나타났으며, 소득수준에 따른 정보격차와 불평등은 다른 변수들에 비해 그다지 크지 않은 것으로 보고된 바 있다. 이는 춘천시민의 정보서비스 이용실태에서도 일정 부분 반영될 수 있는 측면이 있다. 따라서 춘천사회에서도 정보격차 및 정보불평등을 분석하는 데 있어 소득계층 이상으로 연령이나 교육수준, 직업유형 등을 변수를 감안할 필요가 있다고 생각된다.

## 5. 춘천시민의 불평등에 대한 인식

앞서의 내용이 춘천사회의 계층구조 및 경제적 불평등과 관련된 객관적 측면들을 조사한 것이라면, 여기서는 춘천시민들이 인식하는 불평등의 주관적 측면들을 살펴보고 있다. 즉, 춘천시민들은 자신의 계층을 어떻게 인식하는가, 그리고 한국사회와 춘천사회에서 나타나는 다양한 불평등(교육, 취업, 소득, 법, 권력, 성별 등)의 수준을 어떻게 평가하는가, 그리고 우리 사회의 불평등이 앞으로 어떻게 전개될 것으로 생각하는가, 또한 정부정책이 효과적이었는가에 대한 인식을 조사하였다.

이러한 관심을 토대로 춘천시민의 불평등에 대한 인식을 주관적 계층의식, 한국사회 및 춘천사회의 불평등 정도 평가, 불평등의 향후 전망의 측면에서 살펴보고자 한다.

### 1) 주관적 계층의식

〈표 4-15〉는 "본인이 경제적으로 어느 계층에 속한다고 생각하는가?"는 질문에 대한 응답결과이다. 이를 보면 '중하층 이하(중하층+하층)'라는 응답이 전체의 49.0%로 거의 절반에 육박하며, '중간층'이라는 응답은 46.3%, '중상층 이상(중상층+상층)'의 응답비율은 4.7%에 불과함을 알 수 있다. 이는 앞서 살펴본 춘천사회의 객관적 계층구조와 상당히 유사한 패턴을 보여준다. 즉, 상층이 취약하고 중하층 이하가 다수를 점하는 하향평준화된 춘천시의 계층구조 형태가 주관적 계층의식에서도 거의 그대로 드러난 것이라 할 수 있다. 참고로 본인 외 가족의 월평균소득을 기준으로 한 춘천시의 계층구조(무응답 제외)는 '중하층 이하(0~200만 원)'가 48.8%, '중간층(200만~400만 원)'이 38.0%, '중상층 이상(400만 원 이상)'이 13.1%였다. 따라서 춘천시민들은 객관적 계층지위와 주관적 계층의식간의 괴리가 크지 않으며, 자신의 경제적 계층을 비교적 정확히 인식한다고 볼 수 있다. 따라서 춘천시민들의 상당수는 주관적·객관적 측면 모두에서 대체로 낮은 경제적 지위에 있다는 사실을 확인할 수 있다.

〈표 4-16〉은 소득계층별(본인 월평균소득 기준) 주관적 계층의식을 교차분석해 본 것이다. 전술한 대로, 객관적 소득계층과 주관적 계층의식이 거의 일치하기 때문에, 계층별로 주관적 계층의식은 뚜렷한 편차가 나타나며 이는 통계적으로도 유의미한 것으로 나타났다. 한 가지 흥미로운 것은 이상치(*outlier*)로 판단되는 99만 원 미만자의 '상층' 응답 1개를 제외하면 상층이라 응답한 사람이 사실상 거의 없

다는 점이다. 이는 춘천사회의 경제적 낙후성에 대한 인식이 사람들의 계층의식 속에서도 자리 잡고 있음을 보여준다.

〈표 4-15〉 주관적 계층의식

| | 빈도 | 비율(%) | 누적비율(%) |
|---|---|---|---|
| 하층 | 76 | 12.7 | 12.7 |
| 중하층 | 217 | 36.3 | 49.0 |
| 중층 | 277 | 46.3 | 95.3 |
| 중상층 | 27 | 4.5 | 99.8 |
| 상층 | 1 | 0.2 | 100.0 |
| 합계 | 598 | 100.0 | 100.0 |

〈표 4-16〉 소득계층별 주관적 계층의식

| 본인 월소득 | 주관적 계층의식 | | | | | 전체 |
|---|---|---|---|---|---|---|
| | 하층 | 중하층 | 중층 | 중상층 | 상층 | |
| 0~99만 원 | 43 (16.7%) | 96 (37.4%) | 108 (42.0%) | 9 (3.5%) | 1 (0.2%) | 257 (100.0%) |
| 100만~200만 원 | 10 (9.8%) | 41 (40.2%) | 49 (48.0%) | 2 (2.0%) | 0 (0.0%) | 102 (100.0%) |
| 200만~300만 원 | 7 (8.5%) | 32 (39.0%) | 41 (50.0%) | 2 (2.4%) | 0 (0.0%) | 82 (100.0%) |
| 300만~400만 원 | 0 (0.0%) | 8 (25.8%) | 20 (64.5%) | 3 (9.7%) | 0 (0.0%) | 31 (100.0%) |
| 400만~500만 원 | 0 (0.0%) | 3 (14.3%) | 16 (76.2%) | 2 (9.5%) | 0 (0.0%) | 21 (100.0%) |
| 500만 원 이상 | 0 (0.0%) | 1 (12.5%) | 5 (62.5%) | 2 (25.0%) | 0 (0.0%) | 8 (100.0%) |
| 전체 | 60 (12.0%) | 181 (36.1%) | 239 (47.7%) | 20 (4.0%) | 1 (0.2%) | 501 (100.0%) |

* 주: Pearson $X^2$ 유의도 = .003

〈표 4-17〉 부유층과 빈곤층의 소득기준에 대한 인식

단위: 만 원

| | 빈곤층이라고 생각하는 월평균소득 | 부유층이라고 생각하는 월평균소득 |
|---|---|---|
| 평균값 | 125.91 | 593.42 |
| 중위치 | 100.00 | 500.00 |
| 최빈치 | 100 | 500 |
| 표준편차 | 65.432 | 610.919 |
| 분산 | 4,281.301 | 373,222.514 |
| 최저값 | 0 | 50 |
| 최고값 | 500 | 10,000 |
| 유효응답수 | 587 | 587 |
| 무응답 | 11 | 11 |

다음으로, 춘천시민들은 어느 정도의 소득이 되어야 부유층이라고 인식하고 어느 정도를 빈곤층으로 인식할까? 이 조사에서 부유층과 빈곤층의 소득기준에 대한 항목은 개방형 설문으로 구성했다. 〈표 4-17〉은 이에 대한 조사결과를 보여준다. 춘천시민들은 평균적으로 부유층의 월소득 수준을 593.4만 원 이상으로, 빈곤층의 월소득 수준을 125.9만 원 이하로 생각하였다. 그리고 부유층의 소득기준에 대한 최빈치(*mode*)는 207명(34.6%)이 응답한 '500만 원'이었고, 빈곤층 소득기준에 대한 최빈치는 256명(42.3%)이 응답한 '100만 원'이었다.

### 2) 한국사회의 불평등에 대한 인식

한국사회의 불평등을 인식하는 정도와 관련해서는 〈한국종합사회조사(KGSS)〉의 설문문항을 토대로 교육기회, 취업기회, 법의 집행, 소득과 재산, 권력, 남녀간 불평등을 질문하였다. 선택지는 5점 척도를 사용해 '매우 평등(5점)-그저 그렇다(3점)-매우 불평등(1점)'으로 구성했다. 〈표 4-18〉은 그 결과를 요약해 보여준다.

〈표 4-18〉 한국사회의 불평등에 대한 인식

| | 교육기회 | 취업기회 | 법의 집행 | 소득과 재산 | 권력 | 남녀 간 |
|---|---|---|---|---|---|---|
| 평균값 | 2.85 | 2.44 | 2.46 | 2.38 | 2.06 | 2.72 |
| 중위치 | 3.00 | 3.00 | 3.00 | 2.00 | 2.00 | 3.00 |
| 최빈치 | 3 | 3 | 3 | 3 | 2 | 3 |
| 표준편차 | .933 | .870 | .871 | .826 | .869 | .879 |
| 분산도 | .870 | .757 | .758 | .685 | .756 | .773 |
| 최저값 | 1 | 1 | 1 | 1 | 1 | 1 |
| 최고값 | 5 | 5 | 5 | 5 | 5 | 5 |
| 유효응답수 | 589 | 593 | 586 | 590 | 587 | 586 |
| 무응답 | 9 | 5 | 12 | 8 | 11 | 12 |

이를 보면 응답자들 평균값은 모든 질문항목에서 중간값('그저 그렇다', 3점)보다 낮은 2점대를 보여, 춘천시민들은 한국사회에서 교육기회, 취업기회, 법집행, 재산 및 소득, 권력, 남녀관계가 평등하기보다는 불평등하다고 인식하고 있는 것으로 드러났다.

춘천시민들은 우리 사회에서 불평등이 가장 심하다고 생각한 항목은 '권력'으로서 평균점수는 2.06이었고, 그 다음으로 불평등하다고 인식하는 부분은 '재산과 소득'으로 평균점수는 2.38이었다. 이 두 항목은 중위치(*median*) 자체가 불평등 쪽인 2점대에 위치하였다. 그 외에 취업기회, 법의 집행, 남녀관계, 교육기회 순으로 불평등이 심하다고 인식하였다.

그렇지만, 이 조사결과를 2005년의 KGSS의 전국 조사결과와 비교해보면 춘천시민들은 우리사회의 형평성과 불평등을 전국평균보다는 심각하게 인식하지 않는 것으로 나타났다. 〈표 4-19〉는 재산 및 소득, 권력에 대한 불평등 인식을 춘천시민과 전국평균을 비교해 보여주고 있는데, 이를 보면 두 항목에 대한 불평등 인식은 춘천시민보다 전국평균이 더 높다는 것을 알 수 있다. 우리사회가 '소득 및 재

〈표 4-19〉 춘천시민과 전국평균의 불평등 인식 비교

단위: %

| | 소득 및 재산 | | 권력 | |
|---|---|---|---|---|
| | 《춘천 리포트 4》 (2008년 조사) | 〈KGSS〉 (2005년 조사) | 《춘천 리포트 4》 (2008년 조사) | 〈KGSS〉 (2005년 조사) |
| 매우 평등 | 0.8 | 1.2 | 1.0 | 1.0 |
| 약간 평등 | 4.2 | 12.2 | 2.2 | 5.5 |
| 그저 그렇다 | 45.7 | 23.8 | 30.2 | 18.4 |
| 약간 불평등 | 33.4 | 36.6 | 36.2 | 35.8 |
| 매우 불평등 | 15.9 | 26.2 | 30.4 | 39.3 |
| 합계 | 100.0 | 100.0 | 100.0 | 100.0 |

* 주: 유효응답수 기준.
* 출처: KGSS 자료(http://www.kossda.or.kr/w02_07e.asp).

〈표 4-20〉 소득계층별 소득 및 재산 불평등에 대한 인식

| 본인 월소득 | 소득 및 재산 | | | | | 전체 |
|---|---|---|---|---|---|---|
| | 매우 불평등 | 다소 불평등 | 그저 그렇다 | 다소 평등 | 매우 평등 | |
| 0~ 99만 원 | 46 (18.0%) | 89 (34.9%) | 109 (42.7%) | 9 (3.5%) | 2 (0.8%) | 255 (100.0%) |
| 100만~ 200만 원 | 15 (14.9%) | 31 (30.7%) | 46 (45.5%) | 8 (7.9%) | 1 (1.0%) | 101 (100.0%) |
| 200만~ 300만 원 | 13 (16.0%) | 27 (33.3%) | 38 (46.9%) | 2 (2.5%) | 1 (1.2%) | 81 (100.0%) |
| 300만~ 400만 원 | 3 (9.7%) | 8 (25.8%) | 19 (61.3%) | 1 (3.2%) | 0 (0.0%) | 31 (100.0%) |
| 400만~ 500만 원 | 2 (9.5%) | 9 (42.9%) | 9 (42.9%) | 1 (4.8%) | 0 (0.0%) | 21 (100.0%) |
| 500만 원 이상 | 0 (0.0%) | 2 (25.0%) | 6 (75.0%) | 0 (0.0%) | 0 (0.0%) | 8 (100.0%) |
| 전체 | 79 (15.9%) | 166 (33.4%) | 227 (45.7%) | 21 (4.2%) | 4 (0.8%) | 497 (100.0%) |

산'의 측면에서 불평등하다고 응답한 사람의 비율은 춘천시민은 49.3%였지만, 전국평균은 62.8%에 달했다. '권력'에 대한 불평등 인식 역시 춘천시민은 66.6%, 전국평균은 75.1%로서 전국평균이 월등히 높았다. 이러한 결과는 경제여건 및 소득수준이 정체되어 계층구조가 전반적으로 하향평준화된 춘천사회의 객관적 현실과 관련이 있는 것으로 보인다. 즉, 일상의 현실에서 자신과 비슷한 낮은 경제수준의 사람들을 주로 접하게 되고, 눈에 띄는 부유층의 소비행태나 빈부격차의 현실을 자주 목격하지 못했기 때문에 불평등의 체감도가 상대적으로 낮은 것으로 추정할 수 있다.

다음으로는 춘천의 각 소득계층별로 한국사회의 교육기회, 취업기회, 법의 집행, 소득과 재산, 권력, 남녀관계의 불평등을 어떻게 인식하는지 살펴보기 위해서 교차분석을 시도하였는데, 교차분석의 결과 중 통계적으로 유의한 것은 '법의 집행'만이 유일했다($P<.01$). 여기서는 이들 결과 중 재산 및 소득에 대한 것만을 간략하게 살펴보기로 한다.

〈표 4-20〉에서 보듯이, 한국사회의 재산 및 소득이 불평등하다고 생각하는 사람은 최하층의 52.9%, 중하층의 45.6%, 중간층(200만~300만 원)의 49.3%, 중상층의 52.4%, 최상층의 25.0%로, 최상층을 제외한 전 소득계층의 절반가량이 경제적 불평등을 심각한 수준으로 인식하였다. 또한 소득불평등의 인식도가 가장 낮은 최상층의 경우도 소득 및 재산이 평등하다고 응답한 사람은 1명도 없다는 점도 이채롭다고 하겠다.

### 3) 춘천지역의 불평등에 대한 인식

춘천시민들은 자신이 사는 춘천지역의 불평등 수준을 어떻게 인식하며, 불평등의 향후 전망과 계층이동의 가능성을 어떻게 평가하고 있는가? 먼저 〈표 4-21〉은 "춘천지역은 타 지역에 비해 계층간 불평등이 심하지 않다"는 진술에 대한 의견을 물어본 것으로, 이에 대한 소득계층별(본인 월소득 기준) 응답을 보여준다.

이를 보면, 전체 응답자들 중에서 춘천지역이 타 지역에 비해 평등하다고 생각하는 사람이 22.6%, 불평등하다고 생각하는 사람은 24.2%, 보통수준이라는 사람이 53.1%로, 평균적인 춘천시민들은 대체로 춘천지역의 불평등이 한국의 보통수준이며 그리 심각한 수준으로는 인식하지 않음을 알 수 있다. 소득계층별 교차분석 역시 통계적으로 유의미하지 않은 것으로 나타나, 소득계층별로 불평등 인식의 편차가 크게 나타나지는 않음을 보여준다. 춘천사회가 불평등하다는 응답은 소득계층 최하층의 경우 26.9%, 중하층의 경우 24.5%,

〈표 4-21〉 춘천사회의 불평등 정도에 대한 인식

| 본인 월소득 | "춘천지역은 타지역에 비해 계층간 불평등이 심하지 않다" | | | | | 전체 |
|---|---|---|---|---|---|---|
| | 전혀 동의 안함 | 동의하지 않는 편 | 그저 그렇다 | 동의하는 편 | 매우 동의함 | |
| 0~ 99만 원 | 17 (6.6%) | 52 (20.3%) | 126 (49.2%) | 52 (20.3%) | 9 (3.5%) | 256 (100.0%) |
| 100만~ 200만 원 | 7 (6.9%%) | 18 (17.6%) | 58 (56.9%) | 17 (16.7%) | 2 (2.0%) | 102 (100.0%) |
| 200만~ 300만 원 | 4 (4.9%) | 14 (17.3%) | 44 (54.3%) | 16 (19.8%) | 3 (3.7%) | 81 (100.0%) |
| 300만~ 400만 원 | 1 (3.2%) | 5 (16.1%) | 20 (64.5%) | 5 (16.1%) | 0 (0.0%) | 30 (100.0%) |
| 400만~ 500만 원 | 0 (0.0%) | 1 (4.8%) | 12 (57.1%) | 8 (38.1%) | 0 (0.0%) | 21 (100.0%) |
| 500만 원 이상 | 1 (12.5%) | 1 (12.5%) | 5 (62.5%) | 1 (12.5%) | 0 (0.0%) | 8 (100.0%) |
| 전체 | 30 (6.0%) | 91 (18.2%) | 265 (53.1%) | 99 (19.8%) | 14 (2.8%) | 499 (100.0%) |

중간층 22.1%와 19.3%, 중상층의 경우 4.8%, 최상층의 경우 25.0%로 중상층을 제외하면 대체로 유사한 응답분포를 보인다. 한 가지 특기할 만한 점은 월소득 500만 원 이상 최상층의 불평등 인식이 상대적으로 높은 것이 흥미롭다고 하겠다.

〈표 4-22〉는 춘천지역의 불평등의 향후 전망에 대한 인식을 보여주고 있다. "춘천의 경제적 불평등은 향후 점점 감소할 것이다"는 진술에 동의하는지 여부를 5점 척도로 구성한 것인데, 앞서와 마찬가지로 소득계층별 교차분석 결과를 보여준다.

춘천사회의 향후 불평등 전망과 관련해 춘천시민들의 21.5%는 향후 불평등이 점점 감소할 것으로 생각했고, 전체응답자의 33%는 그렇지 않을 것이라고 대답해 부정적 전망이 다소 우세한 것으로 나타났다. 전체응답자의 45.5%는 대체로 현 수준과 유사하리라 전망했다.

〈표 4-22〉 춘천사회의 불평등 전망에 대한 인식

| 본인 월소득 | "춘천지역의 경제적 불평등은 향후 점점 감소할 것이다" | | | | | 전체 |
|---|---|---|---|---|---|---|
| | 전혀 동의 안함 | 동의하지 않는 편 | 그저 그렇다 | 동의하는 편 | 매우 동의함 | |
| 0~99만 원 | 20 (7.8%) | 61 (23.9%) | 120 (47.4%) | 48 (18.8%) | 6 (2.4%) | 255 (100.0%) |
| 100만~200만 원 | 7 (6.9%) | 28 (27.5%) | 44 (43.1%) | 18 (17.6%) | 5 (4.9%) | 102 (100.0%) |
| 200만~300만 원 | 8 (10.0%) | 19 (23.8%) | 38 (47.5%) | 13 (16.3%) | 2 (2.5%) | 80 (100.0%) |
| 300만~400만 원 | 3 (9.7%) | 10 (32.3%) | 13 (41.9%) | 5 (16.1%) | 0 (0.0%) | 31 (100.0%) |
| 400만~500만 원 | 0 (0.0%) | 5 (23.8%) | 8 (38.1%) | 7 (33.3%) | 1 (4.8%) | 21 (100.0%) |
| 500만 원 이상 | 0 (0.0%) | 3 (37.5%) | 3 (37.5%) | 2 (25.0%) | 0 (0.0%) | 8 (100.0%) |
| 전체 | 38 (7.6%) | 126 (25.4%) | 226 (45.5%) | 93 (18.7%) | 14 (2.8%) | 497 (100.0%) |

소득계층별로 불평등의 향후 전망에 대해 부정적 관점을 가진 사람은 최하층이 31.7%, 중하층이 34.4%, 중간층이 33.8% 및 42.0%, 중상층이 23.8%, 최상층이 37.5%로서 계층별로 일정한 인식 패턴이 나타나지는 않았다. 다만 중간층의 상위그룹(300만~400만원)과 최상층의 불평등 전망이 가장 부정적인 쪽으로 나타난 것은 앞서 춘천사회 불평등 인식의 경우와 마찬가지로 다소 이채로운 부분이라 할 수 있다.

〈표 4-23〉은 상향적 계급이동의 전망과 관련된 것이다. "현재의 위치에서 성실히 일한다면 상위계층으로 올라갈 수 있다"는 진술에 동의하는지 여부를 5점 척도로 구성한 것인데, 이는 계층구조의 개방성 또는 폐쇄성을 어떻게 인식하는지 알아보고자 하는 것이다. 여기서도 소득계층별 교차분석을 시도하였다.

〈표 4-23〉 상향적 계층이동의 전망에 대한 인식

| 본인 월소득 | "현재의 위치에서 성실히 일한다면 상위계층으로 올라갈 수 있다" | | | | | 전체 |
|---|---|---|---|---|---|---|
| | 전혀 동의 안함 | 동의하지 않는 편 | 그저 그렇다 | 동의하는 편 | 매우 동의함 | |
| 0~99만 원 | 19 (7.4%) | 52 (20.3%) | 92 (35.9%) | 67 (26.2%) | 26 (10.2%) | 256 (100.0%) |
| 100만~200만 원 | 9 (8.9%) | 22 (21.8%) | 36 (35.6%) | 28 (27.7%) | 6 (5.9%) | 101 (100.0%) |
| 200만~300만 원 | 9 (11.3%) | 17 (21.3%) | 35 (43.8%) | 16 (20.0%) | 3 (3.8%) | 80 (100.0%) |
| 300만~400만 원 | 2 (6.5%) | 5 (16.1%) | 13 (41.9%) | 10 (32.3%) | 1 (3.2%) | 31 (100.0%) |
| 400만~500만 원 | 4 (19.0%) | 5 (23.8%) | 6 (28.6%) | 5 (23.8%) | 1 (4.8%) | 21 (100.0%) |
| 500만 원 이상 | 0 (0.0%) | 1 (12.5%) | 3 (37.5%) | 3 (37.5%) | 1 (12.5%) | 8 (100.0%) |
| 전체 | 43 (8.7%) | 102 (20.5%) | 185 (37.2%) | 129 (26.0%) | 38 (7.6%) | 497 (100.0%) |

〈표 4-24〉 경제적 성공요인

단위: %

| | 1순위 | 2순위 | 종합 |
|---|---|---|---|
| 개인의 타고난 능력 | 27 | 13 | 20 |
| 개인의 노력 | 38 | 21 | 30 |
| 개인의 운 | 3 | 6 | 5 |
| 가족배경 | 8 | 9 | 9 |
| 교육/학벌 | 14 | 25 | 20 |
| 인맥 | 4 | 16 | 10 |
| 부동산투기 등 편법 | 2 | 4 | 3 |
| 모르겠다 | 3 | 5 | 4 |
| 합계 | 100 | 100 | 100 |

이를 보면, 상위계층으로의 이동이 가능하다는 응답은 전체의 33.6%, 불가능하다는 응답은 29.3%로 낙관적 전망이 다소 우세했다. 보통이라는 응답은 전체의 37.2%였다. 소득계층별로 상향이동이 가능하다고 생각하는 사람들은 최하층의 경우 36.4%, 중하층이 33.6%, 중간층이 23.8%와 35.5%, 중상층이 28.6%, 최상층이 50.0%로 전 소득계층에서 비교적 고른 분포를 보인다. 특히, 최하층과 최상층 모두 상향이동의 가능성을 비교적 높게 인식함으로써, 춘천시민들은 소득계층에 관계없이 성실히 일한다면 계층지위가 올라갈 수 있다는 '희망'을 지니는 것으로 평가할 수 있다.

〈표 4-24〉는 "경제적으로 성공하는 데 어떤 요인이 가장 중요한가?"라는 질문에 대한 응답결과이다. 이를 보면 경제적 성공요인의 1순위로 꼽힌 것은 '개인의 노력'(38%), '개인의 타고난 능력'(27%), '교육/학벌'(14%) 순이었고, 2순위는 '교육/학벌'(25%), '개인의 노력'(21%), '인맥'(16%) 순으로 나타났다. 의외로 '가족배경'이나 '부동산투기 등 편법'의 응답비율은 상대적으로 낮았다. 이는 춘천시민들이 경제적 성공을 이루는 데 편법적이고 탈법적인 수단이나 타고난

가족의 재산과 같은 귀속적 요인보다는 개인의 노력과 '땀'을 중시하는 정직하고 바른 생활관을 지녔음을 보여주는 것이라 하겠다.

마지막으로, 〈표 4-25〉는 계층구조 및 경제적 불평등에 대한 정부정책의 효과에 대한 조사결과를 보여준다. 이는 "정부의 정책이 계층간 불평등을 완화하는 데 도움이 되었는가?"라는 질문에 동의하는지 여부를 5점 척도로 구성한 것인데, "불평등과 관련된 정부정책의 평가"라는 의미를 담고 있다. 여기서도 소득계층별 교차분석을 시도했다.

춘천시민들은 경제적 불평등에 대한 정부정책과 관련하여 부정적 평가가 압도적이다. 전체응답자의 53.3%가 정부정책이 불평등 완화에 별 도움이 되지 않았다고 응답했고, 도움이 되었다는 응답은 7.8%에 불과했다. 보통이었다는 응답은 38.9%였다. 그리고 소득계

〈표 4-25〉 불평등 관련 정부정책에 대한 평가

| 본인 월소득 | "정부의 정책은 계층 간 불평등을 완화하는 데 도움이 되었다" | | | | | 전체 |
|---|---|---|---|---|---|---|
| | 전혀 동의 안함 | 동의하지 않는 편 | 그저 그렇다 | 동의하는 편 | 매우 동의함 | |
| 0~ 99만 원 | 59 (23.0%) | 74 (28.9%) | 103 (40.2%) | 17 (6.6%) | 3 (1.2%) | 256 (100.0%) |
| 100만~ 200만 원 | 33 (32.4%) | 27 (26.5%) | 34 (33.3%) | 6 (5.9%) | 2 (2.0%) | 102 (100.0%) |
| 200만~ 300만 원 | 17 (21.0%) | 22 (27.2%) | 34 (42.0%) | 6 (7.4%) | 2 (2.5%) | 81 (100.0%) |
| 300만~ 400만 원 | 6 (19.4%) | 11 (35.5%) | 14 (45.2%) | 0 (0.0%) | 0 (0.0%) | 31 (100.0%) |
| 400만~ 500만 원 | 5 (23.8%) | 8 (38.1%) | 6 (28.6%) | 2 (9.5%) | 0 (0.0%) | 21 (100.0%) |
| 500만 원 이상 | 2 (25.0%) | 2 (25.0%) | 3 (37.5%) | 1 (12.5%) | 0 (0.0%) | 8 (100.0%) |
| 전체 | 122 (24.4%) | 144 (28.9%) | 194 (38.9%) | 32 (6.4%) | 7 (1.4%) | 499 (100.0%) |

층별 응답추이를 보면 모든 소득계층에서 부정적 응답이 절대다수인 가운데, 의외로 중간층 이상의 상위계층에서도 정부정책에 대한 불신이 특히 높은 것으로 나타났다. 불평등 관련 정부정책에 부정적 평가를 내린 사람은 최하층의 경우 51.9%, 중하층은 58.9%, 중간층은 48.2%와 54.9%, 중상층 61.9%, 최상층 50.0%였는데, 중상층의 정책에 대한 불만이 특히 더 두드러진다.

## 6. 결론

IMF 위기 이후 지난 10여 년 동안 한국사회는 신자유주의적 구조조정의 틀 속에서 시장화, 자유화, 대외개방이라는 급격한 사회변동을 경험하였고, 그 과정에서 경제적 불평등의 증대, 양극화, 일자리의 감소, 비정규직 문제, 빈곤의 확산 등이 구조조정의 부정적 결과로서, 또한 사회의 핵심 현안으로서 부각되었다. 춘천과 같은 지방중소도시도 기본적으로 그러한 개방화의 파고에서 벗어날 수는 없겠지만, 그것이 미치는 파급효과는 한국사회 전체와 비교했을 때 어느 정도 차별적인 특성을 보이는 것도 사실이다.

경제위기 이전에도 춘천과 강원도는 대단히 취약한 경제·산업구조를 지녔고, 경제규모도 왜소하며, 경제적 활력도 낮은 낙후된 지역이었는데, IMF체제 이후에도 그러한 지역경제의 특성은 큰 변화 없이 유지되는 실정이다. 따라서 낙후된 지역경제에서 연유하는 전반적으로 하향평준화된 소득수준 및 계층구조는 경제위기 이후에도 지속되었으며, 이는 춘천시민을 대상으로 한 이번 조사결과에서도 대체로 확인된다고 할 수 있다. 이 연구에서 확인된 몇 가지 사항을 요약하면 다음과 같다.

첫째, 춘천은 소득수준에 따른 계층분포에서 최하층과 중하층이 가장 큰 비중을 점하는 가운데, 상층은 미약한 전형적인 피라미드형 구조를 보여준다. 본인소득을 기준으로 춘천시민의 약 70% 이상이 중하층 이하의 소득계층에 속해 있었으며, 중상층과 최상층의 비중은 합해서 5% 수준에 불과했다. 그리고 객관적 계층지위와 주관적 계층의식도 거의 일치하는 것으로 나타나 자신의 경제적 지위를 비교적 정확하게 인식하였다.

둘째, 과거 《춘천 리포트》의 조사결과(1998, 2003년)와 비교해보면, 현재의 소득계층분포는 예전과 거의 유사한 형태를 보이고 있어 일정한 시간적 연속성을 확인할 수 있었다. 이는 1998년 IMF 위기 이후 지난 10년간 춘천지역의 경제상황과 주민들의 경제사정이 별다른 변동 없이 정체되고 낙후한 수준을 유지하고 있으며, 하향평준화된 계층구조가 과거부터 현재까지 여전히 지속되고 있음을 의미한다. 따라서 춘천시민의 대다수가 전반적으로 낮은 경제적 지위에 머물러 있는 만큼, 춘천사회에서 빈부격차나 불평등의 확대, 양극화 등의 문제가 심각하게 대두되지는 않은 것으로 보인다.

셋째, 춘천시민들의 생활실태 및 정보서비스 이용실태에서 소득계층간 편차가 나타나기는 했지만 통계적 유의성을 갖는 뚜렷한 격차는 사교육비 지출항목만이 유일했다. 그 외에 주거형태, 소비 및 여가활동, 정보서비스 이용에서의 계층별 격차는 존재하긴 하지만 미미한 수준인 것으로 파악되었다. 이는 하향평준화된 소득계층구조가 소비를 중심으로 한 일상생활에서도 거의 그대로 투영되고 있음을 의미한다고 할 수 있다.

넷째, 그러한 결과로 춘천시민들의 불평등에 대한 인식도 한국사회의 평균치와 비교할 때 비교적 낮은 수준이었다. 춘천에서도 한국사회가 교육, 취업, 소득·재산, 법 집행, 권력, 성별에 있어 불평등하다는 인식이 지배적이긴 하지만 전국평균에 비해서는 불평등 인식의 정도가 낮았다. 또한 춘천사회의 불평등 수준도 그리 심각한 것으로 인식하고 있지는 않았다.

이상의 연구결과는 계층 및 불평등 연구에서 매우 흥미로운 시사점과 함의를 지닌다고 생각된다. 최근의 춘천의 경험은 1998년 경제위기 이후 한국사회 전반에서 불평등과 빈곤의 증대, 양극화의 문제가 심화되었지만 그러한 현상이 모든 지역에서 일률적으로 나타나는 것이 아니라 해당지역의 사회경제적 조건, 지역적 특수성에 따라 다양한 모습으로 발현될 수 있음을 보여주기 때문이다. 따라서 현 단계 한국사회의 불평등의 실상을 보다 정확하게 이해하기 위해서는 도시-농촌, 중앙-지방을 아우르는 다양한 지역 차원의 불평등 연구가 수반되어야 할 것이다.

5

# 지방자치와 지역정치

성경륭

## 1. 서론

강원도에 자리 잡은 중소도시 춘천은 1990년대 초반에 개막된 '자치시대'에 이어 경춘 고속도로와 전철의 개통에 따라 '개방시대'를 맞이하고 있다. 이런 여건의 변화와 더불어 수도권에 근접해 있지만 공간적으로 다소 폐쇄되고 격리된 춘천이 앞으로 어떤 새로운 정치·경제·사회적 변화를 맞이하게 될지 큰 관심거리이다. 비록 작은 도시이긴 하지만 춘천에서 진행되는 변화가 다른 도시와 지역의 변화를 이해하는 하나의 척도가 될 수도 있다는 판단이다.

이 장에서는 춘천시민의 정치성향과 투표행태, 중앙정부에 대한 평가, 지방자치에 대한 평가를 살펴보고 지역발전과 관련된 주요 쟁점들에 대해서도 살펴볼 것이다. 우리의 관심은 개방시대를 맞이하여 춘천시민들이 얼마나 개방적 태도를 갖추었는지, 고속교통체계의 구축이라는 새로운 조건 속에서 지역발전을 위해 지방정치와 자치분야의 준비태세를 얼마나 잘 갖추었는지를 점검하는 데 있다.

춘천은 다른 도시 및 지역과 많은 측면에서 공통성과 함께 차별성도 가지고 있다. 우선 강력한 중앙집권체제 하에서 제한적 범위의 지방자치를 시행한다는 점, 수도권과 대도시를 제외한 거의 모든 지역들이 경제적 낙후성을 가진다는 점 등은 공통적이다. 이에 반해 수도권 주민들에게 상수원을 공급하기 위해 강력한 규제가 가해진다는 점, 그럼에도 불구하고 지역발전을 위해 수도권에 대해 과도한 기대와 의존성(예: 관광객 확보)을 가진다는 점 등은 다른 도시와 구별되는 춘천의 뚜렷한 차별성이다.

이런 구조 속에서 춘천의 지역적 정체성과 자립적 발전전략을 수립하기 위해서는 보다 주체적 자기인식과 정책노선의 설정이 필요하다. 그러나 춘천시민들이 특정 정치성향에 갇혀 있는 것은 아닌지, 지자체와 시민 사이에 신뢰의 갭이 너무 큰 것은 아닌지, 지역사회 내부에서 사회집단 간에 지역발전의 방향을 두고 상당히 큰 균열이 존재하는 것은 아닌지 여러 가지 우려를 불러일으키고 있는 것이 현실이다. 아래에서는 이러한 우려가 왜, 어떻게 나타나고 있는지 살펴보기로 한다.

## 2. 일반적 정치성향과 정치적 선택

### 1) 강한 보수성향과 보수정당 지지

지금까지 행해진 많은 조사연구에 의하면 춘천시민들은 상당히 강한 보수적 정치성향을 가진 것으로 나타났다. 한림대 사회조사연구소의 이번 조사에서도 춘천시민들은 진보성향보다는 보수성향을 더 많이 가진 것으로 밝혀졌다. 〈그림 5-1〉에서 제시된 것처럼 진보적 성향을 가진 사람의 비율은 22.9%인데 반해 보수적 성향을 가진 사람의 비율은 31.9%에 달했다.

이런 성향 속에서 춘천시민들은 최근 치러진 일련의 선거에서 보수적 정당을 선호하는 경향을 더욱 뚜렷이 드러냈다. 〈표 5-1〉에 제시된 것처럼 춘천시민들은 2006년 지방선거, 2007년 대통령선거, 2008년 국회의원 선거에서 한나라당을 압도적으로 지지하였다. 이러한 경향은 1992년, 1997년, 2002년의 대통령 선거에서도 뚜렷이 나타났고, 1996년, 2000년, 2004년의 국회의원 선거에서도 변함없이 나타

〈그림 5-1〉 춘천시민의 정치성향

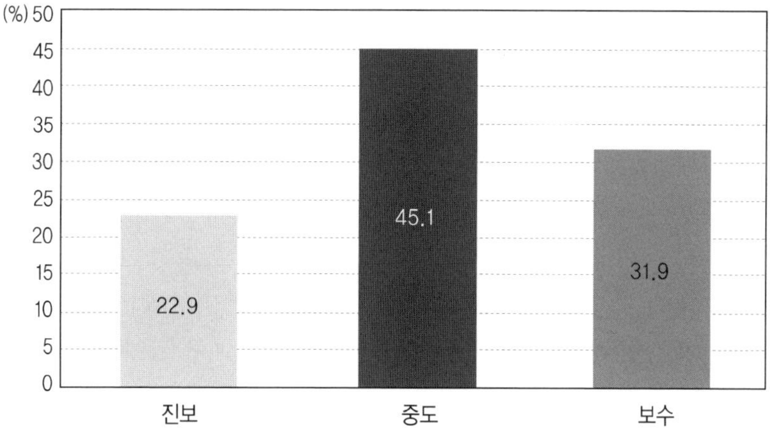


〈표 5-1〉 춘천시민의 지지 정당

단위: %

| | 2006년 지방선거 | 2007년 대통령선거 | 2008년 국회의원선거 |
|---|---|---|---|
| 한나라당 | 42.7 | 51.4 | 46.0 |
| 열린우리당+민주당 | 19.8 | 14.0 | 15.0 |
| 민주노동당 | 4.2 | 5.6 | 1.9 |
| 국민중심당/자유선진당 | 0.7 | 3.9 | 5.1 |
| 기타 정당, 무소속 | 6.7 | 4.0 | 3.9 |
| 투표 불참 | 25.9 | 21.1 | 28.1 |
| 합계 | 100.0 | 100.0 | 100.0 |

났다. 이렇게 볼 때 춘천은 오랜 기간 동안 견고한 '보수의 성'으로 존재하고 있음을 확인할 수 있다.

### 2) 현 정부의 국정수행 및 주요 정책 평가

과반수 내외의 춘천시민들이 보수정당인 한나라당을 지지하고 보수정권을 탄생시켰음에도 불구하고 현 정부에 대한 평가에서는 상당히 강한 부정적 의견을 피력하였다. 〈그림 5-2〉에서 보는 것처럼 현 정부에 대해 '잘한다'고 평가하는 시민들은 8.1%에 불과한 데 반해 55.4%의 응답자들이 '못한다'고 평가했기 때문이다.

현 정부의 국정 수행에 대해 부정적 평가를 내리는 데는 많은 이유가 작용하고 있을 것으로 짐작된다. 국내외 경제위기에 대한 대응의 미숙, 무모한 성장목표와 인위적 환율조작, 경제 살리기 정책의 성과 미흡, 쇠고기 협상의 미숙한 처리, 일자리의 감소, 지방경제의 악화, 대북 강경정책의 부작용 등 현 정부가 추진한 많은 정책들이 아직까지 효과가 나타나지 않거나 오히려 역효과를 초래하는 것이 그 이유가 될 수 있을 것이다. 어떻든 과반수의 춘천시민들은 자신들이 적극적으로 지지하여 출범한 이명박 정부에 대해 큰 실망감을 가지며, 심리적으로는 과거의 선거지지와 현재의 낮은 성과에 대한 평가 사이에서 큰 혼란을 겪는 것으로 드러났다.

보수적 성향을 가지는 춘천시민들이 보수적 정당인 한나라당을 압도적으로 지지하여 보수적 정권을 당선시키고 난 뒤에 현 정권의 정책성과에 대해 강도 높은 부정적 인식을 보이는 데 대해서는 몇 가지 해석이 가능하다. 현상적으로 볼 때, 자신들은 보수적 정치성향을 가졌지만 현 정부의 정책 실책에 대해서는 분명하게 비판적 태도를 보임으로써 상황에 따라 조건적 지지 혹은 조건적 비판을 보낸다고 볼 수 있다. 다만 애초의 보수적 정치 성향도 상황에 따라 가변

〈그림 5-2〉 현 정부에 대한 평가

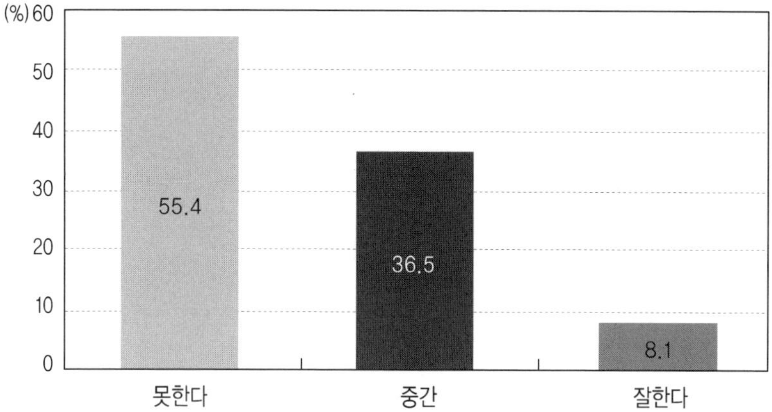


적인지, 아니면 강한 이념적 성향으로서 장기간 존속하는 보다 원초적 요인인지는 불분명하다.

다른 한편으로 좀더 깊은 분석을 시도해보면, 춘천시민들의 정치적 성향과 현 정부에 대한 비판적 평가 사이에 존재하는 불일치는 일종의 허위의식(*false consciousness*)의 소산이나 계급배반 투표(*cross-class voting*)의 소산, 또는 보다 일반적으로 이익배반 투표의 소산일 가능성도 있다고 보인다. 달리 말하면 춘천시민들은 춘천지역이 한국사회에서 변방지역에 해당하고 계층적 측면에서 대다수의 시민들은 중하층에 속해 있기 때문에 마땅히 진보적 정치성향과 진보적 투표행태를 보여야 함에도 불구하고 이념적으로 강한 보수성향을 가졌고 선거시에는 강한 보수적 투표행태를 보이는 것이다. 이것은 결국 그들이 내면에 보수주의라는 강한 허위의식을 가졌기 때문으로 풀이된다. 그러나 이러한 허위의식은 정부의 정책적 실수가 이어지고 경제상황이 악화되면 쉽게 정부에 대한 부정적 평가로 나타나게 된다. 결국 허위의식의 존재가 다수 시민들의 근본적 이익을 제대로 보지 못하게 하고 춘천이라는 지역사회의 핵심적 이익을 제대로 인식하지 못하게 함으로써 계급배반 투표나 이익배반 투표를 초래하고, 결과적으로 현 정권에 대한 부정적 평가로 이어진 것이다.

그렇다면 이 허위의식은 어디서 비롯되었는가? 보수적 정치성향과 현 정권에 대한 부정적 평가 사이에 존재하는 불일치는 앞으로 어떻게 될 것인가? 이는 좀더 체계적 분석을 해보아야 보다 분명하게 드러나겠지만 많은 춘천시민들, 나아가 많은 강원도민들이 가진 보수적 정치의식은 기본적으로 춘천과 강원도가 접적(接敵)지역의 특성을 가지고 있고 격렬한 한국전쟁의 경험을 가지고 있다는 데서 비롯되었다고 판단된다. 또한 전쟁 이후에도 다수의 군부대가 상주함으로써 대다수의 주민들이 일상적으로 전쟁의 기억을 회상하게 되고 북한의 존재를 실감하게 된 것이 보수적 정치성향의 뿌리가 되었을 것으로 이해된다.

불일치의 문제는 앞으로 어떻게 될 것인가? 향후 보수적 정권의 정책실수가 빈번하게 발생하고 악화된 경제상황이 장기간 개선되지 않는다면 보수적 정치성향을 가진 시민들도 정권에 대한 지지와 정당에 대한 지지를 바꿀 가능성이 상당히 높을 것으로 예상된다. 그러나 현 정부의 정책실수가 줄어들고 경제상황이 호전된다면 현 정부와 한나라당에 대한 춘천시민들의 지지는 비교적 쉽게 회복될 가능성이 높다. 다만 허위의식의 문제는 쉽게 변화하지 않을 것으로 보아야 한다. 경제상황이 호전되는 경우에는 허위의식에 대한 자각의 기회가 생기지 않을 것이며, 악화된 경제상황이 지속되는 경우에도 사람들은 자신의 허위의식을 자각하고 바꾸기보다는 경제상황 악화의 원인을 바깥에서(예: 세계경제의 침체, 야당의 비협조 등) 찾음으로써 태도 변화의 기회를 상실할 가능성이 높기 때문이다.

이런 허위의식의 존재와 인지부조화의 큰 틀 속에서 춘천시민들은 지방과 직결되는 정책영역에서도 전반적으로 높은 부정적 평가를 보였다. 〈표 5-2〉에 정리된 것처럼 특히 도(道)를 폐지하겠다는 여당의 행정구역개편안에 대해서는 강력한 반대의견이 주조를 이루었다. 시군을 60~70개로 통합하는 방안에 대해서는 반대보다 찬성이 다소 많지만 44.3%의 응답자들이 중립적 의견을 표시했기 때문에 찬성의견(29.3%)이 아직은 소수의견으로 남아 있는 상태이다. 일단 폐기된 것으로 알려진 한반도 대운하 사업에 대해서는 응답자의 절대 다수인 61.4%가 반대의사를 표시했다. 이 사업이 지역발전에 거의 도움을 주지 못할 뿐더러 댐과 호수 등 물 관리 때문에 큰 피해를 보는 춘천지역 주민들의 부정적 인식이 작용한 것으로 풀이된다.

그런데 특이하게 정부가 2008년 하반기에 발표한 수도권 규제완화 방안에 대해서는 찬성이 반대보다 훨씬 많이 나타난다. 무려 39.5%의 응답자들이 춘천과 강원지역에 많은 손해를 가져올 수 있는 수도

〈표 5-2〉 정부와 여당의 주요 정책에 대한 의견

| | 반대 | 중립 | 찬성 |
|---|---|---|---|
| 도폐지 방안 | 36.5 | 45.4 | 18.2 |
| 시군통합 방안 | 26.5 | 44.3 | 29.3 |
| 한반도 대운하 | 61.4 | 28.1 | 10.5 |
| 수도권 규제완화 | 27.0 | 33.4 | 39.5 |

〈표 5-3〉 수도권 규제완화 정책이 부정적 영향을 미친다는 데 대한 견해

| | 빈도 | 비율(%) |
|---|---|---|
| 전혀 그렇지 않다. | 8 | 0.8 |
| 그렇지 않다 | 92 | 9.6 |
| 보통이다 | 373 | 38.9 |
| 그렇다 | 372 | 38.8 |
| 매우 그렇다 | 114 | 11.9 |
| 합계 | 959 | 100.0 |

* 출처: 강원대 사회과학연구소(2007.2).

〈표 5-4〉 수도권 중심의 개발정책으로 인해 피해를 입었다는 데 대한 견해

| | 빈도 | 비율(%) |
|---|---|---|
| 전혀 그렇지 않다. | 7 | 0.7 |
| 그렇지 않다 | 41 | 4.3 |
| 보통이다 | 340 | 35.5 |
| 그렇다 | 408 | 42.5 |
| 매우 그렇다 | 163 | 17.0 |
| 합계 | 959 | 100.0 |

* 출처: 강원대 사회과학연구소(2007. 2).

권규제완화 조치를 찬성하는 것이다. 이 점은 강원대 사회과학연구소가 2007년 2월에 실시한 조사결과와 상당히 큰 차이를 보인다. 〈표 5-3〉과 〈표 5-4〉에 제시된 것처럼 당시 조사에서는 50% 이상의 응답자들이 수도권규제완화 정책은 춘천에 부정적 영향을 미칠 것이라고 답변하였고, 약 60%의 응답자들은 수도권 중심의 개발정책 때문에 춘천이 피해를 보아왔다고 답변하였기 때문이다.

춘천시민들이 2008년 10월의 시점에 접어들어 왜 수도권 규제완화에 대해 더 많은 찬성의견을 보였는지 그 이유를 분명히 알 수 없다. 다만 현 시점에서는 응답자들이 질문의 내용을 제대로 이해하지 못했거나, 수도권 규제문제에 대해 이중적 태도를 가졌거나, 아니면 수도권 규제완화가 이루어질 경우 조만간 춘천권에 부과된 많은 규제도 완화될 것이라고 기대했을 수 있다는 점 등을 추측할 수 있을 뿐이다. 그러나 정확하게 어떤 요인이 그런 이해하기 힘든 반응을 가져왔는지 파악하기 위해서는 향후 좀더 정밀한 분석이 필요하다.

## 3. 지방자치 평가

### 1) 지방자치단체와 지방의회에 대한 평가

지방자치의 정착과 발전에서 가장 중요한 주체는 지방자치단체와 지방의회이다. 그러나 1991년 지방자치제 재도입 이후 지방자치단체와 지방의회에 대한 시민들의 평가는 매우 저조한 수준에 머물렀다.

이러한 사실은 1991년 이후 수차례 이루어진 《춘천 리포트 1》, 《춘천 리포트 2》, 《춘천 리포트 3》의 분석과 이번에 진행된 《춘천 리포트 4》의 분석 결과에서도 잘 드러난다. 〈그림 5-3〉에 의하면 춘천시의 시정에 만족한다는 춘천시민의 비율은 아직 20% 미만에 머물러 있다. 그러나 대단히 의미 있는 사실은 지난 18년의 지방자치 역사에서 춘천시정에 대한 시민들의 평가가 꾸준히 상승한다는 점이다.

춘천시의회에 대한 시민들의 평가도 유사한 패턴을 보여준다. 우선 의회 활동에 대한 평가는 전반적으로 매우 저조하나 긍정적 평가가 조금씩 늘어나고 있다. 그런데 유의할 점은 긍정적 평가가 5~10% 범위에서 매우 낮은 수준에 머물러 있다는 것이다. 이 점은 향후 지방자치의 미래를 위해 춘천시의회의 모든 구성원들이 심사숙고해야 할 대목이다. 의원들의 자질향상, 시정견제 노력, 정책대안 제시, 시민사회와의 소통, 주민의견 반영 등 여러 측면에서 배전의 노력이 요구된다고 할 것이다.

강원도청과 강원도의회에 대해서도 대체로 유사한 평가가 이루어졌다. 〈그림 5-5〉에서 보는 것처럼 우선 긍정적 평가는 전반적으로 낮으며, 그 중에서도 의회에 대한 평가가 훨씬 낮게 나타났다. 여기서도 지방의회의 역량을 제고해야 하는 강력한 증거가 제시되는 셈이다. 광역경제권 구축과 지방행정구역 개편 문제가 논의되는 시점에서 강원도와 강원도의회 등 지방자치를 담당하는 핵심기관들이 자신의 위상을 재정립하고 역할을 강화하는 방안에 대해 보다 면밀하게 분석하고 충실히 대비할 필요가 있다고 할 것이다.

〈그림 5-3〉 춘천시정에 대한 평가

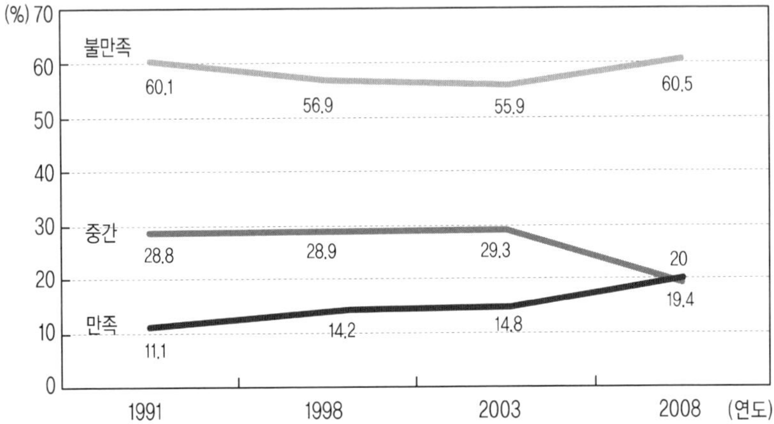


〈그림 5-4〉 춘천시의회에 대한 평가

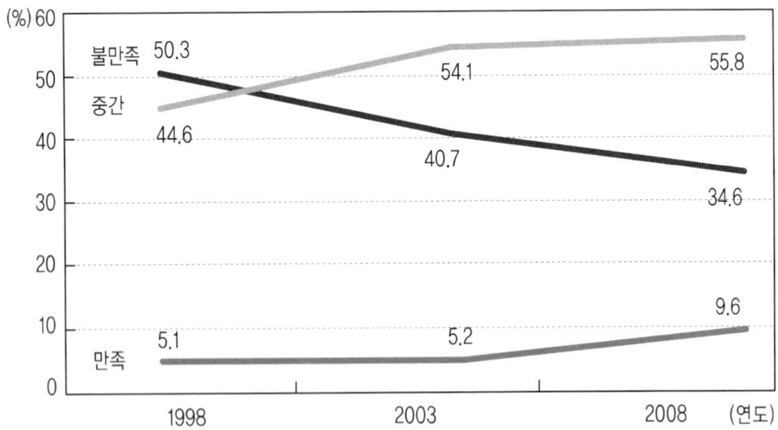

〈그림 5-5〉 강원도청과 도의회에 대한 평가

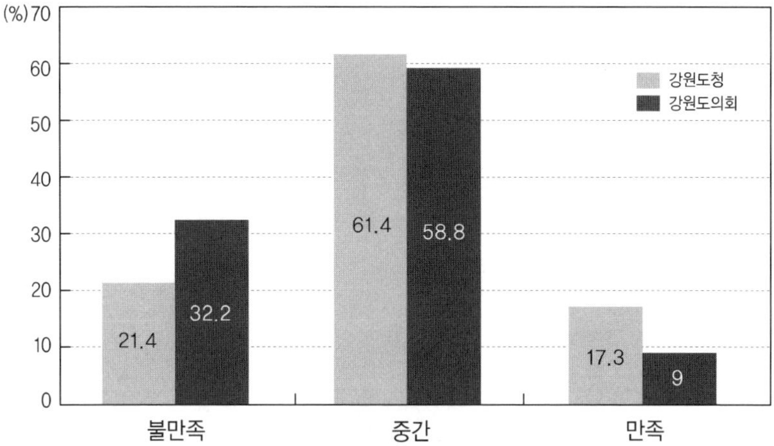


## 2) 지방자치와 시민

한국의 정치와 지방자치에서 항상 문제가 되는 것은 시민들의 정치적 효능감(*sense of political efficacy*)이 매우 낮다는 것이다. 즉 선거참여나 정당활동을 통해 정치에 영향을 미칠 수 있는 가능성을 아주 낮게 평가하는 것이다.

이러한 현상은 이번 조사에서도 잘 나타났다. 〈그림 5-6〉에 따르면 선거참여나 정당활동을 통해 정치에 영향을 미칠 수 있다고 응답한 사람의 비율은 10.5%에 불과했다. 60%에 가까운 응답자들은 정치에 영향을 미칠 수 없다고 답변했다. 이 점은 1999년에 이루어진 《춘천 리포트 2》의 연구에서도 확인된 바 있다. 당시 연구에서는 춘천시민들이 춘천시와 춘천시의회에 대해 영향을 미칠 수 있는지에 대해 질문했는데, 2.7%의 응답자들만 긍정적으로 답변하였다. 이것을 보면 10년의 세월이 흘렀지만 춘천시민들은 한국사회의 정치일반과 춘천시정에 대해 적극적 참여자로서보다는 소극적 참여자 내지 방관자의 위치에 서 있음을 확인할 수 있다. 다만 다소 긍정적인 점은 시간이 흐름에 따라 정치적 효능감이 조금씩 늘어나고 있다는 것이다.

〈그림 5-6〉 춘천시민의 정치적 효능감

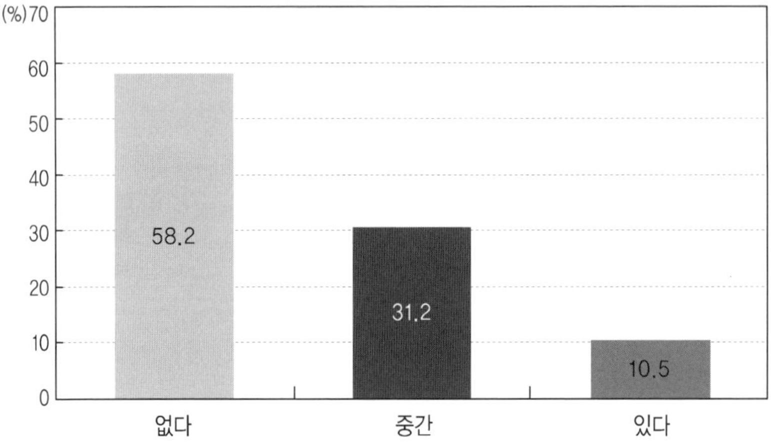


〈그림 5-7〉 지방행정기관으로부터의 불이익 경험 유무

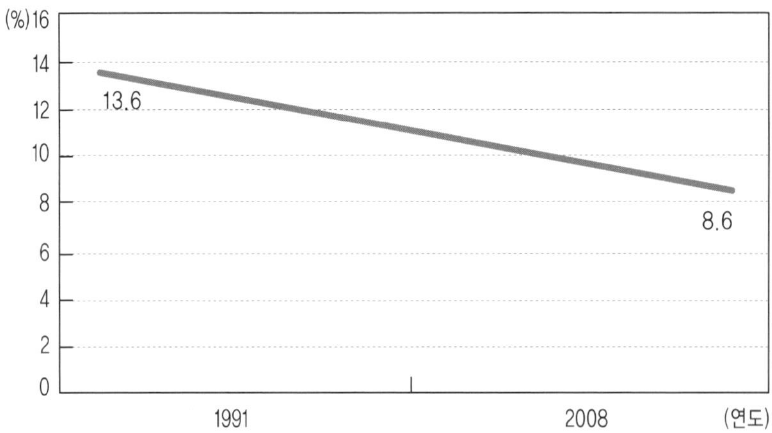

〈그림 5-8〉 불이익 발생시 대응방식

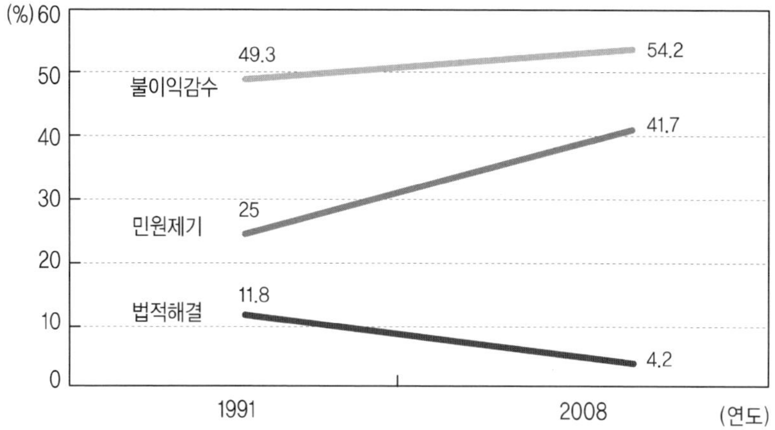


지방자치와 지방행정을 시민 개개인의 입장에서 접근할 때 중요한 것은 영향력 행사는 하지 못하더라도 최소한 불이익은 당하지 않아야 한다는 것이다. 이런 관점에서 보면 1991년 지방자치가 재개되던 시점보다 최근의 상황은 상당히 호전된 것으로 나타난다. 〈그림 5-7〉에 정리된 것처럼 지난 수년간 지방행정기관으로부터 불이익을 당한 적이 있다고 응답한 비율이 13.6%에서 8.6%로 크게 줄어들었기 때문이다.

그런데 흥미로운 사실은 불이익을 받았을 때 대응하는 방식이 1991년에 비해 많이 바뀌었다는 것이다. 〈그림 5-8〉에 보면 2008년에는 1991년보다 민원에 의지한다는 비율이 많이 늘었고, 이에 반해 법적 해결의 비중은 많이 줄었다. 그러나 불이익을 감수한다는 비율이 49.3%에서 54.2%로 늘어났다는 것은 춘천시와 춘천시의회, 춘천시 시민단체들이 크게 관심을 기울여야 할 대목이다. 전체적으로 볼 때 과거에 비해 불이익을 경험했다는 응답자의 비율은 줄어들었지만, 일단 불이익이 발생했을 때 참거나 포기하는 비율은 늘고 있다는 점이 확인되었다.

## 4. 지방자치와 지방정치의 가치 갈등

### 1) 물질주의와 탈물질주의 사이의 갈등

"춘천이 살기 좋은 곳인가?"라는 일반적 질문에 대해 응답자의 88.8%는 그렇다고 답변했다. 여러 요소를 종합적으로 고려할 때 생활여건 전반이 대체로 살기 좋다고 판단하는 것이다(〈그림 5-9〉).

〈그림 5-9〉 춘천의 생활여건 평가

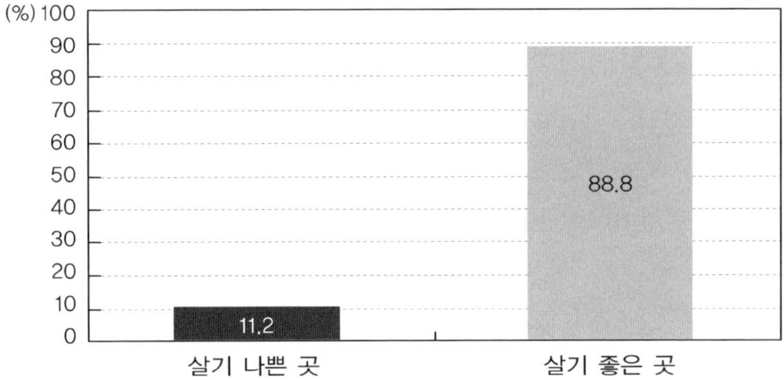


〈그림 5-10〉 춘천 경제여건의 어려움

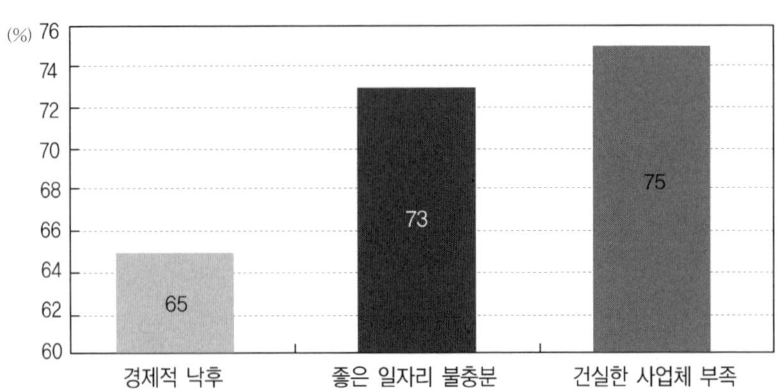

〈그림 5-11〉 춘천발전의 중심 방향

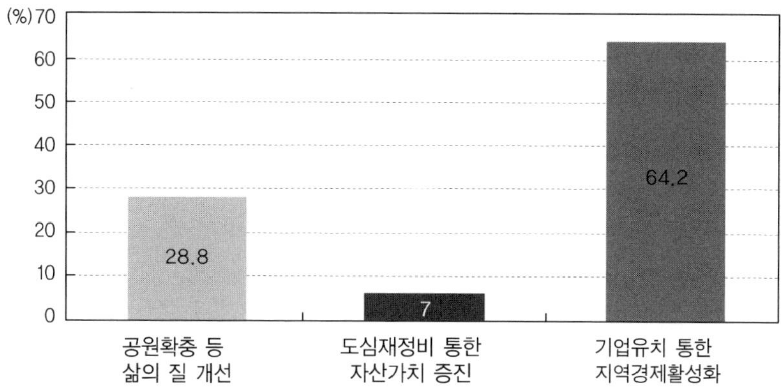


그러나 경제문제로 들어가면 이야기가 달라진다. 대다수의 응답자들은 춘천이 경제적으로 낙후되었고(65%), 좋은 일자리가 불충분하며(73%), 건실한 사업체가 많이 부족하다고(75%) 답변했다(〈그림 5-10〉). 따라서 일반적으로 살기가 좋다는 것은 춘천의 자연환경, 생활환경, 서울과의 인접성 등을 중심으로 하는 평가이고, 경제적 측면에서는 여러 가지로 부족하다고 느끼는 것이 춘천시민들의 일반적 평가이다.

이런 양면적 판단에 기초하여 춘천시민들은 춘천의 발전방안을 모색할 때 공원이나 문화시설 확충을 통한 삶의 질 개선(28.8%)과 같은 '탈물질주의적 발전'보다는 기업이나 산업시설 유치를 통한 지역경제 활성화(64.2%)와 같은 '물질주의적 발전'이 더 중요한 과제라고 응답하였다(〈그림 5-11〉). 도심재정비를 통한 자산가치의 증진도(7%) 기본적으로 지역경제 활성화의 한 과제이기 때문에 결국 물질주의적 가치를 반영하는 응답이 71.2%로서 압도적 우위를 차지했다.

이 결과를 두고 우리는 두 가지 상이한 현상을 추론할 수 있다. 첫째, 많은 춘천시민들이 경제우선의 가치관 또는 물질주의적 가치관을 중시하므로 춘천의 발전단계가 아직 물질중심의 성장단계에 머물러 있다고 추정할 수 있다. 둘째, 공원, 산책로, 문화시설, 복지시설 확충과 같이 삶의 질을 중시하는 시민들이 약 30%에 이르므로 탈물질주의적 가치관을 추구하는 사람들의 비율이 '임계질량'(*critical mass*)의 범위를 넘어서 이제 시정에 중요한 영향력을 행사하기 시작했다고 볼 수도 있다.

이 두 가지 흐름 중 아직은 전자, 즉 물질주의적 성장론이 더 우세하다고 볼 수 있다. 그러나 상당수의 시민들이 삶의 질에 관심을 가지기 시작했고, 또 물질주의와는 다른 요구를 하기 시작했다는 점에서 시민들 사이에 적어도 잠재적으로는 가치관의 상충이 발생한 것으로 판단된다. 춘천시에 존재하는 다양한 사회집단들 중 사업가, 건설업자, 부동산 보유집단, 자영업자, 저소득층은 여전히 강한 물질주의적 가치관을 가지고 있고, 이에 반해 교수·언론인·교사 등의 전문가집단, 문화예술인, 중산층 등은 뚜렷한 탈물질주의적 가치관을 가진 것으로 관측된다. 앞으로 보다 정밀한 조사연구를 통해 이들 사회집단 사이에 존재하는 가치관의 차이를 규명해야 하겠지만, 이번 조사에서 드러난 차이만으로도 물질주의적 지향과 탈물질주의적 지향 사이의 차이와 충돌은 향후 자치단체의 정책결정과 자원배분에 많은 갈등을 초래할 가능성이 클 것으로 예측할 수 있다.

### 2) 춘천시 발전방향의 혼선

춘천은 '천의 얼굴'을 가진 도시로 알려졌으며, 어느 한 방향으로 발전 비전을 설정하기가 어렵다. 그래서 많은 사람들은 춘천의 복합적 측면을 강조했고, 이 조사에서도 춘천의 다양한 모습이 다시 한 번 확인되었다. 〈그림 5-12〉에 제시된 것처럼 약 40%의 응답자들은 춘천의 대표적 이미지로서 관광·레저도시를 선택했고, 21% 내외의 응답자들은 각각 전원도시와 문화·예술도시를 선택했다.

〈그림 5-12〉 춘천의 대표적 이미지

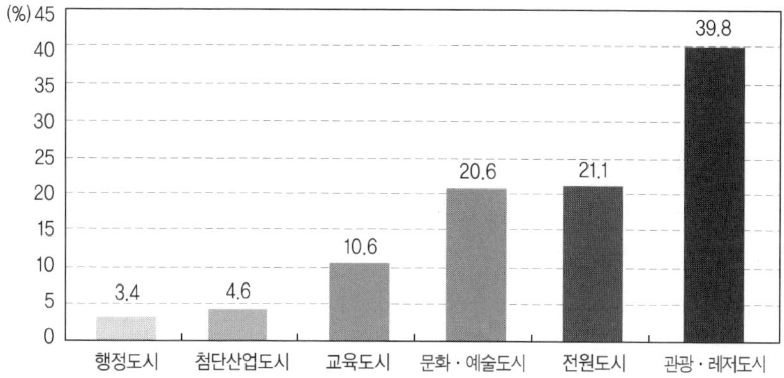


그런데 이번 조사에서 발견된 춘천의 대표적 이미지는 과거의 조사에서 제시되었던 춘천의 모습과는 꽤 큰 편차를 보인다. 먼저 1991년의 조사에서 다수 응답자들은 춘천의 발전방향으로 교육도시, 문화 · 관광도시를 선택하였고, 1999년 조사에서 다수의 응답자들은 첨단산업도시와 문화 · 관광도시를 선택한 바 있다. 그러나 이번 조사에서는 관광 · 레저도시를 중핵으로 하여 전원도시와 문화 · 예술도시의 모습이 부가적으로 강조되었다. 1991년에 강조되었던 교육도시는 10.6% 수준으로 떨어졌고, 1999년에 강조되었던 첨단산업도시는 4.6% 수준으로 줄어들었다.

어떻게 해서 이러한 차이가 발생하게 되었는가? 여러 가지 요인이 제시될 수 있겠지만 가장 중요한 요인은 아마도 각 시기별로 특정 시장이 특정 도시비전을 강조했기 때문이라고 생각된다. 주지하듯 민선자치가 시작되기 전인 1991년의 춘천시 이미지는 교육과 문화를 중심으로 하는 '정태적' 이미지였다. 그런데 그 이후 민선단체장 시대가 개막되면서 '역동적' 지역발전을 위해 어느 시기에는 첨단산업도시를 강조했다가 다른 시기에는 관광 · 레저도시를 강조하면서 춘천시민들도 그러한 주장에 강하게 반응하게 된 것이다. 그 결과, 시기에 따라 춘천시의 대표 이미지 또는 발전 비전이 상이하게 나타나게 된 것이다.

이렇게 보면 춘천시는 많은 얼굴을 가지고 있는 도시이며 시장이나 시민 모두 춘천시의 어떤 모습을 더 발전시킬 것인지에 대해서 폭넓은 합의를 형성하기가 쉽지 않다는 것을 확인할 수 있다. 이러한 현상은 현재에도, 그리고 향후에도 상당히 오랜 기간 동안 지속될 것으로 예측할 수 있다. 특히 위에서 살펴본 것처럼 앞으로 어느 정도 시간이 흐르면 물질주의 가치관과 탈물질주의 가치관 사이의 갈등이 더욱 두드러지게 될 것이므로 춘천의 미래모습에 대해 쉽게 동의하기가 어려울 것으로 전망된다.

그러나 1991년 이후 지금까지 전 기간에 걸쳐 관광과 문화는 지속적으로 공통의 지역발전 요소로 인식되고 있음을 발견할 수 있다. 이 공통 요소에 다른 요소가 가미되어 시기별로 상이한 도시모습이 형성되는 것으로 이해된다. 그런데 춘천시민들 사이에는 상당히 다른 가치관과 도시비전이 상충하고 있으므로 앞으로 단체장 선거와 시의회 선거를 전후하여 폭넓은 대화와 토론을 통해 최대한 공감할 수 있는 발전방향이 설정되어야 할 것이다.

## 5. 춘천시 지방자치의 미래

### 1) 춘천시의 당면과제

춘천시민들은 춘천시가 많은 당면과제를 해결해줄 것을 주문한다. 〈그림 5-13〉에 정리된 것처럼 춘천시민들은 양질의 일자리 창출, 고속도로 및 도로망 개선, 지식기반형 기업도시 조성 등 여러 가지 현안과제의 해결을 춘천시에 기대하고 있다. 그런데 그 중에서도 복

〈그림 5-13〉 춘천의 당면 현안

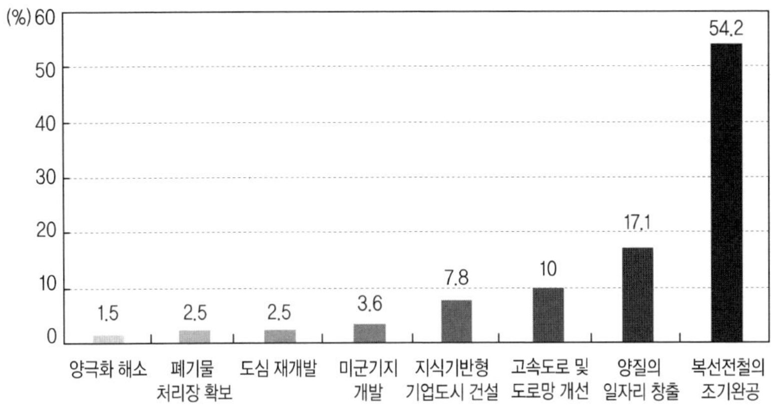


선전철의 조기완공을 가장 중요한 과제로 지적하였다. 다른 과제들에 대해서는 대략 10% 내외의 응답을 보이는데 반해, 유독 이 과제에 대해서는 무려 54.2%의 응답자들이 춘천시의 가장 중요한 과제라고 답변했다. 그만큼 이 과제가 시급하고 중요하다는 것을 웅변으로 말해준다고 생각된다.

한편 춘천시민들은 춘천시가 향후 시정을 펼쳐나감에 있어서 장기발전계획을 수립·추진해야 함을 강조하고 있다(40.2%). 그 외에 주민의 민원해결(18.9%), 춘천시의 당면 숙원사업 해결(18,2%), 재정자립도 제고(16.6%) 등도 함께 강조하였다(〈그림 5-14〉 참조). 이러한 내용들은 모두 지방자치 시대에 춘천시가 역점을 두어야 할 자치행정의 핵심 콘텐츠이기도 하다. 자치단체로서는 주민의 소득을 증진하고 주민의 요구에 부응하기 위해 당연히 여기서 열거된 과제들에 집중해야 하기 때문이다.

다만 한 가지 유의할 것은 여러 과제들 중에서 다수의 시민들이 장기발전계획의 수립과 추진을 강조하였다는 점이다. 그러면 왜 시민들이 이 문제를 특히 강조하는가? 이 문제에 대해서는 여러 해석

〈그림 5-14〉 춘천시가 향후 역점을 두어야 할 사항

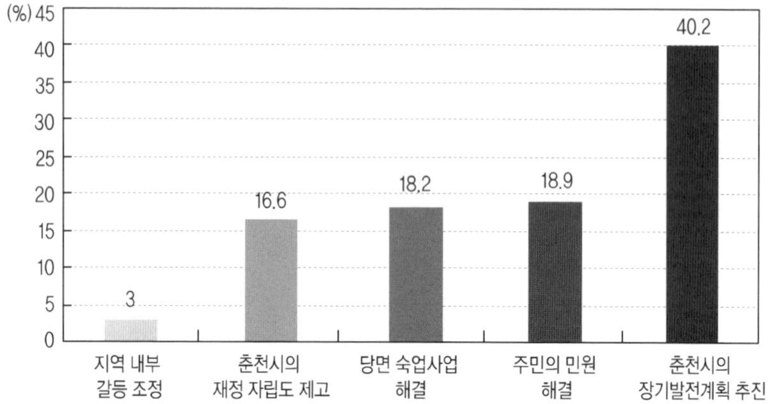


이 가능하다. 일반적으로는 장기발전계획을 제대로 수립하고 추진해야 도시의 체계적 발전이 가능하다고 보기 때문으로 생각할 수 있다. 다르게 보면, 시민들은 춘천시청이 현재 마련한 장기발전계획에 대해 잘 모르거나 그것을 별로 탐탁지 않게 생각하기 때문일 수도 있다. 이번의 조사로는 그 이유가 무엇인지를 제대로 파악하지 못하였다. 향후 이 문제에 대한 체계적 조사연구가 이루어져 지자체와 시민 사이에 존재하는 오해와 갈등 요인이 무엇인지, 그것을 해소할 수 있는 방안은 무엇인지 규명되어야 할 것이다. 특히 주권자인 시민들의 요구와 관심이 지자체의 장기발전계획 수립에 반영될 수 있는 길을 찾고, 지자체의 시정방향이 시민들의 관심과 어긋날 때 그것을 교정할 수 있는 제도적 장치가 마련되어야 할 것이다.

### 2) 내생적 발전과 외생적 발전의 조화

위에서 춘천시민들은 복선전철의 조기완공과 고속도로 및 도로망의 개선을 춘천의 중요한 당면과제로 인식한다는 점을 지적하였다.

〈그림 5-15〉 교통망 개선의 효과

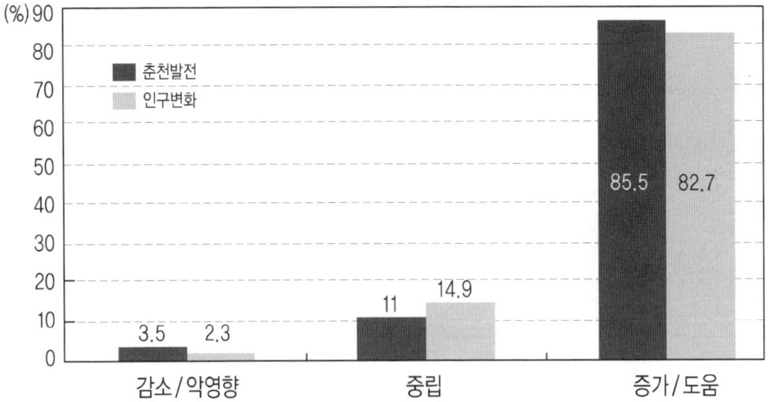


그런데 이 과제에 대한 춘천시민들의 기대는 상상 이상으로 엄청나게 크다는 사실을 제대로 이해할 필요가 있다. 〈그림 5-15〉에 제시된 것처럼 춘천시민들의 절대 다수는 서울-춘천 간 복선전철과 고속도로망이 정비되면 춘천의 인구가 빠르게 늘어나는 것은(85.5%) 물론 춘천의 발전이 촉진될 것으로(82.7%) 확고하게 믿기 때문이다.

또한 〈그림 5-16〉에서는 교통망이 개선됨으로써 외부기업 유치(62.3%)와 관광객 유치(68.6%)가 촉진되고 지역상권이 활성화(41.6%)될 것이라는 큰 기대감이 드러나 있다. 이것을 보면 춘천시민들이 경춘간 복선전철과 고속도로의 개통이 어려움에 처한 지역경제를 살리는 데 큰 기여를 할 것이라는 점에 대해 얼마나 큰 기대를 가졌는지 확인할 수 있다. 흥미로운 것은 많은 사람들이 그러한 기대가 지나쳐서 춘천과 서울 사이에 전철과 고속도로가 개통되기만 하면 모든 문제가 다 해결될 것처럼 생각한다는 사실이다. 마치 2차 대전 당시 미군의 수송기들이 올 때 마다 엄청난 구호품이 공급되는 것을 보고 호주의 원주민들이 '수송기 신앙'(*cargo cult*)을 가지게 되었던 것처럼, 전철과 고속도로에 대한 높은 기대는 많은 춘천시민들이 고속교

〈그림 5-16〉 교통망 개선의 효과

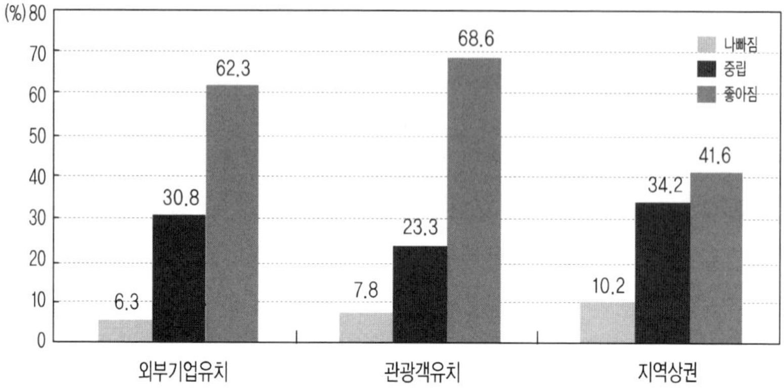


통망이 뚫리기만 하면 그동안의 숙원이 모두 해결될 것처럼 생각하는 일종의 '수송로 신앙'(*railway/highway cult*)을 가진 것은 아닌지 의구심이 든다.

이러한 사실은 춘천시민들이 춘천의 발전을 위해 다른 어느 곳과의 교류보다 중앙과의 교류, 수도권과의 교류를 더 중시하는 데서도 잘 드러난다. 〈그림 5-17〉에 제시된 것처럼, 춘천시민들은 춘천과 타 지방과의 교류나 외국 타 지역과의 교류보다도 중앙 및 수도권과의 교류를 훨씬 더 중요하게 생각하는 것이다(59.9%).

춘천시민들이 중앙 및 수도권과의 교류를 중시하고 그래서 수도권과 춘천을 빠르게 이어줄 전철과 고속도로를 학수고대한다는 것은 충분히 이해할 수 있는 일이다. 그러나 한 가지 중요한 사실은 지방자치의 역량을 강화하고 지역발전을 이루어나가는 것은 외부자원에 대한 의존만으로는 힘들다는 것이다. 앞으로 복선전철과 고속도로가 개통되었을 때 그것을 활용하기 위한 춘천 내부의 전략이 마련되고 충분한 내적 역량이 갖추어지지 않는다면, 춘천과 수도권을 연결하는 그 수송로가 역으로 춘천시민들과 춘천의 자원을 수도권으로 빨아들이는 빨대의 통로가 될 수도 있으며 수도권의 기업과 상인이 춘천에

〈그림 5-17〉 춘천의 발전을 위한 교류

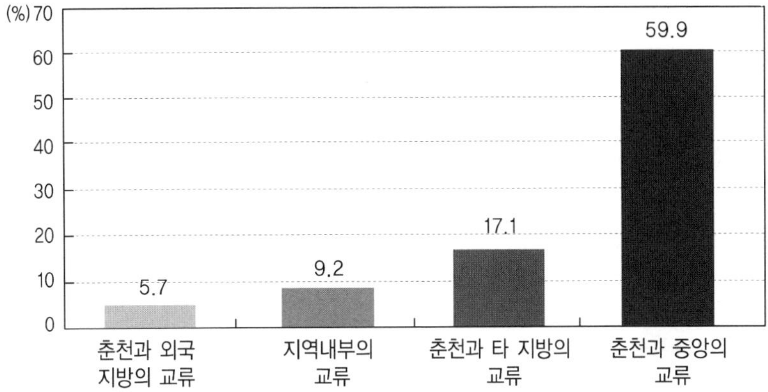


진출하여 경제적 이익을 독차지하는 통로가 될 수도 있기 때문이다.

따라서 중요한 것은 고속교통망의 개통과 함께 열리는 엄청난 새로운 기회를 활용하기 위해 내부의 혁신역량과 협조체계를 제대로 구축하는 일이다. 그리고 이러한 틀 속에서 춘천의 핵심적 잠재력을 최대한 살릴 수 있는 효과적 중장기발전 전략을 수립하는 일이 중요하다. 이를 위해 춘천시, 지역대학, 지역언론, 지역소재 기업, 시민단체 등 다양한 주체들이 함께 모여 토론하고 각자의 역량을 결집할 수 있는 지역혁신체계(*regional innovation system*)를 구축하도록 해야 한다.

## 6. 결 론

자치시대에 이어 개방시대를 맞이하고 있지만 춘천시민들의 인식은 아직도 중앙정부와 수도권에 많은 것을 의지하려는 강한 의존성을 보인다. 이러한 태도는 중앙정부와 수도권이 주요한 정치행정적 권력과 경제적 자원을 보유하는 상황에서 지역발전을 위해 어쩔 도리 없이 중앙정부와 수도권의 도움을 받아야 하는 불가피한 전략적 고려에서 나온 것일 수도 있다. 그러나 과연 그런 중앙의존·수도권 의존적 태도가 자치시대에 부합하는 것인지, 수도권 이외의 다른 지역과 해외의 많은 지역들을 대상으로 더 폭넓게 교류해야 하는 개방시대에 적절한 태도인지 자문해보아야 할 것이다.

2009년 7월에 경춘 고속도로가 개통되고 2010년에 경춘선 복선전철이 개통되면 춘천은 고립된 원격지역에서 수도권에 통합된 근접지역으로 탈바꿈하게 된다. 이렇게 될 때 두 가지의 상반된 결과가 예상된다. 우선 춘천과 수도권 사이에 사람의 흐름(*flow*)이 더욱 확대되고 지역의 관광산업이 활성화되는 등 지역경제 발전의 새로운 계기가 조성될 것이다. 그러나 다른 한편으로 춘천과 수도권 사이의 고속교통망이 춘천의 사람과 자원을 밖으로(수도권으로) 빨아내는 빨대로 작용하여 지역경제를 위축시키는 예상치 못한 결과가 초래될 수도 있다.

이런 상황에서 지역의 정체성을 살리면서 지역발전을 도모하기 위해서는 무엇보다도 춘천시민과 지방자치단체가 중앙정부와 수도권에 이념적·지적으로 종속되지 않겠다는 강한 자기인식과 정체성이 필요하다. 이와 함께 지자체, 지방대학, 연구소, 지역기업, 언론, 시민사회가 광범위한 협력네트워크를 형성하여 협치(協治) 구조와 지역혁신체계를 구축하는 것이 필요하다.

이런 틀 속에서 지역혁신 네트워크에 동참하는 모든 주체들이 지식, 정보, 지혜를 결집하여 고도의 집단지성(*group genius*)을 발휘하도록 해야 할 것이다. 춘천은 배후에 수도권이라는 엄청난 시장과 아름다운 농·산촌을 함께 보유한 절묘한 지리적 위치를 가졌다. 이러한 지리적 이점을 최대한 활용하여 지역의 발전과 주민의 행복한 삶을 뒷받침하기 위해서는 춘천시청과 춘천시민이 지역사회 내부의 집합적 창조역량을 충분히 확충하고 외적 기회를 최대한 활용해야 한다. 그래야만 21세기 세계화 시대, 개방시대를 맞이하여 춘천시가 새로운 창조의 중심이 되어 춘천을 변모시키고, 나아가 다른 도시에 대해 혁신과 변화의 모범사례가 되어 새로운 변화의 정보발신지로 발돋움할 수 있을 것이다.

6

# 지역사회 소수자로서 다문화가족 신경아 · 박기남

## 현실과 문제

### 1. 다문화사회와 결혼이민자가족

한국사회가 다문화사회로 들어섰다는 인식이 확산되고 있다. 다문화사회(*a multi-cultural society*)란 민족적 · 문화적 다양성을 사회의 기본 구성 원리로 받아들이고 그것을 증진하는 것이 사회발전에 긍정적인 것으로 보며, 사회 집단들이 서로 다른 문화와 정체성을 유지 · 발전시켜려는 노력을 인정하는 사회를 가리킨다(황정미 외, 2007). '단일민족' 이념과 순혈주의적 전통이 강한 한국사회에서 다문화주의의 선언은 사회를 구성하는 기본 원리 자체가 바뀌고 있음을 인정하는 동시에 혈연을 중심으로 한 가족과 친족, 지역사회 전반의 인간관계와 생활양식에 중대한 도전이 주어졌음을 의미한다.

다문화사회로의 전환을 가져오는 첫 번째 계기는 외국인주민의 증가이다.[1] 2008년 7월 현재 강원도에 거주하는 외국인주민은 15,236

---

1) 2008년 7월, 우리나라에 거주하는 외국인주민은 891,341명으로 인구의 1.8%에 해당한다(국적취득자와 불법체류자를 포함한 수치임). 이는 2007년의 72만3천 명에 비해 23.3% 증가한 것으로 우리 사회에서 외국인 거주

명으로 전체 외국인주민의 1.7%에 해당한다. 이들은 주로 취업이나 결혼, 교육과 훈련 등을 목적으로 한국에 들어온 사람들이다. 이중 다문화사회를 구성하는 가장 핵심적 집단은 결혼이주에 의해 구성된 가족이다.[2] 보통 '국제결혼'이라고 불리는 외국인과 한국인 사이의 결혼은 1990년대 초반부터 꾸준히 증대되어 2007년 국내에서 이뤄지는 결혼의 11.1%(38,941건)를 차지하였다. 이 중 대다수가 한국인 남성과 아시아 출신 여성 사이에서 이루어진다.

강원도 내 결혼이민자는 3,636명으로 이중 국제결혼이주자가 2,665명이며 혼인귀화자가 971명이다. 결혼이민자 가족에서 태어난 자녀는 2,590명으로 집계되었다. 춘천시 역시 결혼이민자 가족이 증가하고 있으며, 결혼이민자 자녀도 늘어나고 있다. 2007년 12월말

---

자가 빠른 속도로 증가하는 현상을 보여준다. 이 중 결혼이민자(국제결혼이주자 및 혼인귀화자)는 144,385명으로 외국인주민의 16.2%를 차지한다. 그 결과 한국인과 외국인 배우자로 구성된 '다문화가족'도 14만 4천여 가구에 이르며 다문화가족의 자녀는 5만 8천여 명을 넘어섰다. 이러한 현실에 대해 "한국은 이미 다민족·다문화 사회에 진입했다"는 지적이 여러 차례 제기되었다(행정안전부 지방행정국, 〈2008년 지방자치단체 외국인주민 실태조사 결과〉).

2) 결혼이민자란 국제결혼을 통해 한국사회로 이주해 온 외국인들을 가리키는 공식적인 용어이다. 〈다문화가족지원법〉 제2조는 '다문화가족'과 '결혼이민자'에 대해 다음과 같은 정의를 내리고 있다.

1. '다문화가족'이란 다음 각 목의 어느 하나에 해당하는 가족을 말한다.
   가. 〈재한외국인 처우 기본법〉 제2조 제3호의 결혼이민자와 〈국적법〉 제2조에 따라 출생시부터 대한민국 국적을 취득한 자로 이루어진 가족
   나. 〈국적법〉 제4조에 따라 귀화허가를 받은 자와 같은 법 제2조에 따라 출생시부터 대한민국 국적을 취득한 자로 이루어진 가족
2. '결혼이민자 등'이란 다문화가족의 구성원으로서 다음 각 목의 어느 하나에 해당하는 자를 말한다.
   가. 〈재한외국인 처우 기본법〉 제2조 제3호의 결혼이민자
   나. 〈국적법〉 제4조에 따라 귀화허가를 받은 자

〈표 6-1〉 한국인과 외국인 부부의 이혼

단위: 건, %

| | 2002 | 2003 | 2004 | 2005 | 2006 | 2007 |
|---|---|---|---|---|---|---|
| 총 이혼건수 | 145,324 | 167,096 | 139,365 | 128,468 | 125,032 | 124,590 |
| 외국인과의 총 이혼 | 1,866 | 2,164 | 3,400 | 4,278 | 6,280 | 8,828 |
| 총 이혼 대비 구성비 | 1.3 | 1.3 | 2.4 | 3.3 | 5.0 | 7.1 |
| 증감 | - | 298 | 1,236 | 878 | 2,002 | 2,548 |
| 증감률 | - | 16.0 | 57.1 | 25.8 | 46.8 | 40.6 |
| 한국인남편+외국인 처 | 401 | 583 | 1,611 | 2,444 | 4,010 | 5,794 |
| 증감률 | - | 45.4 | 176.3 | 51.7 | 64.1 | 44.5 |
| 한국인처+외국인남편 | 1,465 | 1,581 | 1,789 | 1,834 | 2,270 | 3,034 |
| 증감률 | - | 7.9 | 13.2 | 2.5 | 23.8 | 33.7 |

* 출처: 통계청, 《인구동태(혼인) 2007》.

자료에 따르면 춘천시에 거주하는 외국인은 2,500여 명에 이르며 이 중 결혼이민자는 409명으로 나타났다.[3)]

국제결혼은 한국사회의 인구재생산과 가족문제를 해결하는 주요 수단의 하나라는 점에서 거스를 수 없는 대세이지만, 국제결혼 가정의 안정성은 새로운 사회문제로 제기되었다. 〈표 6-1〉에서 2002년부터 2007년까지 국제결혼 부부의 이혼율을 살펴보면, 총 이혼건수 중 국제결혼 부부의 이혼 비중이 1.3%(1,866건)에서 7.1%(8,828건)로 커진 것을 볼 수 있다. 특히 한국인 남편과 외국인 부인의 이혼이 크게 늘어 매년 40%이상 증가하는 것으로 나타난다. 이러한 수치는 전체 결혼 중에서 국제결혼의 비중이 커짐에 따라 나타나는 현상이기는 하지만, 그 증가 속도가 매우 빠르며 여성결혼이민자 가족이 더욱 불안정할 수 있다는 사실을 알려준다.

결혼이민자가족의 불안정성과 관련해서는 지금까지 두 가지 방향으로 논의가 전개되었다. 대다수의 연구들은 가족의 형성 계기나 과

3) 춘천시청 내부 자료.

정에서 여러 가지 문제가 나타날 수 있고 그 결과 가족생활에 어려움을 겪을 수 있다는 사실을 지적했다(설동훈 외, 2005; 설동훈·윤홍식, 2005; 김오남, 2005). 이에 비해 최근 소수의 연구지만 결혼이민자가족이 한국의 다른 가족에 비해 특별히 더 불안정한 것은 아니라는 주장도 제기되었다(김민정 외, 2006; 김민정, 2007). 이 점은 앞으로 더 많은 연구가 축적되면서 분명해지겠지만, 지역이나 계층별 차이를 살펴볼 필요가 있다.

그러나 어떤 지역에서든 결혼이민자가족은 사회적 소수집단(*minority groups*)이다. 성(性, *gender*), 인종, 국적과 같은 전형적인 사회학적 범주는 물론, 장애 여부, 출신지역, 정치적 이념 등 인간의 정체성(*self-identity*)을 구성하는 모든 요소들에 따라 서로 다른 경계를 갖는 집단들이 형성될 수 있다. 이 중 자신들이 가진 차이(差異)로 인해 불이익과 차별의 대상이 되기 쉬우며 수적으로 규모가 작아 지역사회 내 의사결정과 권력구조에서 소외될 수 있는 사람들의 범주를 소수집단이라고 부른다. 결혼이민자가족은 현재 한국사회에서 소수집단이 가진 취약성을 매우 명확하게 보여주는 대상이라고 할 수 있다. 따라서 한 지역사회 내 결혼이민자가족이 놓인 현실적 조건에 대한 탐구는 해당 지역사회의 민주주의와 사회적 배려, 시민의식의 성숙 정도를 가장 정확하게 드러낼 수 있는 지표가 된다. 이 장은 춘천지역 내 다양한 소수집단의 하나로서, 그리고 가장 큰 취약성을 가진 집단으로서 결혼이민자가족의 상황을 살펴보고 그들을 둘러싼 지역사회 전체가 해결해야 할 과제는 무엇인지 탐색해 보고자 한다.

결혼이민자가족의 공식적 명칭은 '다문화가족'이다. 정부가 2008년 9월부터 〈다문화가족지원법〉을 시행하면서 명칭도 통일했다. 그러나 이 명칭과 제도화 과정에서 드러나듯이 '다문화가족'나 '다문화사회'라는 개념은 아직 한국사회에서 충분히 정착되지는 못하였다. 위에서부터 아래로 이식된, 통치를 위한 도구적 개념이기 때문이다(김현미, 2006). 다문화주의라는 이념의 타당성은 의심할 바 없지만, 그것은 아직 시민사회 구성원들의 요구보다는 통치적 필요성에 의해 선언적으로 제시된 관념의 수준을 넘어서지 못한다.[4] 따라서 '결혼이민자가족'이 '다문화가족'으로 가기 위해서는 정치경제적 제도화는 물론 사회문화적 관행의 변화에 이르기까지 넘어야 할 산이 적지 않다. 이 장에서는 춘천시에 거주하는 결혼이민자가족의 상태를 살펴보고 이들이 다문화사회를 열어가는 주체로 서기 위해 필요한 과제는 무엇인지 살펴볼 것이다.

## 2. 연구방법

### 1) 설문조사

이 조사는 2008년 5월부터 8월 사이에 이루어졌다. 조사를 위해 사용한 결혼이민자 주소록은 2007년 12월말 집계된 자료(춘천시청, 춘천시 법무부 출입국관리사무소 제공)로 총 409가구였으며 이 중 여성결혼이민자 가구가 361가구, 남성결혼이민자 가구가 48가구로 나타났다. 이들 409가구에 대해 전수 설문조사를 실시하여, 회수된 307가구(여성 291가구, 남성 16사례) 중 통계적으로 유의미한 여성결혼이민자 291가구에 대해 설문을 분석하였다. 조사내용은 국제결혼과정, 부부 및 가족관계, 자녀양육 및 자녀와의 관계, 사회생활과 사회적 관계망, 경제활동실태와 욕구, 복지실태 및 서비스 욕구, 인적 사항 등 총 7개 영역 106문항으로 구성되었다.

4) 그 한 예로, 한국은 아직 가족이민을 제도적으로 허용하지 않고 있다. 그런 점에서 다문화주의를 실현하였다고 보기는 어렵다.

당초 설문대상인 409가구 중 설문조사에 응한 가구는 307가구였다. 이 연구팀은 조사원 교육과 점검을 통해 춘천시 거주 결혼이민자 가구를 일일이 방문하도록 하였으나, 조사시점에 이미 상당수의 가구는 주소지를 떠나 연락 두절의 상태였으며, 가족 해체의 상황에 이른 것으로 판단되는 가구도 적지 않았다.[5] 따라서 설문조사에 응하지 않은 100여 가구의 상당수는 조사 시점인 2008년 5월 당시 정상적 가족생활을 하지 못하는 상태라고 해석될 수 있다.

### 2) 심층면접

설문 분석에 사용된 여성결혼이민자 291사례 중 출신국가, 계층, 취업여부, 거주기간, 가족구성(자녀 유무, 시부모 동거여부)을 기준으로 20개의 사례를 선정하고, 남편과 시부모, 자녀 등 가족 10명과 관련 기관들의 담당자 10명 등 총 40명을 대상으로 7~8월에 걸쳐 심층면접을 실시하였다.

조사내용은 부부관계와 자녀양육 등 가족생활과 지역사회 내 인간관계, 소득과 생활, 문화적 차이, 자아정체감, 성역할 등에 관련된 심층적인 의식과 경험이다. 그 밖에 지역사회의 관계자들과는 복지서비스와 정책 대안을 중심으로 면접을 실시했으며, 여기에는 지역사회 구성원들이 다문화가족을 바라보는 시선과 그들의 수용성에 대한 질문도 포함하였다.

심층면접 참여자를 선정하여 전화로 면접 참여 의사를 물었을 때 여성결혼이민자들은 모두 동의하거나 매우 적극적으로 찬성을 표시하였다. 반면 가족들은 반대하는 경우가 적지 않았는데, 특히 남성들의 거부감이 컸다. 이를 통해 국제결혼을 한 남성들이 외부인에게

---

5) 조사원들이 가가호호 방문하면서 이웃들의 증언을 수집해 파악하였다.

가족관계를 드러내고 싶어 하지 않는 것을 알 수 있었으며, 이런 남성들의 태도는 면접에 응하고자 하는 여성결혼이민자들의 태도와 대조되었다.

〈표 6-2〉 심층면접 대상자 내역

단위: 명

| 구분 | | 전체 |
|---|---|---|
| 여성결혼이민자 | 베트남 | 6 |
| | 필리핀 | 5 |
| | 중국 조선족 | 5 |
| | 중국 한족 | 3 |
| | 스리랑카 | 1 |
| | 소계 | 20 |
| 가족 | 남편 | 4 |
| | 자녀 | 1 |
| | 시부모 | 5 |
| | 소계 | 10 |
| 여성결혼이민자 관련 지역사회 서비스 담당자 | 춘천결혼이민자센터 | 2 |
| | 동내도서관 | 1 |
| | 보건소 | 2 |
| | 교육청 및 초등교사 | 2 |
| | 어린이집원장 및 보육교사 | 2 |
| | 부녀회장 | 1 |
| | 소계 | 10 |
| 전체 | | 40 |

## 3. 다문화가족의 현황과 주요 특징: 설문조사 결과

### 1) 사회인구학적 특성

#### (1) 연 령

춘천시에 거주하는 여성결혼이민자의 평균 연령은 33.3세로서 최저 19세에서 최고 62세로 연령의 분포가 매우 넓다. 연령대별로 20대가 38.5%로 가장 많고, 30대가 36.4%, 40대가 21.3%, 그리고 50세 이상이 3.8%로 여성결혼이민자의 75%정도가 20~30대의 연령대에 집중되어 있다. 평균연령을 출신국적별로 보면, 일본 여성이 41.2세, 중국조선족 여성 39.2세로 다른 국적 출신 여성들보다 연령이 높은 편이며, 베트남 여성이 24.9세로 연령이 가장 낮다. 현재 국내에 거주하는 여성결혼이민자들 가운데 일본 여성들이 다른 나라 출신들보다 나이가 가장 많으며, 베트남 여성이 가장 어리다는 특성은 기존의 여러 연구들에서도 확인된 결과이다(설동훈 외, 2005; 한경연, 2006; 정기선 외, 2007). 일본과 필리핀 여성은 1990년대 중반 통일교의 사업으로 한국에 들어온 사람들로 가장 긴 한국거주 경험을 가졌다.

여성결혼이민자와 한국인 남편 부부간의 연령차는 한국인 남편이 외국인 부인보다 평균 11.2세 높게 나타났다. 외국인 부인이 연상인 경우는 3.8%에 불과했다. 한국인 남편이 10세 이상 연상인 경우가 38.5%이며, 20세 이상도 15.1%이나 되었다. 한국인 남편과 외국인 부인간의 연령차이 중에서 베트남 부인이 18.9세로 가장 많았으며, 일본 부인은 3.4세로 가장 적었다.

〈표 6-3〉 출신국적별 여성결혼이민자의 연령

단위: %, 세, 명

| 구분 | 중국 조선족 | 중국 한족 | 일본 | 베트남 | 필리핀 | 기타 | 전체 | 통계값 |
|---|---|---|---|---|---|---|---|---|
| 19~29세 | 6.5 | 32.0 | 2.6 | 87.7 | 29.5 | 53.8 | 38.5 | |
| 30~39세 | 53.2 | 44.0 | 28.9 | 9.9 | 56.8 | 38.5 | 36.4 | |
| 40~49세 | 28.6 | 24.0 | 28.9 | 1.2 | 13.6 | 7.7 | 21.3 | |
| 50세 이상 | 11.7 | .0 | 2.6 | 1.2 | .0 | .0 | 3.8 | |
| 합계 | 100.0 | 100.0 | 100.0 | 100.0 | 100.0 | 100.0 | 100.0 | |
| 평균 | 39.19 | 34.08 | 41.16 | 24.93 | 33.18 | 29.54 | 33.27 | F=50.00 $p < .001$ |
| 표준편차 | 8.74 | 6.85 | 5.64 | 5.28 | 5.93 | 5.62 | 9.05 | |
| 사례수 | 77 | 25 | 38 | 81 | 44 | 26 | 291 | |

〈표 6-4〉 여성결혼이민자의 출신국적별 한국인 남편과의 연령 차이

단위: %, 세, 명

| 구분 | 중국 조선족 | 중국 한족 | 일본 | 베트남 | 필리핀 | 기타 | 전체 | 통계값 |
|---|---|---|---|---|---|---|---|---|
| 1~11세 부인연상 | 5.2 | .0 | 13.2 | .0 | .0 | 7.7 | 3.8 | |
| 동갑 | 3.9 | .0 | 5.3 | 1.2 | .0 | .0 | 2.1 | |
| 1~4세 남편연상 | 11.7 | 12.0 | 50.0 | 2.5 | 6.8 | 15.4 | 13.7 | |
| 5~9세 남편연상 | 40.3 | 60.0 | 21.1 | 1.2 | 43.2 | 15.4 | 26.8 | |
| 10~19세 남편연상 | 37.7 | 28.0 | 10.5 | 50.6 | 47.7 | 38.5 | 38.5 | |
| 20세 이상 남편연상 | 1.3 | .0 | .0 | 44.4 | 2.3 | 23.1 | 15.1 | |
| 합계 | 100.0 | 100.0 | 100.0 | 100.0 | 100.0 | 100.0 | 100.0 | |
| 평균 | 8.09 | 8.00 | 3.39 | 18.85 | 10.23 | 12.31 | 11.16 | F=52.57 $p < .001$ |
| 표준편차 | 5.47 | 3.85 | 3.87 | 6.29 | 4.38 | 8.10 | 7.64 | |
| 사례수 | 77 | 25 | 38 | 81 | 44 | 26 | 291 | |

(2) 학 력

여성결혼이민자의 학력은 평균 10.3년으로 고등학교 중퇴 수준으로 나타났다(〈그림 6-1〉). 출신국적별로 일본 여성이 13.7년으로 평균 학력이 가장 높았고, 필리핀 11.5년, 중국 한족 11.2년, 중국 조선족 10.13년의 순이었으며, 베트남 여성이 7.9년으로 가장 낮았다.

〈그림 6-1〉 출신국적별 여성결혼이민자의 평균학력

단위: 년

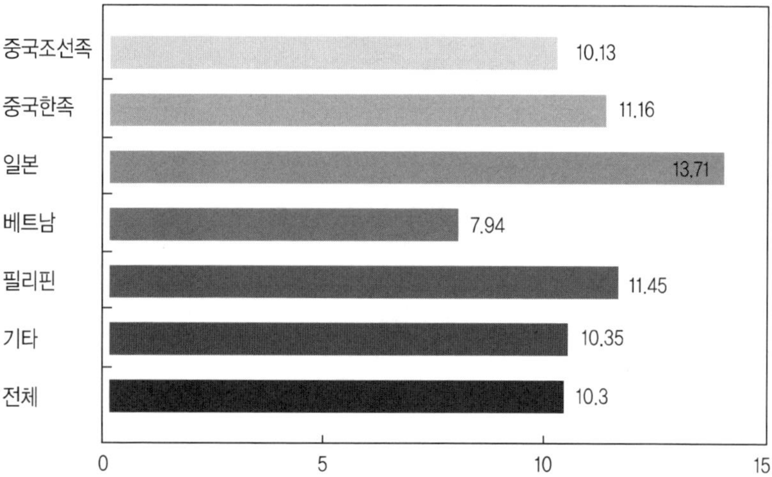


## 2) 가구구성과 소득

(1) 가구구성

〈표 6-5〉에서 여성결혼이민자 가족의 구성을 살펴보면, 전체적으로 시부모를 모시고 사는 직계가족의 비율이 47.6%로 가장 많았으며, 그 다음이 핵가족 31.7%, 부부가족 18.3%, 그리고 기타 가족이 2.4%인 것으로 나타났다. '기타 가족'에는 친정부모와 사는 가족 1사례와 시부모 없이 시집 식구들과 함께 사는 사례들이 포함되어 있다.

〈표 6-5〉 여성결혼이민자의 출신국적별 가구구성

단위: %, 세, 명

| 구분 | 중국 조선족 | 중국 한족 | 일본 | 베트남 | 필리핀 | 기타 | 전체 | 통계값 |
|---|---|---|---|---|---|---|---|---|
| 부부가족 | 29.6 | 24.0 | 2.6 | 19.8 | 11.4 | 8.0 | 18.3 | $X^2$= 51.09<br>$p$ < .001 |
| 핵가족 | 31.2 | 32.0 | 68.4 | 18.5 | 22.7 | 36.0 | 31.7 | |
| 직계가족 | 36.4 | 40.0 | 28.9 | 60.5 | 59.1 | 56.0 | 47.6 | |
| 기타 | 2.6 | 4.0 | .0 | 1.2 | 6.8 | .0 | 2.4 | |
| 합계 | 100.0 | 100.0 | 100.0 | 100.0 | 100.0 | 100.0 | 100.0 | |
| 사례수 | 77 | 25 | 38 | 81 | 44 | 25 | 290 | |

이러한 가족구성은 도시화의 비율이 높은 경기도 조사와 매우 다르게 나타났는데, 경기도의 경우 핵가족이 40.9%로 가장 많았고, 그 다음이 부부가족으로 30.4%였으며, 시부모 등 시집식구들과 함께 사는 직계가족의 비율은 26.1%로, 춘천시와 차이를 보인다(정기선 외, 2007). 특히 한국사회 전체의 가구구성과 비교해 보면, 2005년도의 경우 직계가족은 7.0%에 불과해, 여성결혼이민자 가족의 큰 직계가족 비중과 뚜렷한 대조를 이룬다.[6]

출신국적별로 가구구성의 차이가 나타나는데, 일본은 핵가족의 비율이 68.4%로 다른 국적 여성들에 비해 월등히 높았으며, 베트남(60.5%)과 필리핀(59.1%), 그리고 기타 국적(47.6%) 여성들은 시부모와 함께 사는 직계가족의 비율이 매우 높게 나타났다. 중국 조선족과 한족은 부부가족의 비율이 각각 29.6%와 24.0%로 상대적으로 높았다.

6) 통계청, 2006, 《2005 인구주택총조사》.

### (2) 가구의 소득수준

〈그림 6-2〉에서 여성결혼이민자 가족의 소득수준을 보면, 100만~200만원 미만이 50.2%로 가장 많고, 200만~300만원 미만이 27.6%, 100만원 미만이 15.2%, 300만원 이상은 7.1%였다. 전체적으로 200만원 미만 가구가 65.4%로 높은 비중을 차지했다. 경기도 조사에서 같은 소득구간 비율이 44%로 나타난 것과 비교해 볼 때(정기선, 2007), 춘천시 거주 여성결혼이민자 가족 중 저소득층 비중이 훨씬 더 큰 것을 알 수 있다.[7]

〈그림 6-2〉 여성결혼이민자 가구의 소득수준

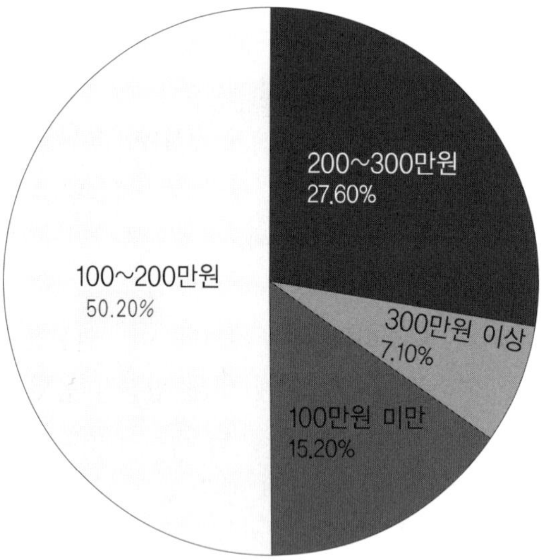


7) 출신국적별로 가구소득의 차이는 통계적으로 유의미하지 않은 것으로 나타났으나, 중국 조선족과 한족, 일본 여성의 가구소득이 상대적으로 많은 편이며, 베트남, 필리핀, 기타 국적의 여성 가족의 소득이 200만원 미만 비율이 높은 편이었다.

〈표 6-6〉 읍면/동별 여성결혼이민자의 가구소득

단위: %, 명

| 구분 | 동지역 | 읍면지역 | 전체 | 통계값 |
|---|---|---|---|---|
| 100만 원 미만 | 18.2 | 10.3 | 15.2 | $X^2$=14.21<br>$p$ <.01 |
| 100만~200만 원 미만 | 41.5 | 64.5 | 50.2 | |
| 200만~300만 원 미만 | 32.4 | 19.6 | 27.6 | |
| 300만 원 이상 | 8.0 | 5.6 | 7.1 | |
| 합계 | 100.0 | 100.0 | 100.0 | |
| 사례수 | 176 | 107 | 283 | |

〈표 6-6〉에서 읍면·동별 가구소득의 차이를 보면, 전반적으로 동지역의 소득 수준이 읍면지역보다 높음을 알 수 있다. 그러나 자세히 들여다보면, 동지역의 경우 200만 원 이상의 비율이 읍면지역보다 훨씬 많지만, 100만 원 미만의 빈곤가구 비율은 읍면지역보다 2배 가까이 높다. 읍면지역은 100만~200만 원 미만의 비율이 64.5%로 가장 많다. 전반적인 저소득층은 읍면지역에 많지만, 극심한 빈곤층은 동지역에 몰려 있음을 알 수 있다.

### 3) 국적

이 조사에 응한 여성결혼이민자는 총 291명으로 중 다수를 차지하는 국적은 베트남 81명, 중국조선족 77명, 필리핀 44명, 일본 38명, 중국 한족 25명, 그리고 우즈베키스탄 외 기타 국적 26명이었다. 우리나라 전체 통계에서 중국조선족이 가장 큰 비중을 차지하는 것과 비교해 볼 때 춘천시의 경우 베트남 출신 여성의 비중이 매우 큰 것을 알 수 있다.

한국 국적 취득률은 필리핀과 중국 조선족의 취득률이 각각 40.9%와 36.4%로 높고, 베트남과 일본은 각각 3.7%와 5.3%로 낮았다. 베트남 여성은 한국에 이주한 경력이 짧아 국적 취득률이 낮은 데 비해 일본 여성 중에는 한국 국적 취득을 희망하는 사람이 절반도 되지 않는다(〈표 6-7〉). 그러나 대다수 여성들은 국적 취득을 희망하며(86.6%) 이것이 여성들의 지위에 영향을 줄 것이라는 점을 추측할 수 있다. 면접조사에 따르면, 국적을 취득하지 못한 여성들 중 일부는 불법체류자가 되기도 하고, 운전면허 등을 비롯한 각종 자격 취득에서 불편함을 감수해야 한다. 국적 취득 문제는 여성결혼이민자의 불안감은 물론 가족의 불안정이나 갈등 원인이 되는 것으로 나타났다.

〈그림 6-3〉 출신국적별 여성결혼이민자 구성비율

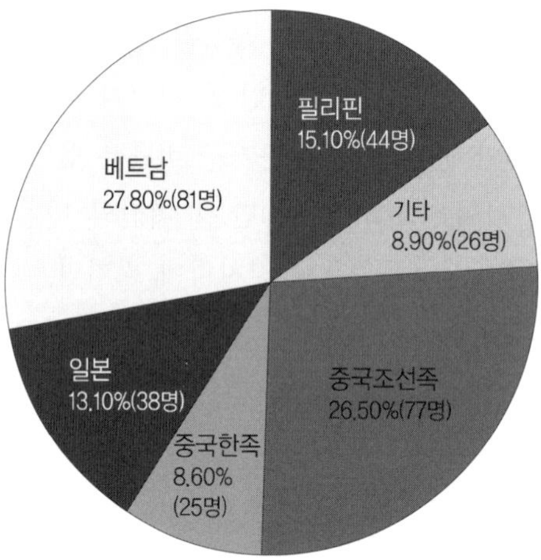


〈표 6-7〉 출신국적별 여성결혼이민자의 한국 국적 취득률

단위: %, 명

| 구분 | 중국 조선족 | 중국 한족 | 일본 | 베트남 | 필리핀 | 기타 | 전체 | 통계값 |
|---|---|---|---|---|---|---|---|---|
| 취득 | 36.4 | 8.0 | 5.3 | 3.7 | 40.9 | 11.5 | 19.2 | |
| 비취득 | 63.6 | 92.0 | 94.7 | 96.3 | 59.1 | 88.5 | 80.8 | $X^2=48.21$ |
| 합계 | 100.0 | 100.0 | 100.0 | 100.0 | 100.0 | 100.0 | 100.0 | $p<.001$ |
| 사례수 | 77 | 25 | 38 | 81 | 44 | 26 | 291 | |

## 4) 부부관계: 만족도와 갈등

### (1) 부부관계 만족도

〈표 6-8〉에서 부부관계에 대한 만족도를 살펴보면, '신뢰와 이해' 4.11, '대화 정도' 3.90, '가사분담' 3.73으로 나타나 전반적으로 부부관계에 만족하는 것을 볼 수 있다. 그러나 가사분담에 대한 만족도가 가장 낮은 것에 주목할 필요가 있는데, 한국의 가부장적 가족문화에서 여성들이 가사노동을 전담해야 하는 상황에 대한 불만을 느끼는 것을 보여준다. 또한 부부관계 만족도는 소득수준에 따라 유의미한 차이를 지닌다. 가구소득이 높을수록 만족도가 높아지며 200만 원 미만의 저소득층에서 만족도가 낮게 나타난다.

이러한 결과는 다문화가족에서 경제적 요인이 갖는 중요성을 또 한 번 확인시켜주는 지표로, 다문화가족의 부부관계를 증진시키기 위해서는 무엇보다 경제적 안정지원이 우선시되어야 함을 시사한다.

〈표 6-8〉 가구소득별 여성결혼이민자의 부부관계 만족도

단위: %, 세, 명

| 구분 | | 100만 원 미만 | 100만~200만 원 미만 | 200만~300만 원 미만 | 300만 원 이상 | 전체 | 통계값 |
|---|---|---|---|---|---|---|---|
| 신뢰와 이해 | 평균 | 3.95 | 4.06 | 4.29 | 4.20 | 4.11 | F=3.24 $p<.05$ |
| | 표준편차 | .79 | .69 | .56 | .52 | .67 | |
| | 사례수 | 43 | 142 | 78 | 20 | 283 | |
| 가사분담 | 평균 | 3.58 | 3.70 | 3.83 | 3.95 | 3.73 | n.s. |
| | 표준편차 | .96 | .91 | .71 | .51 | .84 | |
| | 사례수 | 43 | 142 | 78 | 20 | 283 | |
| 대화 정도 | 평균 | 3.58 | 3.92 | 4.10 | 3.85 | 3.90 | F=4.53 $p<.01$ |
| | 표준편차 | .88 | .72 | .71 | .81 | .76 | |
| | 사례수 | 43 | 142 | 78 | 20 | 283 | |

* 주: '매우 불만족' 1점, '불만족' 2점, '그저 그렇다' 3점, '만족' 4점, '매우 만족' 5점으로 측정함.

(2) 부부 갈등과 이혼에 대한 고려

부부 갈등의 주요한 원인인 여성결혼이민자에 대한 남편의 통제나 폭력 등의 경험이 있는 사례는 전부 50여개의 사례(17.2%)로, 〈표 6-9〉를 보면, 폭언이나 모욕적 언어를 경험한 경우가 30.0%로 가장 많고, 외출통제 26.0%, 생활비나 용돈을 안 준 경험 22.0%, 신체적 폭력 10.0%, 그 외 송금통제나 신분증 빼앗음, 의처증 증세 등이 12.0%를 점하였다. 경기도의 조사와 비교해 보면, 12.5%가 부부 갈등과 가족폭력의 경험이 있다고 답한 것에 비해 춘천시의 경우 그 비율이 다소 높은 것을 알 수 있다.

〈표 6-9〉 여성결혼이민자에 대한 한국인 남편의 통제 및 폭력 경험

단위: %, 명

| 구분 | 비율(%) | 사례수 |
|---|---|---|
| 생활비나 용돈 안줌 | 22.0 | 11 |
| 외출통제 | 26.0 | 13 |
| 의처증 증세 | 2.0 | 1 |
| 송금통제 | 6.0 | 3 |
| 신분증 빼앗음 | 4.0 | 2 |
| 폭언, 모욕적 언어사용 | 30.0 | 15 |
| 신체적 폭력 | 10.0 | 5 |
| 사례수 | 100.0 | 50 |

〈표 6-10〉 출신국적별 여성결혼이민자의 이혼 고려 유무

단위: %, 세, 명

| 구분 | 중국 조선족 | 중국 한족 | 일본 | 베트남 | 필리핀 | 기타 | 전체 | 통계값 |
|---|---|---|---|---|---|---|---|---|
| 있음 | 11.7 | 12.0 | 13.5 | 9.9 | 18.2 | 15.4 | 12.8 | n. s. |
| 없음 | 88.3 | 55.0 | 86.5 | 90.1 | 81.8 | 84.6 | 87.2 | |
| 합계 | 100.0 | 100.0 | 100.0 | 100.0 | 100.0 | 100.0 | 100.0 | |
| 사례수 | 77 | 25 | 37 | 81 | 44 | 26 | 290 | |

〈표 6-11〉 가구소득별 여성결혼이민자의 이혼 고려 유무

단위: %, 세, 명

| 구분 | 100만 원 미만 | 100만~200만 원 미만 | 200만~300만 원 미만 | 300만 원 이상 | 전체 | 통계값 |
|---|---|---|---|---|---|---|
| 있음 | 23.3 | 15.5 | 1.3 | 10.0 | 12.4 | $X^2$= 14.75 $p$ < .01 |
| 없음 | 76.7 | 84.5 | 98.7 | 90.0 | 87.6 | |
| 합계 | 100.0 | 100.0 | 100.0 | 100.0 | 100.0 | |
| 사례수 | 43 | 142 | 77 | 20 | 282290 | |

그 결과 〈표 6-10〉에서 이혼을 심각하게 고려한 경험이 있다고 대답한 여성결혼이민자는 12.8%였으며, 출신 국적별로 유의미한 차이는 없으나, 필리핀 여성 중 이혼을 고려한 경험을 가진 비율이 18.2%로 약간 높았다. 경기도 조사에서 같은 경험을 가진 응답자가 7.3%에 그치는 것을 볼 때 춘천시에 거주하는 여성결혼이민자들이 좀더 많은 갈등을 겪고 있음을 알 수 있다.

이혼 고려 경험에도 가구의 소득 수준은 유의미한 영향을 끼치는 것으로 나타났다. 〈표 6-11〉을 보면, 소득수준이 낮을수록 이혼 고려 경험이 있다는 응답이 점점 더 높아졌다. 200만~300만 원 소득을 가진 가구의 여성결혼이민자는 1.3%에 그치는 데에 비해, 100만~200만 원 가구 15.5%, 100만 원 미만은 23.3%로 높게 나타났다. 앞에서 살펴본 것처럼 경제적으로 어려울 경우 부부관계 만족도가 떨어지는 것과 일관되게 이혼에 대한 고려도 증가하는 것을 볼 수 있다.

### 5) 지역사회 내 소수자로서의 위치

여성결혼이민자와 그 가족이 지역사회 내에서 어떤 위치에 있는지를 살펴보기 위해 언어 적응 정도, 친지와 이웃 관계, 사회집단에서의 활동 경험을 물어보았다. 언어적 적응과 사회적 관계망에의 참여 수

준은 지역사회 내 소수자로서 결혼이민자 가족이 직면한 취약성을 극복하고 사회구성원의 자격과 권리를 존중받을 수 있는 수단이 된다.

(1) 언어적 적응: 여성결혼이민자의 한국어 능력

〈표 6-12〉와 같이, 처음 한국에 입국할 당시 여성결혼이민자의 한국말 실력은 거의 이해하지 못하는 경우가 41.9%로 가장 많았으며, 간단한 단어만 말하는 것이 28.9%, 생활에 필요한 짧은 대화 정도는 9.6%였다. 중국 조선족을 제외하고는 대부분 초기에 한국말을 거의 이해하지 못하거나 간단한 단어 정도를 말하는 수준임을 알 수 있다.

〈표 6-12〉 출신국적별 여성결혼이민자의 입국 당시 한국말 실력

단위: %, 명

| 구분 | 중국 조선족 | 중국 한족 | 일본 | 베트남 | 필리핀 | 기타 | 전체 | 통계값 |
|---|---|---|---|---|---|---|---|---|
| 거의 이해하지 못함 | 10.4 | 60.0 | 47.4 | 49.4 | 52.3 | 69.2 | 41.9 | $X^2$= 202.66 $p<.001$ |
| 간단한 단어 말하는 정도 | 3.9 | 8.0 | 36.8 | 49.4 | 43.2 | 23.1 | 28.9 | |
| 생활에 필요한 짧은 대화 | 19.5 | 20.0 | 13.2 | 1.2 | 4.5 | .0 | 9.6 | |
| 불편함 없음 | 66.2 | 12.0 | 2.6 | .0 | .0 | 7.7 | 19.6 | |
| 합계 | 100.0 | 100.0 | 100.0 | 100.0 | 100.0 | 100.0 | 100.0 | |
| 사례수 | 77 | 25 | 38 | 81 | 44 | 26 | 291 | |

〈표 6-13〉 출신국적별 여성결혼이민자의 현재 한국말 실력

단위: %, 명

| 구분 | 중국 조선족 | 중국 한족 | 일본 | 베트남 | 필리핀 | 기타 | 전체 | 통계값 |
|---|---|---|---|---|---|---|---|---|
| 거의 이해하지 못함 | .0 | .0 | .0 | 1.2 | .0 | .0 | .3 | $X^2$= 117.35 $p<.001$ |
| 간단한 단어 말하는 정도 | .0 | 12.0 | .0 | 19.8 | 18.2 | 7.7 | 10.0 | |
| 생활에 필요한 짧은 대화 | 3.9 | 36.0 | 18.4 | 61.7 | 36.4 | 26.9 | 31.6 | |
| 불편함 없음 | 96.1 | 52.0 | 81.6 | 17.3 | 45.5 | 65.4 | 58.1 | |
| 합계 | 100.0 | 100.0 | 100.0 | 100.0 | 100.0 | 100.0 | 100.0 | |
| 사례수 | 77 | 25 | 38 | 81 | 44 | 26 | 291 | |

〈표 6-14〉 가구구성별 여성결혼이민자의 현재 한국말 실력

단위: %, 명

| 구분 | 부부가족 | 핵가족 | 직계가족 | 기타 | 전체 | 통계값 |
|---|---|---|---|---|---|---|
| 거의 이해하지 못함 | .0 | 1.1 | .0 | .0 | .3 | $X^2$= 20.40 $p<.05$ |
| 간단한 단어 말하는 정도 | 9.4 | 2.2 | 14.5 | 28.6 | 10.0 | |
| 생활에 필요한 짧은 대화 | 34.0 | 25.0 | 34.8 | 42.9 | 31.7 | |
| 불편함 없음 | 56.6 | 71.7 | 50.7 | 28.6 | 57.9 | |
| 합계 | 100.0 | 100.0 | 100.0 | 100.0 | 100.0 | |
| 사례수 | 53 | 92 | 138 | 7 | 290 | |

반면, 〈표 6-13〉을 보면, 여성결혼이민자의 현재 한국말 실력은 많이 진전되어 거의 이해하지 못하는 경우는 거의 없었으며, 불편함 없이 이야기하는 수준이 58.1%로 가장 큰 비중을 차지한다. 그러나 간단한 단어를 말하는 정도(10.0%)나 생활에 필요한 짧은 대화를 나눌 수 있는 정도(31.6%)가 40%를 넘어 아직 언어적 적응에 어려움을 겪는 이들이 적지 않음을 알 수 있다. 출신국별로는 한국 거주기간이 짧은 베트남 여성의 한국어 실력이 매우 부족한 것으로 나타났다.

가구소득 수준에 따라서 여성결혼이민자의 한국말 실력은 차이를 보이지 않았으나, 가족형태에 따라서는 현재 한국말 실력이 통계적으로 유의미한 차이를 보였다. 〈표 6-14〉를 보면, 핵가족의 경우 거의 모든 상황에서 불편함 없이 한국말을 할 수 있다고 응답한 비율이 71.7%로 가장 높았고, 부부가족은 56.6%, 직계가족은 50.7%를 차지하였다.[8]

8) 여기에는 출신국별 가구구성이라는 요인의 영향도 작용하고 있다고 볼 수 있다. 〈표 6-6〉을 보면, 한국 거주기간이 긴 일본 여성의 경우 핵가족 비율이 높은 데 비해 베트남 여성들 중 다수는 직계가족에서 살고 있다. 가구구성과 언어적 적응 사이에 출신국이라는 요인이 개입할 수 있음을 암시한다. 그러나 심층면접 조사결과를 보면 시부모와 함께 사는 여성결혼이민자들 중에는 바깥출입이 통제되어 한글교육이나 이웃사람과의 교류에서 제

일반적으로 시부모와 시집 식구 등 대가족에서 사는 여성결혼이민자가 한국말을 더 잘 배울 수 있다고 생각하는 경향이 있으나, 이 경우에도 자격증을 가진 강사에게서 문법 등 한국말을 체계적으로 배우는 환경이 함께 제공될 때 가능한 이야기라고 할 수 있다. 핵가족의 경우, 취업하지 않고 자녀양육 문제가 해결되면 가족의 제약 없이 자유롭게 한글교육을 받으러 나갈 수 있기 때문인지, 불편함 없이 한국말을 잘한다는 응답비율이 월등히 높았다.

실제로 심층면접 사례에 의하면, 직계가족의 여성결혼이민자들은 농사나 과수원 등 생업에 종사하느라, 또는 많은 식구들 살림하느라 한글공부를 배우러 나갈 시간을 낼 수 없는 경우가 많았고, 한국말은 따로 배울 필요가 없고 가족 안에서 배우면 된다고 생각하는 사례들을 볼 수 있었다. 그러나 처음부터 제대로 한글을 배우지 않으면, 거주기간이 7~8년이 되어도 한국말이 이상하게 정착되어 고쳐지지 않는 사례도 접할 수 있었다. 어머니가 한국말을 잘해야 자녀들과의 소통이나 교육지도가 원활하게 이루어질 수 있다는 점을 감안한다면, 초기의 한글교육의 중요성은 아무리 강조해도 지나치지 않을 것이다.

(2) 이웃관계

여성결혼이민자가 행복한 가정생활을 영위하고 지역사회에 잘 적응하기 위해서는 이웃관계가 매우 중요하다. 여성결혼이민자가 한국인 이웃과 교류하는 영역을, 집을 비울 경우 아이를 맡기거나 집을 봐줄 것을 부탁하는 경우와 경조사 참여, 그리고 생활용품이나 가사도구 등을 빌리거나 빌려주는 세 경우로 나누어 조사했다.

여성결혼이민자들은 경조사 참여를 제외하고는 이웃과 교류가 거의

---

약을 받는 경우가 있었다. 이것은 가구구성이 결혼이민자의 한국어 능력 향상에 일정한 영향을 줄 수 있다는 점을 시사한다.

없는 것으로 나타났다. 외출시 집 부탁은 90.7%, 경조사 참여는 54.1%, 생활용품 빌림은 85.8%가 별로하지 않는다고 응답했다. 출신국별로 보면, 특히 베트남 여성과 중국 한족 여성들이 다른 국적 여성들보다 이웃과의 교류가 더 적게 나타났다. 여성결혼이민자들이 지역사회 내 이웃과의 관계에서 상당히 고립되어 있음을 알 수 있다.

〈표 6-15〉 여성결혼이민자가 한국인 이웃과 교류하는 정도

단위: %, 세, 명

| 구분 | 외출시 집 부탁 | 경조사 참여 | 생활용품 빌림 |
|---|---|---|---|
| 거의 하지 않는 편 | 65.2 | 33.8 | 57.2 |
| 별로 하지 않는 편 | 25.5 | 20.3 | 28.6 |
| 가끔 하는 편 | 7.9 | 39.0 | 10.7 |
| 자주 함 | 1.0 | 6.6 | 3.1 |
| 매우 자주 함 | .3 | .3 | .3 |
| 합계 | 100.0 | 100.0 | 100.0 |
| 사례수 | 290 | 290 | 290 |

〈표 6-16〉 출신국적별 여성결혼이민자가 한국인 이웃과 교류하는 정도

단위: %, 세, 명

| 구분 | | 중국 조선족 | 중국 한족 | 일본 | 베트남 | 필리핀 | 기타 | 전체 | 통계값 |
|---|---|---|---|---|---|---|---|---|---|
| 외출시 집 부탁 | 평균 | 1.70 | 1.28 | 1.53 | 1.21 | 1.55 | 1.42 | 1.46 | F=4.43 $p<.01$ |
| | 표준편차 | .88 | .46 | .76 | .44 | .79 | .64 | .72 | |
| | 사례수 | 77 | 25 | 38 | 80 | 44 | 26 | 290 | |
| 경조사 참여 | 평균 | 2.51 | 2.04 | 2.37 | 1.79 | 2.27 | 2.27 | 2.19 | F=4.96 $p<.001$ |
| | 표준편차 | .98 | .98 | 1.0 | .85 | 1.11 | .87 | .99 | |
| | 사례수 | 77 | 25 | 38 | 80 | 44 | 26 | 290 | |
| 생활용품 빌림 | 평균 | 1.68 | 1.44 | 1.68 | 1.46 | 1.84 | 1.50 | 1.61 | n. s. |
| | 표준편차 | .88 | .77 | .78 | .67 | 1.08 | .65 | .82 | |
| | 사례수 | 77 | 25 | 38 | 80 | 44 | 26 | 290 | |

* 주: 거의 하지 않는다 1점, 별로 하지 않는다 2점, 가끔 하는 편이다 3점, 자주 하고 있다 4점, 매우 자주 하고 있다 5점으로 측정함.

〈표 6-17〉 가구구성별 여성결혼이민자가 한국인 이웃과 교류하는 정도

단위: %, 세, 명

| 구분 | | 부부가족 | 핵가족 | 직계가족 | 기타 | 전체 | 통계값 |
|---|---|---|---|---|---|---|---|
| 외출시 집부탁 | 평균 | 1.45 | 1.60 | 1.39 | 1.00 | 1.46 | F=2.52 $p<.05$ |
| | 표준편차 | .75 | .80 | .65 | .0 | .72 | |
| | 사례수 | 53 | 92 | 137 | 7 | 289 | |
| 경조사 참여 | 평균 | 1.96 | 2.45 | 2.12 | 2.00 | 2.19 | F=3.31 $p<.05$ |
| | 표준편차 | .92 | .95 | 1.01 | 1.29 | .99 | |
| | 사례수 | 53 | 92 | 137 | 7 | 289 | |
| 생활용품 빌림 | 평균 | 1.25 | 1.75 | 1.66 | 1.43 | 1.61 | F=4.75 $p<.01$ |
| | 표준편차 | .43 | .79 | .91 | .13 | .82 | |
| | 사례수 | 53 | 92 | 137 | 7 | 289 | |

* 주: "거의 하지 않는다" 1점, "별로 하지 않는다" 2점, "가끔 하는 편이다" 3점, "자주 하고 있다" 4점, "매우 자주 하고 있다" 5점으로 측정함.

〈표 6-17〉을 보면, 가구형태별로 이웃과의 교류빈도에 있어서 유의미한 차이를 보이는데, 세 항목 모두에서 핵가족이 이웃과의 교류빈도가 가장 잦았다. 부부가족의 경우 결혼한 지 얼마 안 되어 한국말도 서툴고 한국생활에 적응이 안 되어서 이웃과의 교류가 아직 활발하지 않은 반면, 직계가족의 경우에는 시부모 등 가족원들이 함께 살기 때문에 굳이 이웃과 교류할 필요가 상대적으로 적기 때문인 것으로 해석할 수 있다. 하지만 경조사 참여의 경우에도 직계가족의 참여빈도가 낮은 것은 여성결혼이민자의 대외적 활동이 핵가족에 비해 자유롭지 못한 현실을 보여준다. 직계가족 속에서 사는 여성결혼이민자들의 상대적으로 자유롭지 못한 것을 알 수 있다.

### (3) 속마음을 터놓는 존재

따라서 속마음을 터놓을 정도로 가까운 사람도 한국인보다는 본국인으로 나타났다. 〈표 6-18〉을 보면, 여성결혼이민자중 속마음을 터

놓을 데가 없다는 응답 11.4%이며, 특히 베트남과 기타국적 여성들의 비율이 높은 편이었다. 속마음을 터놓는 존재는 한국에 있는 본국 친구라는 응답이 47.2%로 가장 많았고, 그 다음이 배우자 44.1%, 한국인 이웃이나 친구 15.9%, 한국에 있는 친정 식구 12.4% 등으로 나타났다.

〈표 6-18〉 출신국적별 여성결혼이민자가 속마음을 터놓을 수 있는 사람

단위: %, 명

| 구분 | | 중국 조선족 | 중국 한족 | 일본 | 베트남 | 필리핀 | 기타 | 전체 |
|---|---|---|---|---|---|---|---|---|
| 없음 | | 7.8 | 4.0 | 2.6 | 18.8 | 11.4 | 19.2 | 11.4 |
| 있음+ | 배우자 | 49.4 | 52.0 | 55.3 | 35.0 | 40.9 | 38.5 | 44.1 |
| | 자녀 | 6.5 | 4.0 | 10.5 | 2.5 | .0 | .0 | 4.1 |
| | 시부모 | 2.6 | 4.0 | 2.6 | 3.8 | 4.5 | 11.5 | 4.1 |
| | 한국인 이웃이나 친구 | 24.7 | 8.0 | 28.9 | 6.3 | 9.1 | 19.2 | 15.9 |
| | 한국에 있는 친정식구 | 19.5 | 8.0 | 5.3 | 10.0 | 18.2 | 3.8 | 12.4 |
| | 한국에 있는 본국 친구 | 37.7 | 52.0 | 78.9 | 43.8 | 52.3 | 26.9 | 47.2 |
| | 한국에 있는 제3국 친구 | 1.3 | .0 | 2.6 | .0 | 6.8 | 3.8 | 2.1 |
| | 외국인 지원단체 활동가 | .0 | .0 | .0 | 1.3 | 2.3 | .0 | .7 |
| | 목사, 신부 등 성직자 | 1.3 | .0 | 10.5 | .0 | 4.5 | .0 | 2.4 |
| | 한국어교실 교사 | .0 | .0 | .0 | 2.5 | 9.1 | 7.7 | 2.8 |
| 사례수 | | 77 | 25 | 38 | 81 | 44 | 26 | 291 |

* 주: +는 중복응답임.

(4) 사회단체나 모임 활동

여성결혼이민자의 사회 활동 정도를 보여주는 〈표 6-19〉를 보면, 정기적으로 참여하는 단체나 모임이 없다는 응답이 39.2%이며 베트남 여성과 조선족, 필리핀 여성 중 이와 같은 응답자가 많은 것을 알 수 있다. 참여하는 모임이 있다는 응답 중 사교 및 친목 모임에의 참여가 52.5%로 가장 많고, 외국인 지원모임에 39.5%, 종교단

〈표 6-19〉 출신국적별 여성결혼이민자가 참여하는 단체나 모임

단위: %, 명

| 구분 | | 중국 조선족 | 중국 한족 | 일본 | 베트남 | 필리핀 | 기타 | 전체 |
|---|---|---|---|---|---|---|---|---|
| 없음 | | 48.1 | 36.0 | 10.5 | 48.1 | 40.9 | 25.9 | 39.2 |
| 있음+ | 사교 및 친목 모임 | 62.5 | 50.0 | 38.2 | 52.4 | 53.8 | 57.9 | 52.5 |
| | 종교단체의 모임 | 20.0 | 12.5 | 67.6 | 4.8 | 38.5 | 15.8 | 27.1 |
| | 외국인 지원 모임 | 15.0 | 43.8 | 41.2 | 54.8 | 50.0 | 36.8 | 39.5 |
| | 여성단체나 기관 | 12.5 | - | 5.9 | - | 11.5 | 5.3 | 6.2 |
| 사례수 | | 77 | 25 | 38 | 81 | 44 | 26 | 291 |

* 주: +는 중복응답임.

체의 모임에 27.1%, 여성단체나 기관에 6.2%가 참여하는 것으로 나타났다. 출신국별로는 중국 조선족은 사교 및 친목 모임에, 일본인은 종교단체 모임(통일교)에, 베트남·필리핀·중국 한족 여성들은 외국인 지원 모임에 주로 참여하는 것을 볼 수 있다.

이와 같은 응답 결과는 여성결혼이민자들이 지역사회 내에서 이웃과의 교류가 활발하지 않으며, 지역사회 내 정착을 돕기 위한 여러 가지 단체 활동은 물론 개인적 친목 모임조차 참여하지 않는 사람도 40%에 이르고 있음을 보여준다. 지역사회 내 소수자로서 이들의 위치를 고려할 때 이러한 사회적 고립 상황은 지역사회가 함께 해결해 나가야 할 중요한 과제라고 할 수 있다.

## 4. 다문화가족의 빈곤과 불안정성: 심층면접 결과

### 1) 경제적 빈곤

심층면접 결과 여성결혼이민자 가족이 직면한 가장 큰 문제는 경제적 빈곤으로 나타났다. 면접참여자 중 다수가 남편이 실직 또는 반실직 상태에 있어 소득이 거의 없거나 매우 낮은 수준으로 어렵게 살았다. 면접참여자 중에는 작은 방 두 칸짜리 집에서 시어머니와 남편, 아들 셋과 조카딸까지 돌보며 사는 필리핀 여성도 있었고, 남편이 실직한 채 출산을 하게 되어 아이에게 먹일 분유도 구하지 못했던 스리랑카 여성도 있었다. 또 경제력이 전혀 없어 국민기초생활보장 수급대상자가 된 경우 기본적 생활은 가능하지만, 주거 문제나 자녀교육 문제를 걱정하는 사람들도 있었다. 시부모를 모시고 임대아파트에 살면서 계약 기간이 만료되어 머물 곳을 걱정하는 연변 여성이 있는가 하면, 레미콘 기사인 남편이 일거리가 없어 영어 학원 강사로 일하는 전직 아나운서 출신의 필리핀 여성도 있었다.

이처럼 여성결혼이민자들의 상당수가 빈곤한 가족 속에서 살고 있는 것은, 무엇보다도 이들의 배우자인 한국인 남성들이 가난한 계층에 속해 있기 때문이다. 점차 중산층에서도 국제결혼이 늘어나고 있지만, 아직은 한국인 여성을 만나기 어려운 조건에 있는 저소득층 남성들이 국제결혼을 선택하는 주요 집단이다. 이들의 빈곤은 결국 배우자인 여성결혼이민자들의 빈곤을 의미하며, 반대로 여성들이 한국에서 괜찮은 일자리에 취업할 가능성이 크지 않기 때문에 결혼이민자 가족은 더더욱 빈곤에서 벗어나기 어려운 조건에 있다.

여성결혼이민자 가족이 가난한 또 다른 이유로 남성들의 높은 연령을 지적할 수 있다. 남성들이 보통 10세 이상, 심한 경우 20세 이상 연령이 높기 때문에 30대 여성결혼이민자들이 50대가 된 배우자의 건강과 취업을 걱정하는 모습도 드물지 않았다. 이들 중에는 나이 차이가 많은 남편이 늙어서 경제력을 상실하게 되면 아이를 어떻게 키울지 걱정하는 여성들도 있었다. 또 조사 당시 남편의 건강 상태가 나빠 실질적인 여성가구주로 살고 있는 여성들도 적지 않았다. 당뇨병과 합병증으로 시력 상실의 위기에 있는 남편을 돌보고 두 남매를 키우는 필리핀 여성은 오전에는 집안일을 하고 오후에는 비닐하우스에서 삯일을 하느라 인터뷰 시간을 잡기가 매우 힘들었다. 목욕탕에서 청소일을 하는 조선족 여성은 몸이 아파 일을 못하는 남편 대신 가장으로 살고 있었다. 때문에 면접참여자들 중에는 “부자 나라에 시집 왔지만, 와보니 친정보다도 더 어렵게 살게 되었다”는 이야기를 하는 사람도 있었다. 여성결혼이민자 가족의 경제적 어려움이 얼마나 심각한 것인지 짐작할 수 있다.

> 저는 정말 걱정했어요. 앞으로 만약 애기 아빠는 그 돈 못 벌고, 애기 크고 어떻게 살아? 이렇게 생각했어요. 이제는 한국말 열심히 배워야 해요. 만약 우리 남편 돈 못 벌고 제가 돈 벌고 애기 잘 데리고 살아야 하니까….
>
> —베트남 여성

> 우리 식구는 대식구(7명)이기 때문에, 애기 아빠 혼자 벌고, 나가서 또 애기 아빠 지금 일하는 거는 저기 공공근로사업 아시죠? 낙산에서 거기—나무 잘라내고 그런 일이예요. 그러니깐 뭐—장마 때, 못 나갈 때 많잖아요.… 또, 겨울 오면, 또 눈 많이 오잖아요. 그러니깐 일 못하니깐, 한 달에 계산하면… 많이 부족하고, 제가 엄마라서, 아이들은 여러 가지 학원 보내고 싶은데, 지금은 한 가지 다니거든요? 태권도, 큰 아들이 태권도 학원 다니거든요? 남아있는 아이도 보내고 싶은데, 돈이 부족하기 때문에, 마음이 좀, 아파서….
>
> —필리핀 여성

위의 이야기에서 베트남 여성은 나이 많은 남편이 일을 하지 못할 경우 자신이 생계부양자가 되어야 한다는 사실을 예측하고 있다. 또 필리핀 여성은 빈곤으로 인해 제대로 감당하지 못하는 아이의 사교육비를 걱정한다. 이들 가족이 살아가기 위해서는 여성들이 언젠가 노동시장에 나가야 하리라는 것을 추측할 수 있다. 이러한 사례들은 여성결혼이민자들에게 직업 훈련과 취업 연계가 얼마나 필요한 것인지 보여준다.

### 2) 가족의 불안감과 폐쇄성

여성결혼이민자의 배우자나 시부모 중에는 이들이 본국으로 돌아가거나 가출해서 가정을 버릴지도 모른다는 두려움을 가지는 경우가 대다수였다. 실제로 결혼생활이 안정된 부부들도 이런 걱정에서 자유롭지 않았는데, 그 이유는 가출하거나 본국으로 돌아간 여성들의 사례가 소문이 되어 지역사회 전반에 확산되어 있기 때문이다. 이른바 '위장결혼'을 목적으로 한국에 들어온 여성들 중에는 결혼후 국적을 취득하면 가출하거나 도망가는 사례도 있는 것으로 알려져 있다. 정확한 수를 파악할 수는 없지만, 이 조사에서도 면접시 대부분의 여성들이 그런 사례를 직접 알고 있거나 들은 적이 있다고 이야기했다. 그러나 처음부터 결혼 이외의 다른 목적으로 들어온 여성들보다는 한국인 배우자에 대한 애정이 없거나 한국의 가족문화에 대한 이해가 결여된 상태에서 결혼을 한 후 가정을 떠나는 여성들이 훨씬 더 많을 것으로 추측된다.

Q: 그러면 지금 그때 초창기에 1994년 1995년 왔던 분들은 다 잘 사시나요?
A: 잘사는 사람도 있고요, 간 사람도 있고요.

Q: 가다니 중국으로 다시 간다고요?
A: 가지는 않았겠지요, 아마? 여기서 살고 있겠지요. 그런 사람들도 많아요.
Q: 이혼하거나 그런 사람들도 많나요?
A: 그거를 어떻게 딱히 말을 하려면 어떤 사람은 작정을 하고 온 거구요… 그 중에 아는 애가 있었는데 작정을 하고 왔는데 와 보니까 남편이 되게 착했어요. 아, 내가 마음먹고 살아야 된다. … 그렇게 내가 옆에서 말해줬어요. 남편 착하니까 그렇게 마음먹지 마라.
Q: 작정을 했다는 게 무슨 뜻이죠?
A: 와서 이혼하자.
Q: 국적 취득하고 이혼하자?
A: 그때는 바로바로 됐잖아요, 그때는 바로예요. 그런 게 있어서 내가 얘기를 한 적이 있었어요. 얘기를 했는데도 어떻게 안 되더라고요. … 결국에는 이혼을 해서 다른 데로 갔는데 솔직히 다른 데 가도 똑같잖아요. 다른 남자랑 사는데도 어려운가 보더라고요 마음이 아픈데 어떻게 보면 내 혼자의 힘으로 진짜 이루어지는 게 아니잖아요. 어떻게 보면 그 사람들 가족 간의 일인 거예요. 솔직히 내가 그런 생각이 있었다고 해도 사람이 사람인데 서로 잘해주면 그 마음이 틀리잖아요. 그런 거 때문에 눌러 앉아 사는 사람들도 있고 잘살고 있고 그런 것도 많이 봐서 감히 그렇게 말을 하는데 어떻게 시댁식구들이 … 그런 것도 있어요. 없지 않아.

— 조선족 여성

이 같은 부정적인 국제결혼 사례가 늘어나면서 일반 가정에서도 여성결혼이민자에 대한 외출 제한이나 통제가 이루어지고 있으며, 신분증이나 여권도 남편이 가지는 경우가 많았다. 특히 같은 나라에서 온 동족(同族)들끼리의 친목모임은 여성들의 가출을 부추긴다는 이유로 대부분의 한국인가족들이 크게 꺼려하는 기피의 대상이었다.

특히 동족 모임에서 한국사회의 전반적 사정을 알게 된 여성들이 한국의 유흥, 소비문화에 익숙하게 되거나, "서울에 눈을 뜨면 시골에 묻혀 살고 싶어 하지 않는다"는 등의 이야기는 면접에서 만난 대부분의 여성들과 가족들에게서 들을 수 있었다.

이러한 동족모임에 대한 기피현상은 동족모임 속에서 여성들이 한국사회 내 자신들의 구조적 위치를 객관적으로 바라보고 그것에 대한 비판적 성찰성을 가지게 되는 데 대한 두려움일 수 있다. 아래와 같은 한 면접참여자의 이야기는 그것을 알려준다.

> 제가 생각할 때에는 그분들이 정상적인 국적을 획득한 상태이기 때문에 떠나서 노동을 하게 되면 지금보다도 훨씬 나은 경제적으로 독립할 수 있는 여건이 있습니다. 예를 들어 이 도시를 떠나서 인력이 많이 필요한 도시로 가서 식당일을 한다면 월수입이 120만~150만 원이 되거든요. 혼자서 월세를 내면서 본인의 삶을 즐기면서, 또 고향에도 돈을 부쳐줄 수 있고. 실질적으로 제가 목격한 가정 중에는 여기서 그렇게 노동을 해서 남편이나 시부모를 부양을 하는 사람도 봤습니다. 그래서 그런 상황을 뻔히 알기 때문에, 애기가 빨리 생기길 원하는 거고, 가정에 정착하길 원하는 거 아닌가? 또 그분들이 있기 때문에, 부가적으로 노동력을 갖게 되거든요. 그 가정에서는 그렇죠? 그 인건비가 말로 할 수 없는 거고, 자녀를 또 양육을 해서 낳았을 수도 있고 그러니깐 그 가정에서는 이 사람이 빨리 적응을 해서 한국여성처럼 스스로 자립하게 된다면 이 가정에 있지 않게 될 확률이 높아지기 때문에, 정상적인 엄마로서 문화에 적응하는 좋은 방향으로 유도하기보다는 계속 가둬두려는 그런 게 강한 거 같습니다. 그리고 또 내부적으로 인권적으로 그분들한테 문제가 있는 경우도 있겠죠. 꼭 무슨 육체적인 폭력만이 폭력이 아닌 것처럼 학대가, 정신적인 학대가 있을 수도 있기 때문에 그런 게 노출 되는 게 싫을 수도 있죠. ―공무원

실제로 동족들 간의 친목모임이 여성들의 귀국이나 가출을 불러오는 요인이 되는 경우도 있지만, 그보다 더 문제가 되는 것은 여성들이 동족 모임에서 자신의 가정생활에 관한 불만과 괴로움을 호소하기 때문에 한국인가족들이 이를 불편하게 생각한다는 점이다. 그 결과 여성결혼이민자들은 한국인은 물론 동족 집단과의 관계도 제한되어 있고 대다수가 사회적 고립 상태에 있는 것으로 보인다. 상당수의 국제결혼 가족이 폐쇄성과 고립성의 문제를 안고 있으며, 이는 결국 부부간 갈등의 요인이 된다. 이러한 상황은 여성결혼이민자의 한국사회 적응을 더 어렵게 만든다.

> 시어머니가 이제는 믿어도 되겠다. 그런데 저희 집 사람 같은 경우에서는, 시어머니가 "애 엄마 믿어라, 이제 믿어도 된다. 믿어라, 믿고 너 열심히 가서 일해라."
>
> Q: 선생님, 그럼 "믿어라" 그러시는 거는 사실은 그럼 다른 경우는 못 믿고 불안합니까?
>
> A: 아니죠. 이제는 다른 사람들은 그래. 그러니깐, 처음에 왜 그러냐면, 그거를 왜 불안하게 하냐면 믿게끔 만들어줘야 돼요. 처음에 믿게끔 만들어줘야 해요. 근데, 못 믿게끔 만들었으니깐.
>
> —베트남 여성의 남편

> 모임은 여러 사람 모이면, 뭐, 별 말을 다 하잖아. 그게 나는 싫어. 싫어. 대개 다 그래. 대개 가서 자기 공부만 하고, 친구 만나고 하는 덴데 모여댕기잖아. 모임 있다고 애들 맡기고, 모임 있다고 나가고, 모임도 아니고 모임 많단 말이야. 집 나간 사람들도 많고, 그래서 그건 반대해.
>
> Q: 지금 아드님이 직장이 따로 있잖아요? 분가를 시킬 생각은 해보셨습니까?
>
> A: 분가하라고 했는데, 안 간다 그래.
>
> Q: 왜 안 간다고?

A: 불안한가봐
Q: 아, 아드님이 불안해하는 마음이 있군요.
A: 불안해서.
Q: 그러니깐 어떤 걸 불안해합니까?
A: 자기가 일 나가면 애들만 두잖아. 아줌마들이 모여서 그러니깐, 그럴까봐…. —베트남 여성의 시어머니

> 저 같은 경우는 지금 어떤 식으로 하냐면, 집사람 두고, 저 혼자 어디 안가요. 절대 안가요. 가면 집 사람하고 항상 같이 가요. 저희 집 사람이 왜 착하냐면, 제일 착해요. 왜냐면, 지금 옆에, 하노이에서 온 친구가 있어요. 근데 절대 안 봐요. 그 사람 보면 마음 바뀌니깐, 절대 싫다고. 그래서 제가 친목회를 다 깨트려버렸어요. 제가, 이 정도예요. 딴 사람은 절대 상대 안 해요. 그게 왜 그러냐면, 다른 사람들은 자꾸만 부풀리니깐 나쁜 곳으로 자꾸 가요. 근데 저희 집 사람은 착해요. —베트남 여성의 남편

위의 인터뷰들은 남성들이 가진 불안감을 분명하게 보여준다. 면접시 남편이나 시어머니 등 가족들이 가장 자주 사용하는 단어 중의 하나가 '믿음'과 관련된 것이었다. 외국에서 시집온 여성이 언젠가 "떠나버릴지도 모른다"는 불안감이 가족관계를 지배하고 있음을 보여준다. 실제로 여성결혼이민자 가족들에게 인터뷰를 부탁했을 때 시부모보다 남편이 거절하는 사례가 더 많았다. 다문화가족의 정착을 위해 남성들의 준비와 적응이 시급한 과제임을 알 수 있다.

> 가장 중요한 거는 한글교육이 아니라 그 사람들이 사람답게(가정 밖으로) 나올 수 있어야 하는 거지요. 사회생활 속에서 말도 배우고 글도 배우는 거 아니겠어요? —공무원

위의 이야기, 즉 결혼이민자들이 지역사회에 나와서 한글도 배우

고 사람들과 어울릴 수 있어야 말이든 글이든 제대로 배울 수 있는 것이 아니겠느냐는 공무원의 지적처럼 외국인이 한국사회에 적응하기 위해서는 한국인과의 교류를 활발히 해야 한다. 그러나 국제결혼에 대한 낮은 신뢰로 인해 결혼이민자들은 가정이라는 울타리 바깥으로 나오는 것을 차단당한다. 모순적인 것은, 국제결혼 가족이 안정적으로 살아가기 위해서는 결혼이민자들이 한국사회에 적응하는 방법을 하루 빨리 배워야 하지만, 가족들은 오히려 여성들이 한국사회에 너무 잘 적응하는 것을 두려워한다는 점이다. 한국사회에 적응하게 되면 가족을 떠날 수 있다는 우려 때문이다. 그러나 바로 그런 우려가 한국어와 한국문화를 이해할 수 있는 기회를 제한하고, 여성결혼이민자들의 한국사회 적응을 어렵게 만들어 결국 가족의 불안정성을 심화시키는 요인이 된다.

### 3) 과도한 노동과 불평등한 젠더 관계

조사결과 한국인가족들은 여성결혼이민자들에게 빨리 한국사람이 되라는 요구를 일상적으로 반복하는 것으로 나타났다. 이것은 보통 시부모 모시기나 가사노동 부담과 관련된 요구와 함께 주어지는데, 전통적 여성의 성역할(性役割)을 충실히 수행할 때 비로소 '한국여자'가 된다는 인식이 깔려 있기 때문이다.

그 결과 일부의 여성결혼이민자들은 한편으로는 가사일과 다른 한편으로는 농업 등 생업으로 인해 매우 힘겨운 상태에 있는 것으로 보인다. 특히 이들은 대부분 나이 어린 20대 초반의 여성들로 타국에서의 결혼생활 자체가 쉽지 않은 상황에서 과중한 노동부담을 져야 하는 조건에 있다. 또 결혼이민자의 가족들이 처음부터 가사나 시부모 부양 등 돌봄 노동을 수행할 목적으로 여성들을 데려오기 때문에 여성결혼이민자의 의사는 존중되지 않는 경우가 많다.

이 같은 과도한 노동은 결과적으로 이들의 한국사회 적응과 조기 정착을 저해하는 요인이 된다. 한국어 교육이나 한국문화 이해 등 한국생활에 필요한 여러 가지 교육에 참여할 시간을 갖지 못하기 때문이다. 면접참여자 중에는 일만 하느라 한국어와 한국문화를 배울 시간이 없고 그래서 결국 적응하지 못하고 떠나는 외국인 여성도 더러 보았다고 이야기하는 사람도 있었다.

> 한국에 왔으니까 한국사람이 되어야 한다. 친정은 잊어버리고 한국 살림에만 신경 쓰라고 얘기해요. 니가 몸에 배어야 니가 다 할 수 있다. 니가 그래야 배우고 적응할 수 있다. 며느리가 속으로 안 봐준다고 나를 미워할 거예요. 그러나 그렇게 해야지만 자기 책임이 되니까 아예 맡기고 안 도와주지요. —베트남 여성의 시어머니

> 다른 친구들의 이야기를 들어보면 시어머니가 가장 힘들다고 해요. 시어머니가 못 나가게 해요. "집에서 일하고 밥하고 청소하고 베트남 사람 만나지마" 이렇게 말하는 시어머니 있어요. 이렇게는 더 못 살아요. —베트남 여성

> 그러니깐 우리나라는요. 남자나 여자나 똑같이 일해요. 집안일 서로 도와주고, 남편 뭐, 어디 일 갔다 온 다음에 집에 와서 같이 일해요. 같이 뭐 와이프한테 도와주고 애기도 봐주고 똑같이. 그러니깐 함께 서로 도와주고, 그런데 여기는 보니깐 좀 남편이 일 갔다 와서 그냥, 자기 시간만 보내고, 여자는 혼자 이렇게 이불 빨고, 밥하고 청소하고, 그러니깐 한국은 한국여자들은 좀 많이 힘든 거 같았어요. —필리핀 여성

면접참여자들이 한결같이 지적하는 것은 한국사회가 특히 더 가부장적이라는 점이다. 중국이나 베트남, 필리핀, 몽골 여성들의 경우 오히려 모국에서 남성들이 더 가사를 돕고 시부모를 모셔야 하는 부

담도 적다고 이야기한다. 따라서 이들은 한국사회의 견고한 성별분업(性別分業)과 여성의 낮은 지위에 대해 한국인 여성 못지않게 심각하게 느끼고 있다. 드러내놓고 말하지는 못하지만, 이러한 불균형한 성역할과 과중한 노동부담은 여성들의 가장 큰 불만 요인이 되고 있고, 가족관계의 불안정성을 심화시키는 결과를 낳을 수 있다. 특히 앞서 설문조사 결과에서 본 것처럼 여성결혼이민자 중에는 일반 한국인 여성에 비해 시부모를 모시고 사는 사람들이 훨씬 더 많다. 모든 직계가족이 그런 것은 아니겠지만, 가부장적 가족관계가 보편화된 한국사회에서 다른 문화적 배경을 지닌 여성들의 육체적 정신적 부담은 이들의 적응을 저해하는 중요한 요인이 될 수 있다.

#### 4) 사회적 편견과 차별

면접에 참여했던 여성결혼이민자들은 대부분 한국사회가 외국인 여성에게 차별적이라고 생각했다. 이러한 생각은 실제로 자신이 차별을 받았던 경험이 있거나 주변에서 보고 들은 사례에서 형성된 것이었다. 여성들이 경험한 차별의 내용은 다양했다. 결혼전 취업했던 직장에서 외국인이라는 이유로 임금을 떼였다든지, 성희롱을 겪은 사람도 있었다. 또 불법체류자라는 이유로 상담을 하러 간 공공기관에서 오히려 무시를 당했다든지, 일상적으로 대하는 한국인들에게서 가난한 모국을 무시하는 이야기를 종종 듣기도 한다. 배우자나 시부모 등 가족들이 자신의 친정 부모와 가족을 제대로 대접하지 않아 불만을 가진 여성도 있었다. 또 이웃이나 자녀 학교의 학부모들로부터 따돌림을 당한 경우도 있었다.

이러한 경험은 아이를 키우는 여성들의 경우 더욱 심각하게 느꼈다. 이들은 어머니가 외국인이라는 사실이 자녀의 학교생활이나 일상생활에 불리한 영향을 끼칠 수 있으리라는 염려를 하였다. 따라서 대부분의 여성결혼이민자들은 자신과 자녀가 국제결혼가족 구성원이라는 사실을 드러내지 않았다. 이와 같은 태도는 결국 여성결혼이민자와 그들의 자녀를 사회적으로 고립시키고 필요한 시기에 적절한 지원을 받지 못하게 함으로써 자녀의 정서적·지적 성장에 부정적 요인으로 작용할 수 있다.

> 그런데 ○○동에 살 때는 그런 편견이 있어요. 왜냐하면 "여보, 도저히 못 살겠으니깐 난 베트남으로 가겠어"라고 하길래 "왜 가냐?" 이랬더니 "이 동네를 떠나지 않으면 난 가겠어" 그래 가지고 "그래?" "내가 소중하오? 그렇지 않고 이 집이 소중하면 당신이 살고 난 애하고 베트남 들어가겠어"라고 하길래 "난 집은 팔아도 넌 놓칠 수가 없다. 집을 알아보자"라고 했죠. 시부모님, 시어머니한테 말씀을 했어요. "어머니 난 도저히 여기서 못 살겠어요." 그러니깐 "너도 그러니? 나도 그렇다." 그렇게 말씀을 하시더라고요. 그래가지고 저희 집 먼저 팔고 요거 사고 여기 오니깐 여기가 딱 문 닫으면 조용해서 살기 좋아요…. 거기서는 ○○동에서는 진짜 어딜 나가지를 못해요.
>
> —베트남 여성의 남편

Q: 엄마가 외국인이라서 아이가 불편해 하는 건 없었습니까?
A: 처음에는 그런 거 있죠. 처음에 학교 가면, 말도 못하니깐 답답하고, 또, 애들이 자꾸 나를 학교, 1학년 들어가고 혹시나 우리 아들 저한테 외국 엄마 애라서 그러나? 그런 거 많이 걱정하고.
Q: 아들은, 엄마가 다른 나라 사람인 거 어떻게 생각해요? 그러니깐 필리핀분이시잖아요? 어떻게 생각합니까?
A: 뭐 처음에는 모르지만, 자기 마음속으로는 모르지만, 처음에는 그런 거 조금 있어요. 조금 있지만, 그러니깐 이렇게 설명했죠. 엄마가 이렇게, 이렇게 하니깐 창피하냐? 그렇게 얘기하니깐, 속마음이 드러나서, 그때는 우리 아들도 울었고, 저도

울었죠. 그때부터는 학교가면, 좀, 우리 아들은 좀 성격이, 다른 아이들은 활발하고 그런데, 우리 큰 아들은 안 그래요.

—필리핀 여성

인터뷰에 나타난 것처럼 여성결혼이민자 중에는 한국인과의 교류가 거의 없이 사회적 고립의 상태에 놓인 경우도 적지 않은 것으로 나타난다. 설문조사 결과에서도 나타났듯이, 경조사 참여를 제외하고는 일상생활에서 이웃과의 교류는 매우 적다. 결혼이민자들이 한국사회에 적응하는 데 중요한 요소 중 하나가 한국인과의 소통이라는 점을 고려할 때 이러한 고립 상태는 그들의 적응과 가족생활에 장애요인이 되고 있음을 알 수 있다.

### 5) 부부관계의 도구화와 금전적 가치의 지배

여성결혼이민자 가족이 겪는 가장 심각한 문제 중의 하나는 남편의 경제력과 관련된 것이다. 친정을 경제적으로 보살피는 문제나, 물질적 풍요로움에 대한 욕구에서 부인의 요구를 충족시키지 못하는 경우 가족관계 자체가 위기에 이를 수 있기 때문이다.

이러한 현상은 결혼중개업체의 과장된 광고와 한국의 경제발달에 대한 부풀려진 홍보로 인한 것이지만, 부부관계에서 금전적 문제는 부부간 갈등의 가장 중요한 요인이 된다. 이로 인해 남성들이 느끼는 스트레스는 적지 않으며, 그 결과 부부생활 자체가 불안정하게 되는 현상이 나타난다. 금전적 가치 중심의 도구적 부부관계에서 벗어나 친밀성과 상호존중의 관점에서 부부관계를 새롭게 정립해 나갈 수 있는 인식의 개선이 필요한 것으로 보인다.

Q: 친목회 같은 거 하면 좀 사람이 이렇게 이상한 데 휩쓸려 다닌다고 하는데?

A: 그건 내용을 알려드릴게요. 누가 핸드폰을 비싼 걸 샀어요. 그럼 제가 그 남편에게, "애엄마한테 70만 원짜리를 사줬어요?" 라고 물어요. 핸드폰을 사줬으면 제 아내는 "○○엄마는 남편이, ○○아빠가 ○○엄마를 70만 원짜리 핸드폰을 사줬다" 이런 식으로 그 남편 자랑을 해요. 돈 없는 사람은 참, 머리 터져요. 해주고 싶은데 마음대로 안 되는 거예요. 국제결혼한 남자들이 최고 고민이 이거예요.

Q: 그게 뭡니까?

A: 그게 크게 결론은 금전관계예요. 나도 해다오. 저 사람 저렇게 해줬는데 나도 해다오.

Q: 금전적인 것?

A: 나도 해다오. 나도 해다오. 그러니깐 이 사람이, 나도 해다오, 나도 해다오, 이런 식으로 나오기 때문에 그 사람은 진짜 고통스러운 거예요.

Q: 그렇죠.

A: 진짜 그게, 그 뭐, 진짜 저보다 못하는 사람도 있고 잘하는 사람도 있는데, 못해주면 못해주는 이유, 이 사람이 그걸 또 알고, 당신 하지 마. 나 마음 바뀌어져. 근데 저 사람이 그걸 꿰뚫어 보는 거예요. 괜히 잘하면, 당신 잘해주면, 그 사람들 잘못하면 이거 되면 당신 욕먹어. 하지 마, 그런 점이 있으니깐 하지 마라. 그런 게 있어요. 그러니깐 친목회라는 게 잘되면 좋은데, 안되면 나쁜 거예요. 그게 최고 힘든 거예요. 남자한테는, 비교를 하니깐, 당신 저렇게 나도 70만 원짜리 사다오. 그렇게 안 해주면 가~. 나가버려요. —베트남 여성의 남편

남편들의 경제력을 비교하며 하다못해 비싼 휴대폰을 사주지 않으면 '나가버린다'는 한국인 남성의 이야기는 부부관계에서 금전적 가치가 얼마나 지배적인가를 보여준다. 그리고 그런 상황에서 한국인 남성들이 느끼는 고통이 적지 않은 것임을 알려준다. 부부관계에 대한 정서적·인격적 접근의 중요성과 일상생활에서 그것을 실천하기

위한 의식의 전환이 필요함을 알 수 있다.

여기서 생각해 보아야 할 중요한 사실은 여성들이 한국으로 이주하게 된 모국 내의 사정, 원가족(原家族)에 대한 책임감이다. 조선족을 비롯한 동남아시아 출신의 여성들은 결혼의 목적을 한국이라는 '잘사는 나라'에 시집가 가족들을 경제적으로 지원하는 데서 찾는다. 그런 기대가 가족 안에서 실현되기 어려울 경우 여성들은 실망하고 가족 바깥으로 나오기 쉽다. 한국의 일반 가족보다 다문화가족에서 남성의 경제적 능력이 더욱 중요한 문제가 되는 것은 바로 이런 이유에서이다. 그리고 이런 모국의 원가족에 대한 책임감은 여성결혼이민자와 배우자의 관계를 더욱 도구적으로 만드는 요인이 될 수 있다.

## 5. 결론

지금까지 춘천시에 거주하는 결혼이민자가족의 문제를 살펴보았다. 결혼이민자가족이라고 해도 결혼이민자의 출신국과 한국인 배우자의 사회경제적 지위, 가족 구성, 결혼생활 기간 등에 따라 서로 다른 상황에 놓여 있음을 알 수 있었다. 그러나 문화적 차이를 지닌 외부인이라는 점에서 결혼이민자들은 한국사회에서 타자화되기 쉬우며(한건수, 2006), 한국인 간의 결합이 아니라는 점에서 결혼이민자 가족은 지역사회에서 주변적 위치에 있다.

이 조사에 따르면, 춘천시 거주 결혼이민자들과 그 가족 역시 한국사회 내 정착과 새로운 가족관계에 대한 적응, 언어 문제 등을 가지고 있었다. 그러나 가장 중요한 문제는 경제적인 것으로 다수의 결혼이민자 가족이 계층적으로 중하층에 속한 까닭에 경제적 빈곤이 가장 큰 현안으로 제기되었다. 또한 부부간 연령차로 인해 멀지 않은 미래에 40~50대가 되는 남성들이 일자리를 잃고 생계부양자 역할을 수행하지 못할 가능성이 커 이에 대한 사회적 차원의 대응책이 시급한 것으로 나타났다.

결혼이민자들과 그 가족들이 우려하는 또 다른 문제는 가족 자체의 불안정성이다. 춘천은 대도시와 달리 지역사회 내 소문이 쉽게 전파될 수 있기 때문에 몇몇 부부의 이혼이나 여성의 가출, 위장 결혼 사례가 지역사회 전체에 확대되어 다문화가족에 대한 부정적 담론을 형성하였다. 다소 과잉된 이러한 담론의 영향으로 한국인 배우자나 시부모들은 여성결혼이민자들의 외출을 통제하거나 외부와의 접촉을 제한하는 등 불안해 하지만, 이것은 결과적으로 여성들의 한국사회 적응을 저해하는 요인이 되었다.

이러한 상황에서 춘천지역 주민들의 반응도 그리 긍정적인 것은 아니다. 부녀회장 등 지역사회 주민들을 대상으로 한 면접 결과를 살펴보면, 대다수의 주민들이 한 마을에서 살기는 하지만 결혼이민자들에게 깊은 관심을 갖지는 않고 있으며, 문화적 호기심의 대상으로 바라보는 것으로 나타났다. 이중 소수의 주민들은 직접적 도움을 주고받거나, 반대로 매우 부정적 시각을 가지지만, 대체로 설문조사에서도 나타났듯이 결혼이민자들의 한국사회 정착에 지역주민들이 적극적인 도움을 주지는 못하였다. 따라서 결혼이민자들이 모국과 한국사회에서 갖게 되는 두 가지 정체성을 적절히 수용하고 가족들 역시 다문화가족 구성원으로서 필요한 새로운 정체성을 획득해 갈 수 있기 위해서는 지역사회 차원의 다양한 노력들이 필요하다고 할 수 있다.

한국 정부는 이미 다문화주의를 공공정책으로 선언하였다. 그러나 아직 우리 사회는 '열린 다문화사회'라는 정책 목표만을 제시했을 뿐 논의는 충분하지 않은 상태에 있다. 따라서 '다문화사회란 무엇인가, 다문화사회로 가기 위해 필요한 노력은 어떤 것인가'하는 문제에 대한 논의를 계속해가면서 정책의 방향을 잡아가야 할 필요가 있다.

이러한 맥락에서 결혼이민자가족의 불안정성을 해소할 수 있는 방안을 모색해 본다면, 먼저 결혼이민자를 받아들이는 한국사회 구성원들의 의식과 행동의 변화를 지적할 수 있다. 결혼이민자의 배우자는 물론, 부모와 친족 등 주변 사람들이 문화적 다양성을 이해하고 수용할 수 있어야 한다. 아울러 결혼이민자들이 한국사회에서 주변인이 아니라 가족과 지역사회의 주체로 살아갈 수 있는 경제적, 문화적 환경을 조성해 가는 작업도 필요하다. 나아가 결혼이민자와 그 가족을 둘러싼 지역사회 구성원 전체가 문화적 다양성의 관점을 공유하는 자세 역시 시급한 과제라고 할 수 있다.

이러한 노력들이 지역사회와 국가 차원에서 다층적으로 이루어질 때 '결혼이민자가족'이 진정한 의미에서 '다문화가족'으로 살아갈 수 있는 사회적 조건이 형성될 수 있을 것이다.

7

# 사회운동의 지역화 현상과 개방적 지역주의의 가능성

엄한진

## 1. 서론: 지역주의의 양면성

최근 춘천의 주요 시민사회단체들의 공통된 경향 중 하나는 지역사회와의 관계에 대한 관심의 양적, 질적 심화이다. 그 양상을 보면 지역 현안에 대한 보다 적극적 개입을 넘어서 로컬푸드 운동과 같은 대안적 지역경제 패러다임의 실험, 어린이도서관운동이나 자전거문화의 확산과 같은 일상생활의 혁신이 시도되었다. 이와 함께 시민사회단체들 간의 연대기구 창설이 최근 2~3년에 집중적으로 나타나고 있다. 이러한 현상은 분권화 현상이 정치사회, 경제사회의 영역뿐 아니라 시민사회에서도 시도되고 있음을 의미한다.

그런데 지역사회와의 관계 심화를 통해 명실상부한 '지역'의 사회운동으로 자리매김하려는 시민사회단체들의 시도에 대한 평가가 그리 간단한 문제는 아니다. 정치사회적 측면에서 한국사회의 '지역'은 부정적 함의가 강했고 진보적 시민사회단체들이 지역의 다양한 사회세력들과의 관계보다 이념을 공유하는 중앙 또는 전국적 범위의 단체들과의 관계를 우선시한 원인 중 하나도 여기에 있다. 이들에게 지역사회는 부정적 의미의 지역주의와 지역 토호들의 이해에 좌우되는, 극복해야 할 대상이었다. 지역이 지니는 배타적이고 보수적인 함의는 한국사회에 국한된 것이 아니다. 최소한 유럽의 경우 지역주의나 분리독립운동의 많은 부분은 한 국가의 부유한 지역이 가난한 지역과의 공존이 경제적 측면에서 자신들의 희생을 의미한다는 인식에서 비롯된 것이다.

그러나 지역은 또한 새로운 변화의 동력이기도 했다. 한국에서 지역은 4·19혁명, 부마항쟁, 광주민주화운동의 경우처럼 독재정권에 대항한 저항운동의 진원지였고, 협동조합운동, 마을만들기운동, 대안화폐운동 등 대안사회의 실험장이었다. 일본 시민운동은 혁신의 주체로서의 지역을 잘 보여주는 사례이다. 1960년대 이래 주민운동의 전통, 주민운동이 정치운동으로 발전한 혁신지자체운동, 일본 특유의 시민형 생활협동조합, 시민 주권 확보를 위한 대안 정치운동으로서의 대리인운동 등 일본 시민운동의 중심에는 지역과 지역 주민들이 있었던 것이다(한영혜, 2004). 최근 한국사회에서도 적극적으로 논의되는 '사회적 경제'(*social economy*), 즉 자본주의 경제와는 달리 자본이 아니라 인간과 노동을 우위에 두는 다양한 경제형태에서도 지역은 핵심적 요인이다. 사회적 경제 및 사회적 기업의 중요한 존재의미 중 하나는 바로 지역사회에 공헌하는 것이다. 예를 들어 1990년대 새로운 사회적 경제의 대표주자였던 이탈리아의 '사회적 협동조합'은 조합원뿐 아니라 지역사회 등 외부의 이해를 고려하는 새로운 성격을 보여주었다. 주로 중앙정부가 손을 뗀 대인서비스 분야에서 발전한 이탈리아의 협동조합을 '사회적' 협동조합이라 부르는 것은 바로 지역사회에 개방하고 봉사하는 점 때문이었다(Borzaga and Becker, 2001).

사회운동에서 지역이 지니는 이러한 양면성에 대한 인식으로부터 이 글은 최근 춘천지역 시민사회단체들의 지역화 또는 토착화 현상이 지니는 의미를 살펴보고자 한다. 이를 위해 '춘천시민연대', '춘천

노동복지센터', '춘천생활협동조합'의 경험, 그리고 이들을 중심으로 최근 결성된 '춘천 사회적 경제네트워크'와 '친환경농산물유통사업단'의 경험을 살펴본다. 정기총회자료집, 토론회 발표문 등을 검토하고 핵심 인물을 대상으로 한 인터뷰 결과를 활용하였다. 이 글에서 지역과의 관계는 지역의 사회운동으로서의 다양한 양상들을 의미한다. 대안적 지역경제 모색 등 지역사회의 구조적 문제에 대한 주체적이고 적극적인 태도, 지역 시민사회단체간의 연대에 대한 관심, 지역 주민들과의 관계에 대한 고민 등이 검토될 것이다.

## 2. 중립적 개념으로서의 지역주의

시민사회가 다양한 집단 및 그들 고유의 이해관계, 그리고 이를 반영하는 다양한 이념들을 포함하고 있듯이 지역주의 역시 한국사회의 일반적 용법과는 달리 다양한 양상들을 포괄하는 개념으로 사용될 수 있다. 이 절에서는 춘천 사회운동의 지역화 현상의 성격에 대한 논의에 앞서 근대의 산물로서 지역주의가 지니는 다양한 의미를 살펴본다.

먼저 최근 한국사회의 지방화(*localization*) 현상에 대해 논의를 시작하겠다. 이 개념은 1990년대 지방자치제 부활을 계기로 지역 차원의 정치, 경제, 사회, 문화 전 영역에서 진행되는 일련의 현상을 지칭하기 위해 쓰이는데, 지역 내적으로는 지방자치제를 계기로 이루어지는 지역차원의 민주화과정을, 국가와의 관계에서는 자율성의 증대, 즉 정치. 경제. 사회, 문화의 독자적 단위로서의 지방의 형성을 의미한다.[1] 오늘날, 지방화는 중앙권력이 지방으로 옮겨가는 현상

1) '지방의 형성' 또는 '지방의 탄생'과 같은 개념들은 지자제 이전에는 지방이

에 더해, 지방으로 옮겨간 권력이 지방의 시민사회로 확산되면서 지방정부와 지방시민사회간의 관계가 새롭게 설정된다. 지방공간 내에서 이러한 권력 이동은 지방자치제의 실시와 더불어 지방의 시민사회가 등장한 것의 결과이기도 하다. 자의식적 지역시민의 등장을 지방차원에서 '정부에 대칭되는 시민사회'의 위상의 상대적으로 강화되고, 그 결과 '정부에서 시민사회로의 권력'이란 현상을 초래한다. 지역수준에서 시민사회의 등장을 중앙집권 시절 수동적 국민이었던 지역주민들이 자치의 틀 내에서 그들의 삶의 권리를 적극적으로 찾고 이를 지방자치단체의 정책 등을 통해 실현하고자 하는 지역시민으로 거듭나는 것의 지역적 현상인 것이다(조명래, 2006: 46~47).

그런데 일반적으로 지역의 부상은 분권화나 분리주의적 경향 또는 세계화의 관계를 중심으로 논의되었다. 분권화가 중앙집권적이고 권위주의적인 근대의 지역 간 관계에 대한 대안으로서 긍정적 평가를 받는다면 분리주의적 경향은 사례에 따라 소수민족집단의 해방(북아일랜드, 바스크, 팔레스타인, 티베트 등)이라는 긍정적 평가와 부유한 지역과 계층의 시민적 책임 회피(이탈리아 북부, 스페인 카탈루냐, 구소련 시절 발트해 삼국 등)라는 부정적 평가로 나뉜다(Valladao, 1994). 세계화 또는 지역화(*regionalization*)와의 관계에서는 '지방의 연합으로서의 유럽'이라는 비전을 추구해온 유럽연합의 경우처럼 국가를 우회하는 외부와의 관계의 실험으로 큰 기대를 모으기도 했다.

분리주의의 예는 대부분 다민족국가에 해당하는 현상이지만 지역적 정체성 또는 지역주의가 지닌 이데올로기적 측면의 중요성을 보

---

존재하지 않았다는 것을 의미하는 것은 아니다. 위의 표현들이 의미하는 것은 근대 초기 '민족'이 그러했던 것처럼 최근 한국의 지역사회도 그 이전에 존재했던 경계, 정체성, 통합기제, 그리고 제국, 국가, (다른) 지방 등의 정치적 범주와의 관계에서 질적으로 새로운 특징을 보인다는 것이다(엄한진, 2004: 217~218).

여준다. 한국의 경우에도 영호남 지역주의에서 지역주의의 정치성을 확인할 수 있다. 그러나 일반적 용법과 달리 한국에서 지역주의 개념은 정치성이 강한 부정적 현상에 국한되어 사용되었다. 지역주의적 투표행태는 후보선택에 있어 정책과 이념이라는 요소를 배제하고 지역과 그 지역을 상징하는 특정 정치가에게 무조건적 충성을 보인다는 점에서 한국정치의 후진성을 대표하는 요소로서 많은 사람들로부터 비판받았다(하세현, 2005: 161). 또한 지역주의가 주요한 사회경제적 균열을 은폐하고, 의제 설정을 호도하는 이데올로기 효과를 발휘한 점이 비판되기도 하였다(이창희, 2006: 74).

우리 사회에서 지역주의는 정치적 현실과 이론 모두에서 영남의 '패권적' 지역주의, 호남의 '저항적' 지역주의에 이어 1990년대 이후부터는 충청권의 '반사적' 지역주의에 이르기까지, 광역권 대립을 가리키는 것이 일반적이다. 그리고 지역주의 연구 역시 민주화 이행 이후 1990년대 절차적 민주주의가 도입되면서 나타난 선거정치에 대한 연구가 주종을 이루었다. 협소한 개념 설정의 결과, 지역주의 개념은 '부정적 가치판단'이 연관된 비합리적이고 정서적 측면의 요소가 짙게 투영된 용어가 되었다. 이로써 지역주의는 청산과 극복 대상으로만 인식된다(이창희, 2006: 75~78).

물론 이러한 양상이 비단 한국사회에 국한된 것은 아니며 국민국가와 중앙권력 중심의 근대사회의 보편적 특징이다. 지역주의에 대한 가장 대중적 인식 가운데 하나는 지역주의를 '전근대적 부족주의'로 간주하는 것이다. 그러나 1960년대부터 불기 시작한 지역주의 바람은 서구 선진국가들도 예외가 아니었고 지역주의 현상에 대한 기존 인식에 대한 비판이 뒤따랐다. 레이파트(A. Lijpart)는 "근대화가 서구사회의 집단간 갈등을 약화시킬 것이라는 예측은 잘못되었으며 근대화가 집단들 간의 정치통합을 자동적으로 가져오지 않는다"고 비판하였다(최영진, 1999: 33에서 재인용). 오히려 민주주의 이념의 확산으로 지역주의가 더욱 확대되었다는 지적이다. 지역주의는 사실상 전근대성의 소산이기보다 근대화 과정의 결과라는 점에서 근대민족주의의 형성과정과 결부되어 있다.

프랑스의 예를 보자. 이 자유, 평등, 박애의 나라는 대혁명을 통해 국민주권을 이룩한 근대 민주주의 국가의 상징인 동시에 정치와 문화의 온갖 기능이 수도권에 집중된 강한 중앙집권체의 모델이기도 하였다. 비대한 중앙에 대한 지방의 불만이 터져 나온 것은 이미 19세기 중엽부터이지만 분권화를 요구하는 지방의 항거가 전국규모의 정치세력으로 성장하기 시작한 것은 19세기 말~20세기 초에 이르러서이다. 하지만 20세기 프랑스 정치사상사에서 지역주의는 줄곧 그 의의가 축소 또는 은폐되거나, 기껏해야 보수 우파의 복고 이데올로기로 폄하되어왔다. 이러한 은폐와 몰이해는 우선 지역주의가 20세기 중반에 '노동·가족·조국'을 기치로 내건 비시(Vichy)정권의 '국민 혁명'에 이념적 자양분을 제공했다는 역사적 경험에 대한 냉혹한 평가에서 나온 것이다. 지역주의는 우파의 이념이라는 등식이 암암리에 굳어지게 되었다. 다른 한편, 지역주의에 대한 몰이해는 무엇보다도 이념 자체에 내포된 절충적이고 타협적인 성격에 대한 평가에서 유래한다. 지역주의는 비정당적 정치운동을 표방했으며, 실로 다양한 정치적 배경을 지닌 인사들이 지역주의의 기치 아래 모여들었다. 좌·우파 모두를 아우르는 이러한 정치적 절충주의는 지역주의를 권좌에 오른 부르주아 보수파의 교묘한 기득권 유지 전략의 일환으로 보거나, 아니면 기껏해야 전통주의의 현대판 변종 정도로 폄하하는 논거를 제공했다(이용재, 2005: 121~123). 일반적 인식과 달리 지역주의는 다양하다. 따라서 지역주의에 대한 논의 역시 다양한 형태를 지닌 지역주의 현상들을 다루는 것이어야 한다.

이 연구에서는 이렇게 지역주의와 지역적 정체성을 포괄적이고 정상적인 현상으로 고려한다. 지역의 구성원으로서의 소속감, 지역을 근간으로 하는 정치사회, 경제사회, 시민사회의 다양한 실천을 가치가 개입되지 않은 개념으로서의 '지역주의'로 지칭할 수 있는 것이다. 그리고 이렇게 개방적으로 인식된 지역주의의 이데올로기적 특성을 다루고자 하는 것이다. 예를 들어 다음과 같은 질문을 제기할 수 있는 것이다. 복지국가의 경우 대부분 부유한 지역이 세금 등의 문제로 가난한 지역과 국민국가의 틀에서 공존하는 것을 거부하는 극우적이고 배타적인 분리독립운동을 한다면, 부유한 수도권지역이 가난한 지역을 착취하는 한국의 경우 지역주의 운동의 성격은 어떻게 다른가? 우리는 또한 지역주의의 유형화를 시도할 수도 있다. 즉 온건한 지역주의(타협적 노선, 제도화된 사회운동) 대 급진적 지역주의(비타협적 노선, 거리의 정치), (사회)문화적 지역주의 대 정치적 지역주의, 진보적 지역주의 대 보수적 지역주의, 개방적 지역주의 대 배타적 지역주의와 같은 구분이 지역정체성과 지역주의, 지역사회운동에 대한 논의에 적용될 수 있을 것이다. 아래에서는 춘천지역 사회운동에서 나타나는 지역주의의 사례를 검토한다.

## 3. 춘천 시민사회단체의 지역화 현상

1990년대 중반 이후 진보적이고 개혁적인 시민운동을 하던 단체들은 언론에 의존하는 편향이 있었다. 물론 그렇게 해서 사회적 영향력이 급격히 빠른 시간 내에 높아진 강점이 있지만 시민사회에 깊이 뿌리를 내린다는 측면에서 본다면 한계가 있었다. 바로 이러한 맥락에서 지역화 현상이 나타난 것이다. 이강익(2009)이 지적하는 시민운동의 한계에서도 최근 춘천 시민단체들의 지역화 노력의 배경을 읽을 수 있다.

① 단체에 갇힌 시민운동:
단체를 넘어서서 지역사회를 바라보는 시각 취약, 단체간 정보 교류 및 신뢰형성 부족, 단체간 연계활동 취약
② 시민 없는 시민운동: 대표 및 상근자 중심 운동
③ 지역 서민의 삶에서 멀어진 시민운동:
노동자, 서민의 문제에 무관심
④ 지역사회를 바꿀 장기적 비전과 전략의 취약

아래에서 살펴볼 세 단체와 이들이 중심이 되어 결성한 '춘천사회적경제네트워크'와 '친환경농산물유통사업단'은 지역화 현상을 보여주는 전형적 사례이다. 이외에도 개별 단체를 넘어선 새로운 운동의 가능성을 모색한 춘천고용포럼(2006년 창립)과 같은 사례들이 있다.

### 1) 봄내살림: 대안적 지역사회의 실험

#### (1) 배경: 수도권 의존적 구조와 의식

2008년 춘천에서는 지역 시민사회단체들의 컨소시엄으로 친환경농산물유통사업단 '봄내살림'이 창설되었다. 봄내살림의 대표적 활동은 '생명이 꽃피는 밥상'의 운영인데 이는 춘천 유기농 농부들이 생산하는 과일, 채소, 유정란 등을 매주 직거래로 공급하는 소비자 회원 직거래 밥상이다. 이와 함께 유치원, 학교 등 지역단체급식에 친환경농산물 공급, 다국적 유기농 점심을 제공하는 다문화 카페 'Da' 운영, 조리 가공된 반찬을 판매하는 춘천생협매장 운영, 춘천시와 친환경농업 활성화 공동사업 추진 등의 활동을 전개하고 있다. 이들이 시도하는 지역순환경제운동의 배경에는 수도권 의존적, 역외누출적 산업구조가 존재한다. 먼저 권역별 전후방 연관성 분석자료에 따르면 강원지역은 타 지역에 대한 전후방연관성이 가장 높은 지역이다. 금융자금의 역외누출률도 지방 평균보다 높으며 전반적 감소 추세에도 불

구하고 광역시 등 타 지역의 감소율보다 낮게 나타나고 있다. 수도권 의존성은 객관적 지표뿐 아니라 이러한 현실을 반영하는 시민들의 의식에서도 확인되었다. 설문조사 결과 수도권은 개인적 이주 및 취업 희망 지역으로, 그리고 춘천발전을 위한 우선적 교류대상 지역으로 고려되었다. 수도권 출신자들에 대한 호감이 타 지역 출신자들에 비해 높았고, 심지어 수도권 자체의 발전에 대한 긍정적 견해에서 수도권과 동일시하는 측면이 발견되었다. 특히 춘천인으로서의 정체성이 강한 집단에서 긍정적 견해가 상대적으로 강하게 나타난 점은 현재 춘천인으로서의 지역적 정체성이 가지는 수도권 지향성을 뒷받침하는 근거로 볼 수 있겠다. 게다가 과거의 설문조사 결과와 비교할 때 수도권 의존성은 더욱 심화된 것으로 나타난다. 이러한 결과는 중앙과 지방의 격차 확대라는 객관적 현상을 반영한 것으로 볼 수 있다.

① 이주 의사 및 희망 지역

설문조사 결과, 응답자의 88.5%가 춘천이 살만한 곳이라고 응답했고 67%가 최근 춘천이 발전하고 있다고 생각하는 것은 춘천생활에 대한 시민의 높은 만족도를 보여주는 것이다. 그럼에도 불구하고 "춘천을 떠나 타 지역으로 이주하고 싶다는 생각을 하고 계십니까?"라는 질문에 대해 2003년에 비해 높은 36.3%가 긍정적으로 답했다(〈표 7-1〉; 〈표 7-2〉). 타 지역으로의 이주, 특히 수도권(66%)으로의 이주 의사를 표명한 것은 이주에 대한 생각이 춘천의 내적 요인(*push factor*)보다 외적 요인(*pull factor*)에 기인한다는 것을 보여준다.

한편 이주희망 지역의 69.6%가 수도권으로 나타났고 이는 일자리 희망 지역에 대한 조사결과와도 일맥상통한다. "내가 만일 일자리를 구하게 된다면 수도권과 춘천지역 중 어느 지역으로 가는 것이 좋은가?"라는 질문에 대해서도 수도권을 적극적으로 선택한 사람의 비율(7점 척도 중 1)이 40%에 달하였다.

〈표 7-1〉 이주 의사를 묻는 설문조사 결과

| 응답 내용 | 비율(%) |
|---|---|
| 이주할 생각 있다 | 36.3 |
| 이주할 생각 없다 | 46.2 |
| 생각해 보지 않았다 | 17.6 |

〈표 7-2〉 이주 의사 비교(2003년과 2008년)

단위: %

| 연도 | 이주할 생각 있다 |
|---|---|
| 2003 | 22.3 |
| 2008 | 36.3 |

* 주: 2003년의 경우에는 "당장 다른 곳으로 이사하고 싶다"(1.9%), "가능하면 다른 곳으로 이사하고 싶다"(20.4%)의 수치를 합한 값이다.
* 출처: 한림대학교 사회조사연구소·춘천문화방송(2003: 37)과 2008년 조사 결과를 기초로 구성함.

② 수도권 의존적 지역발전 전망

한편 "향후 춘천지역 발전을 위해 어떤 형태의 교류가 보다 중요한가?"라는 질문의 경우에는 압도적으로 서울과의 교류를 희망했다. 지역 내부의 자체교류(9%)에 대해서는 국내 타 지역과의 교류(17%)에 비해서도 낮은 비율을 보였다. 춘천발전과 관련해 나타나는 수도권 지향적 사고가 최근에 나타난 현상은 아니지만 10년 전에 비해서도 심화되었다(〈표 7-3〉).

③ 수도권과의 동일시

다양한 측면에서 나타나는 이상과 같은 수도권 선호 경향을 고려할 때 '수도권 규제완화'에 대한 견해를 묻는 질문에 대해 동의가 많았던 것도 단순히 질문의 뜻을 제대로 이해하지 못한 데 따른 것임과 동시에 춘천 거주자들이 가지고 있는 수도권에 대한 친화성 또는

〈표 7-3〉 춘천의 발전을 위해 필요한 교류 지역(1998년 조사와 비교)

단위: %

| | 지역내부 교류 | 타지방 교류 | 중앙/서울과 교류 | 외국과 교류 | 모름/기타 |
|---|---|---|---|---|---|
| 1998 | 11.9 | 18.7 | 47.8 | 12.7 | 9.0 |
| 2008 | 9.2 | 17.1 | 59.9 | 5.7 | 8.2 |

* 출처: 한림대학교 사회조사연구소 · 춘천문화방송(1999: 285)과 2008년 조사 결과를 기초로 구성함.

춘천을 수도권의 일원으로 생각하는 측면 등이 복합적으로 작용하였다고 추정할 수 있다. 이를 좀더 구체적으로 확인하기 위해 춘천 사람으로 생각하는 정도와 수도권규제 완화에 대한 태도의 상관관계를 살펴보았는데, 그 결과 춘천인으로서의 정체성을 강하게 나타낸(5점 척도 중 1) 응답자에게도 찬성이 가장 높게 나타났다.

유정배 강원살림 상임이사에 따르면 적어도 이제 강원도나 춘천에서 활동하는 단체들은 특정한 정파나 정치적 견해를 떠나서 수도권 규제완화에 대해서는 개발론자이든, 지속가능개발론자이든 반대하고 있다. 따라서 시민사회단체 활동가와 일반 시민들 간의 견해 차이는 일반 시민들 중 수도권과 접근망 개선과 같은 것들이 "지역발전에 도움이 된다"고 생각하는 사람들도 있을 수 있다는 점으로 설명될 수 있다. 이와 관련해 최근 수도권 편입론을 주장하는 사람들이 상당수 존재한다는 점을 받아들여 이들의 경제적 이해가 어떤 것인지 파악할 필요가 있다. 또한 지난해 정권교체도 이러한 인식에 영향을 미쳤다고 볼 수 있다. 즉 지방정부 등 지역의 주요 행위자들의 경우 중앙정부의 정책에 저항하기보다 실리적으로 이 문제에 접근하여 규제완화를 받아들이면서 이득이 되는 부분을 찾자는 생각을 가지는 사람들도 있는 것이다.

다른 한편으로 직접적 연관성을 말하기는 어렵지만 이러한 인식은 지역균형발전론에 대한 대응으로 제기된 바 있는 수도권중심론과 궤를 같이하는 것이다. '세계도시'(*World City*) 논의를 이론적 근거로 2000년대 초반에 제기된 바 있는 '수도권중심론'은 현재 반주변부(*semi-periphery*)의 2차도시(*secondary city*, Knox & Agnew)에 해당하는 서울이 위계적 세계도시체계 속에서 위상을 제고해야 한다는 논리, 즉 수도권의 세계도시화 전략을 제시한다. 이 논리는 우리나라의 경제공간 구조가 수도권 중심의 거대도시 구조로 전환되고 있음을 강조한다. 그리고 이러한 구조적 변동에서 수도권 도시의 주어진 여건으로 보아 세계도시화 추세를 역행하기 힘들다는 것이다. 즉 수도권을 인구 2200만의 거대도시로 볼 때 우리나라는 이미 도시국가임에 틀림없다는 것이다(이기석, 2001: 79~80).

(2) 자립적·내생적 지역경제 패러다임의 모색

바로 이러한 배경에서 수도권 의존적, 역외누출적 경제구조를 자립적 순환구조로 전환시키려는 전망이 제시된 것이다. 한편 춘천노동복지센터 이강익 대표에 따르면 지역 시민단체들의 컨소시엄으로 운영되는 친환경농산물유통사업단 '봄내살림'을 만들게 된 직접적 계기 중 하나는 한미 FTA투쟁이었다고 한다. 한미 FTA 투쟁은 "글로벌 푸드시스템에 어떻게 대항을 해야 할까?"라는 고민을 제기했고 그 해결책으로 로컬푸드 운동을 하게 되었다는 것이다. 당시 시민운동 진영의 상황을 보면 학교급식 문제가 가장 중요한 의제였는데 조례는 만들어놓았지만 일이 진척되지 못하는 답답한 상황이었고, 이러한 상황에서 로컬푸드시스템을 고민하던 노동복지센터가 학교급식운동과 접목이 되었던 것이다(2009. 5. 19. 인터뷰).

로컬푸드 운동에 대한 여러 비판에 대해 춘천노동복지센터 이강익 대표는 다음과 같이 회상한다.

사실 로컬푸드 운동은 예전에 민주노동당 정책 일을 할 때 농민회 쪽에 제안을 했었습니다. 실제 제안을 할 수 있는 것이라고 생각했는데 지역운동 하시는 분들은 민족주의가 굉장히 강해요. 그 민족주의 시각에서 보면 중앙과 싸움하고 농산물유통망을 띠어가기보다는 전국적 유통망, 더 나아가 남북이 함께하는 유통망을 만들어야 하는데 뭔 로컬이냐…. 그게 사업이 부결된 이유였다고 해야겠죠. 민족주의 다시 말해 일종의 내셔널푸드와 로컬푸드가 대립하는 부분들도 있었던 것이지요. 그분들은 또한 친환경 농업에 대해서도 좀 비판적인 게 있었습니다. 왜 그러냐면 북한이 굶고 있고 어려운 상황에 있고 주체농법이라고 해서 화학비료 많이 쓰더라도 일단 식량안보가 중요한데 로컬푸드는 친환경지향적이거든요. 이래서 좀 거부감이 있었습니다. 한편 노동계는 "부자들 살찌워놓는 운동이다"라는 시각에서 반대를 했고 시민단체들은 예를 들어 생협 같은 경우 지역농민과 함께 가야 하는데. 지역차원의 유통구조가 가능하냐는 의구심이 있었죠. 생협 유통망은 지역에서 생산한 게 수도권에 있는 집결지로 가서 지역으로 다시 배송되는 우리나라의 전형적 구조를 가지고 있었던 거죠. 지역에서 생산됐는데 지역에서 받는 게 아니라 '한살림' 본부를 거쳐서 다시 내려가는 구조를 가지고 있어서 로컬푸드시스템 형태가 현실적으로 가능하겠느냐는 고민이 제기됐고 그런 것이 사실 어려웠습니다.

현재 춘천지역 로컬푸드 운동을 가장 직접적으로 해나가는 춘천생협의 경우에는 논의 초기만 해도 먹을거리 영역은 생협의 영역인데 다른 단체들이 개입하는 것에 대한 반감이 컸었다. 그러나 2006년부터 춘천생협 내부에서도 "지역농민과 함께하는 생협을 만들자"라는 운동이 내부적으로 조금씩 있었다. 이러한 문제의식이 춘천노동복지센터 등을 중심으로 준비되던 로컬푸드 운동과 결합한 것이었다. 여기에 당시 활로를 찾지 못하던 학교급식운동을 주도하는 여성민우회와 춘천시민연대, 그리고 2007년부터 대표적 사회적 경제전문가 자크 드푸르니(J. Defourny) 교수 초청 학술행사(2007. 3)를 계기로 사회적 경제를 지역사회와의 연대 및 사회학과의 특성화 분야로 추진하던 한림대 산학협력단이 컨소시엄에 참여하면서 급물살을 탄 것이다. 컨소시엄 단체들 간에 형성된 신뢰를 바탕으로 해서 점차 지역자활센터나 시니어클럽 등으로 연대의 폭을 넓혔고 그 가시적 결과가 춘천 사회적 경제네트워크였다. 네트워크는 '사회적 경제'를 강원경제 재생의 주요 부문으로 부각시키려는 시도를 하고 있는 것이다.

### 2) 춘천생활협동조합: 지역생협으로서의 정체성 추구

춘천생협 한재천 이사장은 2006년 이후 춘천생협의 새로운 모색을 다음과 같이 요약한다(춘천생활협동조합, 2009b).

① 아토피 가족모임과 마을모임의 활성화
② 생명운동에서 지역살림(*local food*) 운동으로 전환:
"지역생산자의 농산물을 지역에서 소비하는 생협으로"
③ 춘천생협에 출하하는 것을 중심에 두고 생산자회 재조직화
④ 학교급식 운동의 재점화
⑤ 춘천친환경농산물유통사업단 운영

이상과 같은 최근의 경향은 지역화, 토착화로 설명될 수 있다. 대부분의 역점사업들이 생산자나 지역 시민단체들과의 네트워크 발전, 지역경제 및 지역주민에 대한 관심 제고 등 지역사회에 뿌리를 내리는 것을 지향함을 알 수 있다.

물론 이러한 최근의 현상은 오래된 전통과 접목되는 것이다. 우리나라 생협의 역사적 전통은 일제시대로 거슬러 올라가지만 현재와 같은 생협의 시작은 1973년 3월 설립된 강원도 평창의 '신리소비자협동조합'[2)]으로 보는 것이 일반적이다. 신리소협과 같은 초창기 생협

의 출현은 1972년 8월 일어난 남한강 대홍수로 인하여 생계유지에 절대적 어려움을 겪게 된 지역 농민과 탄광노동자들이 자립할 수 있게 하기 위한 방안으로 생활필수품을 공급하는 마을구판장의 조직에서부터 시작되었고 이 마을구판장형 협동조직이 오늘날의 생협의 태동이라고 할 수 있다.

우리나라 생협운동의 역사에서 1980년대 중반은 새로운 전환점이었다. 그 전환적 현상의 하나는 초창기 생협의 탄생을 만들어낸 원주지역에서 다시 시작되었다. 그것은 생명가치를 중심에 둔 농민운동과 생협의 만남이었으며, 현재와 같은 친환경농산물의 도농직거래를 주요한 사업을 하고 있는 생협의 시작이었다(생활협동조합전국연합회, 2006: 121~122).

한국사회 생협의 특징은 생협운동이 한국사회의 농업, 농민의 문제와 깊은 관계를 가지는 점과 안전한 먹을거리에 대한 깊은 관심이라고 할 수 있다. 생협의 초기 선구자들 중에 상당수는 농민운동과 밀접한 관계를 가졌다. 특히 이른바 '녹색혁명'이라고 하는 관행농법에 의한 농업이 아닌 현재 포괄적으로 '친환경농업'이라고 불리는 대안적 농업방식을 실천하는 농민운동가들에게는 지속적인 농산물 생산을 위해 조직화된 소비자 조직이 필수적이다(생활협동조합전국연합회, 2006: 123).

최근 생협이 역점을 두고 추진하는 지역사회와의 관계 강화에는 생협 내적 요인이 작용한다. '조합원', '출자금', '사업구역'을 협동조합의 3요소라고 한다. 이에 따르면 생협은 조합원이 출자한 자본을 기초로 하여 일정한 사업구역 안에서 조합원 스스로가 자조의 사업을 하는 조직이다. 그런데 2000년대의 생협운동은 이전과 비교해 보면 사업구역에 큰 관심을 둔다. 이는 생협법으로 사업구역을 정하고

---

2) 생협 초창기에는 '소비자협동조합(소협)'이라는 명칭을 사용하였다.

있는 점도 영향을 주었지만, 생협이 지역 안에서 다양한 활동에 참여하거나 주도한다는 점에서도 나타난다. 이 사업구역은 표면적으로 광역화되지만 내용적으로 지역을 축소하는 경향을 나타낸다. 생협의 사업구역을 조합원 상호간에 대면관계의 형성이 가능한 지역범위로 하거나, 조합 전체의 사업구역이 넓은 경우라도 여러 개 마을단위로 생협의 지역활동을 유도한다.

소지역중심으로 조직화하면서 생협은 지역에서 매우 주요한 환경단체이면서, 생활정치단체로 변모하였다. 그래서 많은 단체유형의 구매생협들도 지역에 관심을 두면서 단체의 정체성보다 지역에 보다 밀착한 생협으로 변화를 모색하고 있다. 실제로 종교단체나 사회단체를 중심으로 설립한 생협들 대부분이 단체유형의 구매생협에서 지역유형의 구매생협으로 전환하였고, 최근 설립한 생협들은 단체유형보다는 지역유형으로 설립하는 경향이 두드러지게 나타난다.[3] 이렇게 생협운동이 지역에 뿌리내리는 현상이 오늘날의 생협운동의 특징이다(생활협동조합전국연합회, 2006: 141).

2004년부터 2009년까지의 정기총회자료집을 검토하면 2006년부터 명시적으로 지역사회에 대한 고민이 사업방향에 반영되었다. 2006년 '올해의 사업방향'을 보면 '시민들과 함께하는 사업'에 ① 보육시설 아

---

3) 생협의 유형: 생협은 사업내용(방식)에 따라서 물품의 구매공급사업을 하는 구매생협과 생활상의 서비스를 제공받기 위한 생협으로 분류할 수 있다. 다른 분류방식으로는 생협에 가입할 수 있는 조합원의 자격으로 분류하기도 하는데, 생협은 조합원만 이용할 수 있기 때문에 조합원의 자격은 생협의 사업구역이라고 할 수 있다. 생협법은 이 조합원의 자격(사업구역)으로만 유형을 구분한다. 이 두 가지 분류방식은 상호중층되는데, 현재 우리나라에서는 6~8가지 유형으로 분류한다. 이러한 생협의 유형 중에 일반적 생협으로 알려진 유형은 지역유형과 단체유형의 생협이 구매사업을 하는 생협으로 '구매생협' 또는 '지역생협'이라고 부르며, 이 구매생협의 일반적 사업이 안전한 먹을거리의 공동구매사업이다(생활협동조합전국연합회, 2006: 125).

이들 대상으로 과자 유해성 알리기, ② 아토피 시민대상 강좌, ③ 가을 추수 잔치 시민과 함께, ④ 지역사회 공헌하기: 저소득층 공부방 체계적이고 효율적인 지원과 봉사, ⑤ 사회적 협동 경제망 강화 등이 포함되어 있다. '생활정치 실현을 위한 참여' 항목에는 ① 시민단체들과 함께 주민참여 예산 실행하기, ② 아토피 치료를 위한 보건소 예산 반영, ③ 유기농업 예산 반영이 포함되어 있다. 2006년에 시작된 지역화의 시도는 2007년에도 유사하게 나타난다(춘천생활협동조합, 2007). 2008년 사업방향에는 특히 지역 생산자와 지역 농산물을 중시하는 지역생협으로서의 위상 재정립이 천명되어 있다.

> 춘천생협의 시작은 생산자가 중심이 되어 도시 소비자와 생산물을 유통하는 지역생협의 위상을 가지고 출발했습니다. 그동안 춘천생협의 지역농산물 소비량이 적어 생산자분들에게 큰 도움이 되지 못하고 몇 품목만 명맥을 유지해왔습니다. 올해는 소비량과 공급계획을 미리 작성하고 소규모 농민장터 등 지역에서 생산되는 농산물이 우선적으로 공급될 수 있도록 여러 방법을 모색하겠습니다. 나라 안팎으로 농업의 급격한 퇴조와 몰락이 예견되고 있습니다. 지역 농촌을 살려 소비자와 생산자가 공생할 수 있는 토대를 만들어 나가겠습니다(춘천생활협동조합, 2008).

지역생협의 위상이 체인점화되는 다른 유기농 매장과 다른 춘천생협의 고유 정체성으로 재인식되는 것이다. 1단체 1농촌 살리기 운동에 적극 동참하여 도농이 상생하는 토대를 만들어 나아가겠다는 계획도 제시되었다(춘천생활협동조합, 2008).

2008년 사업평가에는 춘천생협이 지역생협으로 자리매김했던 중요한 한 해가 되었다는 점이 강조되었다. 춘천생협 생산자회가 내실있게 자리 잡고 농산물 직거래 장터, 추석 쇠고기 직거래, 김장 시장 등 지역 생산자와 조합원 소비자 간에 직접 유통이 활발한 한 해였다는 평가이다. 춘천생협은 또한 광우병 미국산 쇠고기 수입 반대 행동에 적극 참여하였다(춘천생활협동조합, 2009a).

친환경농산물유통사업단에 참여하게 된 것은 이렇게 2~3년간의 지역화에 대한 노력들이 결실을 거두게 되던 시기였다. 한 단위생협을 넘어 지역 전체 먹을거리 순환문제를 풀어내고자 지역생산자와 시민단체, 그리고 지역 대학과 함께하고, 지역사회가 자생력이 커지고 자치력을 갖춘 도시가 되는데 역할을 다해 나갈 것이라는 참여의 변에서 보다 개방적이고 지역 전체의 문제를 고민하는 생협으로의 전환을 읽을 수 있다.

### 3) 춘천 사회적 경제네트워크: 사회적 경제의 본질로서의 재지방화 시도

춘천지역 사회적 경제 운동의 기원은 1990년대 시작된 소비자생활협동조합 운동이었다. 이 운동의 성과로 2000년 춘천소비자생활협동조합이 탄생하였다. 그러다가 1997년 IMF 직후 시민사회주도형 실업극복운동이 활성화되었다. 실업극복을 위한 지역내 시민단체간 연대 및 공동활동이 활발히 전개되었다. 이 운동은 '춘천자활후견기관'의 제도화라는 성과를 남겼다. 2000년 이후가 되면 사회적 일자리 사업을 하는 기존 단체 및 다양한 단체가 형성된다. YMCA, YWCA가 직업훈련 및 일자리 사업에 참여하고 춘천시니어클럽, 춘천노동복지센터 , 춘천생명의숲 등이 생겨났다. 그런데 일자리사업이 확산되면서 이전 시기의 연대 및 공동활동의 틀이 해체되고 개별적으로 사업이 추진되는 경향이 나타났다. 2006년 결성된 춘천지역고용포럼은 이러한 문제를 극복하고 공동 논의의 장을 형성하는 계기가 되었다. 시민사회주도형 고용친화산업 육성과 관련된 다양한 아이디어가 제안되었으며 3개 분과가 운영되었다(환경농업분과, 사회적서비스분과, 문화관광분과). 이후 사회서비스분과를 '춘천 사회적 기업네트워크'(2007년)

로 재편했고 2008년 지역자활센터가 참여하면서 명실상부한 지역사회 단체 네트워크로서 '춘천 사회적 경제네트워크'(2008년)가 결성되었다. 2009년 현재 10개 단체가 네트워크에 참여한다.

19세기 자본주의 경제에 대한 대안으로 태동된 사회적 경제[4]는 태생적으로 중앙 중심의 발전주의적 사고에 대한 대응이었다. 지역 20세기 들어 국가와 시장이라는 자본주의의 쌍두마차에 의해 입지를 잃은 사회적 경제는 20세기 후반 바로 이 양자의 실패를 배경으로 부활하게 되는데 그 중심에 역시 지역이 있었다. 그 배경에는 신자유주의 세계화에 따른 지방과 세계의 연계 심화 현상이 존재한다. 신자유주의 정책의 특징 중 하나는 경제활동에 대한 국가나 지방자치단체의 사회적·정치적·생태적 규제가 '시장'이라는 유토피아에 장애물로 여기고 해체하는 것이었다. 이러한 의미에서 경제활동의 '재지방화'(*relocalization*)에 대한 요구가 신자유주의 세계화에 대한 대안의 중요한 구성요소가 되는 것이다(Azam, Harribey et Plihon, 2007). 경제주체로서의 지방의 회복은 또한 공간을 이윤 논리에 입각해 바라보는 시각의 극복을 의미한다. 사회적 경제 또는 프랑스에서 주로 사용하는 개념인 '사회적·연대적 경제'(*économie sociale et solidaire*)가 대안경제운동이며 경제의 재지방화 및 민주화의 경험들을 지칭하기 위해 제시된 개념이라는 점은 지역, 그리고 대안적 지역사회 패러다임의 제시가 사회적 경제의 핵심적 요소임을 말해준다.

춘천 사회적 경제네트워크가 설정한 네트워크의 비전에서도 우리는 사회적 경제의 핵심 요소인 지역 차원의 시도, 대안으로서의 성격이 담겨있음을 알 수 있다.

---

4) 이러한 사상과 실천이 태동한 서유럽의 경우 협동조합, 공제조합, 민간단체, 재단, 그리고 공동체운동의 일부가 비자본주의적 경제의 주요 형태들이었다.

① 품위 있는 일자리 창출과 사회적 기업 육성
② 일자리를 통한 사회통합 및 양극화 해소
③ 사회적 기업을 통한 지역순환경제 기반 구축
④ 사회서비스 제공을 통한 사회안전망 구축

그 기원을 보면 네트워크는 기존 지역발전 전략의 한계에 대한 문제의식과 이에 대한 대안전략의 필요성에서 출발한 것이다. 우선 기존의 지역발전 전략은 기업유치 및 토건위주의 개발 전략이며 지역 고용전략은 성장 전략의 부수 요인이었다고—성장이 일자리를 낳는다고—평가된다. 그런데 이제 기업유치 및 개발에 의존한 '성장을 통한 고용전략'은 심각한 한계에 봉착하였다는 것이다. 즉 수도권 규제완화 등으로 기업유치의 어려움이 커지고 토건형 개발 전략으로는 지역경제성장 및 양질의 일자리 창출이 어렵고 이것이 최근의 일자리 양극화가 소득양극화를 심화시키고 이것이 다시 내수침체를 가져오는 악순환에 빠졌다는 것이다. 이에 대한 대안으로 제시되는 것이 바로 사회적 경제 전략이고 그 핵심에 '고용을 통한 성장전략'이 있는 것이다(춘천 사회적 경제네트워크, 2009).

### 4) 춘천시민연대: 참여와 연대를 통한 지역운동 모색

#### (1) 지역단체로서의 정체성

지역과의 관계의 측면에서 춘천시민연대(이하 '시민연대')는 다른 단체들과 다른 특수성이 있다. 1999년 9월 창립된 춘천시민연대는 단체의 성격상 지역사회의 문제에 대한 개입이나 지역 주민들의 참여, 지역단체들과의 연대가 본질적 부분을 이루는 것이다. 따라서 특별한 계기에 의해서 지역문제에 대한 관심을 가진 건 아니었다. 시민연대 결성의 계기가 바로 지역 중심의 운동이라는 과제였다. 춘천의 경우 2000년대 이래 지역의 문제를 중심으로 활동하는 운동 단체들의 부상은 중앙 중심의 운동에서 지역 중심의 운동으로의 전환의 산물이었다. 그 동안 모든 운동은 중앙에 집중되는 경향이 있었던 것이다. 지역운동으로서의 의지는 창립선언문(1999. 9. 17)에 잘 표현되어 있다.

> 우리는 먼저 '참여와 자치를 위한 춘천시민연대'를 회원의 참여가 민주적으로 보장되고 회원의 땀방울에 의해 운영되는 '시민 있는 시민단체'로 만들어 나갈 것입니다. 그리고 지방자치 단체 등 지역의 여러 공적 기관들을 시민의 자치 역량에 의거해서 감시, 비판하고 정책대안을 제시할 것입니다. 또한 소외된 이웃, 평균적 삶을 영위하지 못하는 지역 주민들의 복지를 향상하고, 부정과 비리가 없는 깨끗하고 살기 좋은 지역 공동체를 이루기 위해 노력할 것입니다.

그러나 이러한 지역운동으로서의 자리매김이 배타적인 것이 아니라 개방성과 연대를 동반한 것임을 강조한다.

> 더불어 우리 사회 전체의 민주적 발전에 실천적 연대를 할 것이며 민족 구성원의 열린 가치를 실현하는 데도 앞장설 것입니다. 우리 '참여와 자치를 위한 춘천시민연대'는 편견과 소외, 독선과 대립을 반대하고 만인의 자유로운 발전을 실현하는 일에는 차이를 두지 않고 어깨를 맞댈 것입니다.

시민연대의 경우 '지역' 운동으로서의 시도는 초기에 지역의 권력을 감시하는 운동으로 나타났다. 주민감사청구 조례 제정, 주민투표 조례 제정 등 제도개선 운동, 사회단체보조금 제도개선 운동, 업무추진비 공개 및 감시 운동, 춘천시 예산감시 운동, 의정모니터 활동, 지방선거시 유권자 운동을 통한 의제제안 운동, 2002년 수해복구 비리공무원 철저 수사촉구 활동, 춘천시와 〈강원일보〉의 토지 맞교환 시도 저지 활동, 동계올림픽 추진 관련 감시 활동, 시내버스 요금 일방적 인상에 대한 정보공개청구 및 대응 활동 등 시정 및 도정 감시 활동이 이러한 차원의 활동들이다(유성철, 2009). 그러나 이러한 형태의 운동이 전문가나 활동가 중심의 문제를 제기하였고 그 대안으로 나타난 것이 주민들이 직접 참여하는 풀뿌리 지역운동이었다. 2008년 춘천시 후평3동 주민들과 시민단체가 설립한 뒤뚜르도서관과 같은 어린이도서관운동, 주민 자신이 마을을 바꿔나가는 마을만들기운동과 아파트공동체운동, 2008년 시작된 친환경유통사업단이나 학교급식운동과 같은 지역먹거리운동 등이 이에 해당하는 사례들이다.

(2) 풀뿌리민주주의의 시도

시민연대의 경우 2002년 전 년도 사업평가에서 주민들의 참여가 부족한 현실에 대해 지적하였다. 구체적으로 주민사업의 무산, 사회적 약자 및 소외된 이웃과 함께하는 사업 부족 등을 언급하였다. 이러한 현실인식은 2002년 사업기조의 첫 두 항목에 반영된다(춘천시민연대, 2002).

① 우리 단체의 활동방향을 '구별짓기'에서 '보편성'으로 전환해서 참여·분권·연대의 기본정신을 확산하고 시민사회의 '일반 세력'으로 확고히 부각
② 시민참여·시민주체로 가는 춘천 시민사회의 역동성을 위한 풀뿌리 주민자치운동의 도우미 역할 제고

그리고 이를 위해 다음과 같은 구체적 방안이 제시되었다.

① 교육개혁운동·지방분권운동·지역혁신운동 등을 탐색·개발해서 '적극적 지역개혁운동' 제시
② 거점동네를 선정, 전략적으로 공간을 개척하고 자원을 동원하며 프로그램을 결합해서 풀뿌리 주민자치운동의 근거 마련

2006년에는 풀뿌리민주주의에 대한 고민이 보다 구체화된다. 시민연대 회원의 성격이 '가두형 회원'이 아니라 '생활자치형 회원'임이 강조되고 전문성, 풀뿌리성에 기초하여 창조적 시민활동을 만들어가는 활동가 전형을 준비하자고 제안되었다. 2006년 사업계획의 1항 '제도에서 사람으로'의 세부항목에서도 이를 위한 의지를 읽을 수 있다(춘천시민연대, 2006).

① '참여'와 '자치'를 위한 어젠다 확장, 주체형성
② 회원의 주민자치위원회 참가
③ 주민이 참여하는 권력감시운동의 창출
④ 주민 접근성 높은 활동 프로그램 가동

(3) 지역단체들과의 연대

2006년 당초 시민연대가 표방했던 참여, 자치와 함께 연대가 핵심가치로 추가된다(춘천시민연대, 2006). 춘천시민연대는 다양한 단체들과 활발한 교류를 해온 단체이다. 최근 춘천시민연대는 지역의 6개 단체가 참여하는 친환경농산물유통사업단 구성이나 지역의 작은 도서관들과 연계해 지역 차원의 도서관운동을 전개하는 작은도서관협의회 구성을 통해 새로운 연대를 모색하였다(춘천시민연대, 2009). 한편 2009년 현재 춘천시민연대가 참여하는 네트워크 조직을 보면 춘천총선연대 활동을 계기로 결성된 춘천시민운동네트워크,[5] 사회적 경제 및 사회적 기업에 관심이 있는 단체들의 연대기구인 춘천 사회적 경제네트워크,[6] 로컬푸드 네트워크, 학교급식 문제에 관심이 있

5) 참여단체는 다음과 같다.
강원소비자연맹, 춘천가정폭력상담소, 춘천경실련, 나눔의집, 춘천노동복지센터, 춘천민예총, 춘천생명의숲, 춘천생활협동조합, 춘천시민연대, 춘천여성민우회, 춘천환경련, 춘천YMCA, 춘천YWCA.

6) 참여단체는 다음과 같다.

는 단체들의 모임인 학교급식춘천연대가 있다. 그리고 한미 FTA 문제 등 전국적 사안이나 미군기지문제 등 지역의 중요한 현안이 있을 때에는 노동·농민단체들과 연대하였다. 사안별 연대 활동으로 한미 FTA 저지 춘천운동본부, 풀무원 노사관계의 조속한 정상화와 장기파업사태 해결을 위한 강원지역공동대책위, 탄핵무료 부패정치척결 춘천시민행동, 장애인교육권연대, 광우병쇠고기수입반대 춘천대책회의에 주도적으로 참여하였다(유성철, 2009).

강원지역 차원의 연대활동으로는 42개 단체가 참여하는 강원시민사회단체연대회의, 강원도의 각 지역에 있는 5개 시민단체들이 모여 도정과 관련된 중요한 사안들을 논의하고, 대안을 제시하기 위한 활동을 진행하는 강원도 도정감시강원연대가 있다. 전국적 차원에서는 전국에 있는 15개 시민단체들이 모여 각 지역의 활동을 공유하고, 전국적으로 중요하게 제기되는 사안에 대해 공동 사업을 진행하는 참여자치지역운동연대, 전국에 미군기지가 상주하는 도시에서 활동하는 미군기지문제 관련 단체들의 모임인 미군기지반환운동연대, 각 지역에서 지방자치단체의 예산을 분석하고, 감시하는 활동을 진행하는 단체들의 연합체인 예산감시네트워크에 참여한다.

연대활동의 중요성은 최근에 진행되는 오염총량제 문제나 경춘고속도로 요금인하문제를 이끄는 번영회나 상공회의소 등의 운동방식에 대한 우려에서도 나타난다. 유정배 시민연대 전 사무처장에 따르면 이들은 지역개발주의에 입각해 있고 지방자치단체의존형으로 진행되는 부분도 있고, 주민동원형이다. 그리고 이러한 문제를 극복해 나가기 위해 춘천 시민단체들 간의 교류와 연대가 절실히 필요하다고 생각한다(2009. 5. 21. 인터뷰).

---

춘천지역자활센터, 춘천소비자생활협동조합, 춘천시니어클럽, 춘천정신보건가족협회, 춘천지역사회정신건강네트워크, 춘천YMCA, 춘천사회복귀시설, 춘천노동복지센터, 한림대학교 사회학과, 춘천지역고용포럼.

### 5) 춘천노동복지센터: 노동운동의 지역화

마지막으로 춘천노동복지센터의 사례를 통해 시민단체의 지역화 현상을 확인해 보자. 이 단체는 크게 두 부류의 사람들이 만나서 만든 것이다. 첫 번째 부류는 주로 사회적 경제, 사회적 기업에 초점을 두면서 지역사회에서 시민사회 주도형의 지역발전 모델을 추구했다. 다른 한 부류는 노동문제에 보다 큰 관심이 있었고, 특히 지역의 비정규직에 관심이 있었다. 그래서 하나는 노동, 하나는 복지가 단체의 명칭에 들어가게 된 것이다. 그런데 두 번째 부류는 기존 노동조합운동이 너무 기업의 울타리에 갇혀서 지역의 문제를 등한시한다고 비판한다. 노동복지센터 이강익 대표에 따르면 "지역 비정규직 문제의 경우 비정규직 투쟁은 많이 하지만 중앙에서 어떤 일정시기에 투쟁이 떨어지면 그냥 지역집회하는 상명하달식이다"(2009년 5월 19일 인터뷰). 그 때문에 지역의 비정규직이 어떤 상태이고 어떻게 문제를 풀어야 되는지에 대한 고민이 별로 없었다는 것이다. 사실 노동운동에 대한 지역사회의 기대가 매우 컸었다. 왜냐하면 춘천지역의 민주노총 조합원만 3천 명 이상이 되는데 이는 현재 지역에서 큰 영향력을 미치는 춘천시민연대 회원수 3백여 명의 10배에 가까운 수치이기 때문이다. 이강익 대표는 그 원인을 노동운동 내부의 투쟁 중심적 사고에서 찾는다. 춘천노동복지센터는 이에 대한 대안으로 지역 노동문제의 가장 중요한 현안인 비정규직 문제를 부각시키고 '지역사회 노조주의'(*community unionism*) 개념을 도입하기도 했지만 결과는 기대이하의 것이었다. 지역노조를 만들기는 했지만 지역에서의 비중은 미미했고 비정규직 조직화도 쉽지 않았다.

노동복지센터 활동의 다른 한 축인 지역사회 사회적 서비스 제공에서도 지역화 경향을 확인할 수 있다. 시민사회 주도의 일자리 창출과 지역 순환경제와 같은 시도들은 춘천경제의 대안이 기업유치나

토건국가적 전략이 아니라는 인식에서 비롯된 것이다. 즉 이러한 기존의 전략은 서민들의 삶의 질 향상에 기여하기 어렵다고 판단했던 것이다. 최근 춘천지역 시민사회단체들의 가장 중요한 화두인 사회적 경제, 지역순환경제는 바로 이러한 지역인식을 바탕으로 한 것이다. 노동복지센터 역시 주민과 지역에 뿌리내리는 것이 오래된 과제 중 하나였다. 이강익 대표는 이를 다음과 같이 설명한다.

> 시민운동의 가장 큰 한계죠. 시민 없는 시민운동, 주민 없는 주민운동. 근데 저희 단체로 이야기하면 사실은 이거 쉽지가 않더라구요. (후평)4단지 주민들하고 밀착사업을 하겠다. 고민 속에 사무실을 이사했는데 역시 그거는 못 풀고 있어요. 다른 단체들도 마찬가지인데. 단체갇힘운동방식, 이슈중심의 운동방식이 문제입니다. 극단적 주장을 하기도 하는데 단체를 뽀개자, 지역별로 배치를 하고, 예를 들어 후평동에 사는 사람들이 있으면 후평동 사람들끼리 모여서….

## 4. 요약 및 결론

위에서 우리는 춘천생활협동조합, 춘천시민연대, 춘천노동복지센터 그리고 이들이 중심이 되어 최근 결성된 춘천 사회적 경제네트워크, 친환경농산물유통사업단의 사례를 통해 지역 시민사회단체들이 공히 2000년대 들어, 특히 최근 2~3년 전부터 지역경제, 교육, 식생활 등 춘천시민의 일상생활에 대한 적극적 개입을 하기 시작했다는 점을 확인할 수 있었다. 춘천시민연대는 단체의 성격상 지역사회 및 주민들과의 관계가 핵심적 요소이긴 하지만 풀뿌리민주주의를 위한 시도들이 점점 더 강조된다. 춘천노동복지센터의 경우에는 노동자 계급 중심의 기존 노동운동을 지역의 노동운동으로 변화시키려는 시도를 하였고, 특히 2006년경부터 사회적 경제 개념을 중심으로 대안적 지역사회 형성에 앞장섰다. 춘천생활협동조합의 경우에도 그간의 전국적 차원의 운동에서 점차 생협운동의 본질에 맞게 지역에 뿌리내리려는 시도를 하고 있다.

춘천 시민사회단체들의 지역화 과정에서 형성되는 지역주의는 배타적이고 퇴행적인 그간의 지역주의가 아니라 개방적이고 혁신적인 지역주의의 가능성을 보여준다. 지역주민에 문호를 개방한 노동운동, 조합원들의 테두리를 벗어난 협동조합운동, 시민이 실질적인 주체가 되는 시민운동이 보여주는 개방성은 소수자들과의 연대(*solidarity*)와 '지역사회 노조주의'(*community unionism*)를 표방하는 새로운 노동운동, 지역사회에 개방하고 봉사하는 '새로운 사회적 경제'(*new social economy*)와 같은 유럽의 최근 경향과 일맥상통하는 것이다. 춘천 시민사회단체들의 개방적 지역주의는 '새로운 사회운동'(*new social movements*)의 기반으로서의 지역의 가능성을 보여주는 것이며 지역이 세계와 접속하는 '세방화'(*glocalization*)의 일환인 것이다.

8

# 중소도시의 대학

박준식

## '토착사회'의 '창조 노마드'

### 1. 서론

춘천을 규정하는 사회적 정체성은 '지방 중소도시'라는 말이다. 춘천이라는 '장소'의 사회적 의미를 구성할 때 '지방성'과 '중소성'은 이 도시를 통해 오랜 시간동안 축적되어온 전통과 현재의 속성을 지칭하는 가장 중요한 요소로 볼 수 있다. 이 두 속성이 우리의 마음속에 강하게 각인되어 있다는 것은 이 도시의 사람들이 그만큼 두 가지 의식의 지배를 받으며 살아가고 있다는 것을 의미한다.

우리의 조사에 따르면 춘천사람들의 30% 정도는 지방 중소도시가 규정하는 사회적 공간의 규정 속에서 살아가는 것으로 판단된다. 춘천과 지역과 인근 지방에서 태어나 공간 뿐 아니라 사회적 관계의 속성들이 농촌과 깊은 연관성을 맺고 있는 장소에서 삶의 터전을 크게 바꾸지 않고 일상을 살아가는 사람들, 다시 말해 지역에 뿌리박은 '토착민'(*locals*)의 범주에 속하는 사람들이다.

단지 그 수만을 놓고 볼 때 토착민들은 오래전부터 춘천의 '소수자'이다. 그러나 현실은 이와 정반대이다. 30%의 인구는 춘천의 정치·경제·문화·사회적 삶의 거의 모든 영역에서 춘천적 요소를 대변하며, 이 중 상당수의 사람들은 자신들이 춘천의 주인이라는 강한 토착의식을 갖고 있다. 소수임에도 불구하고 지역에 오랫동안 뿌리박고 살아와 그들의 영향력이 깊고 강한 사람들을 '토착 엘리트' 혹은 '토호'라 부른다. 그리고 이들과 비교적 강한 수평적, 혹은 수직적 유대를 맺고 살아가는 사람들을 우리는 토착민이라 부른다. 이 지역에서 오래전부터 살아와 부모와 자신, 자식들을 포함한 적어도 3대가 지역에 살고 있는 사람들, 이들을 중심으로 조직된 정치적 세력들, 지역 속에서 깊은 연관성을 지니면서 지역의 토착 경제를 형성하는 사람들, 인근의 농촌지역과 깊은 삶의 연관성을 맺는 도농 복합지역의 주민들이 바로 그러한 사람들이다. 이들의 경제적 삶이 다른 사람들에 비해 특별히 두드러지게 좋은 것인지는 알 수 없지만, 우리는 이들이 춘천의 여론과 정치, 분위기를 여전히 주도하는 '토착 소수'의 사람들로 간주할 수 있다.

그렇다면 나머지 70%의 사람들은? 분명 이들은 토착민보다 다수이고, 직업도 다양하며, 사회 구석구석에 폭 넓게 분포하지만 어떤 이유에서인지 이들의 정체성에 대해서는 특별한 관심이 없다. 이들의 다수는 분명 춘천에 주민등록을 두고 살아갈 것이다. 그러기에 춘천시민으로 간주된다. 이들의 일상은 춘천과 불가분의 관련성을 맺는다. 만약 춘천에서 나머지 70%가 사라진다면 춘천의 이미지와 정체성은 존재할 수 없을 것이다. 그럼에도 불구하고, 나머지 다수의 정체성은 춘천이라는 지역의 의미 속에 어떤 존재감도 각인하지 못한다. 지역의 여론을 주도하는 것도 아니고 의미 있는 정치 세력으로 조직된 것도 아닌 익명의 다수, 무정형의 대중으로 존재해 온 것이지만, 그럼에도 불구하고 이들은 분명 춘천이라는 지역사회에서 무언가 의미 있는 삶을 살아간다. 다만 이들의 사회적 존재가 아직 덜 규명되고, 그들의 기여와 지역과의 관계가 덜 밝혀졌을 뿐이다.

그렇기 때문에 이들은 지금까지 '의미 없는 다수' 취급을 받은 것은 아닐까?

도대체 어떤 사람들이 나머지 70%의 내용을 채우고 있는가? 이들의 삶은 어떠한 방식으로 구성되기에 여전히 춘천의 '나머지 사람들'로 남아 있을 수밖에 없는가? 이들의 일상적인 경제사회적 삶은 춘천과 어떠한 방식으로 관계를 맺는가? 이들이 춘천과 만나고 헤어지는 방식은 무엇인가? 이들은 어째서 춘천사람들이면서 춘천의 이미지를 대변하지 못하는가? 춘천과 연결된 그들의 삶은 토착사회의 정체성과 어떠한 방식으로 연결되어 있는가? 이들의 삶이 춘천과 연결되는 방식은 항구적이고 운명적인 '강한 유대'(*strong ties*)인가 일시적이고 선택적인 '약한 유대'(*weak ties*)인가? 이들과 토착사회의 유대가 약한 것이라면, 그 방식은 무엇인가? 이들의 삶이 지역과의 깊고 끈끈한 삶의 의존성을 맺지 않고 있다면, 이들의 삶은 어떠한 방식으로 규정될 수 있는가? 이들과 지역사회가 더 깊은 상호의존의 관계를 발전시키려면 어떠한 노력이 필요한가? 이러한 질문에 답하기 위해서는 우선 '나머지 70%'가 어떠한 방식으로 지역과 연결되는지에 대한 실마리라도 자세히 볼 필요가 있다. '대학'이라는 사회적 범주는 이러한 질문에 대한 긴 답의 출발점을 제공할 수도 있지 않을까?

이 글에서 우리는 이른바 '토착 사회'에 대비되는 '나머지 사회'의 정체성에 대한 해답의 작은 실마리를 '대학'이라는 사회적 제도와 그러한 제도 속에서 살아가는 사람들을 통해 찾아보고자 한다. 한국의 중소도시에서 대학은 그 자체가 뚜렷한 의미를 지니는 독특한 '사회적 유기체'로 볼 수 있다. 이 유기체는 지역에 존재하면서 토착 지역과 외부 세계를 독특한 방식으로 연결한다. 대학의 구성원들 중 4분의 1 정도는 매년 대학이나 지역을 떠나며, 이들을 대신해서 새로운 4분의 1이 주민등록도 없이 매년 지역과 새로운 관계를 맺는다. 구성원들의 유동성이라는 측면에서 대학은 '입직'과 '이직'이 가장 왕성히 이루어지는 곳이다. 사람들의 순환이 이보다 더 빠른 곳은 찾기 힘들다. 대학의 구성원들이 지역과 연결되는 방식은 무거운 관계보다는 가벼운 관계로 출발한다. 대다수의 젊은이들은 이 가벼운 관계를 무거운 관계로 전환시키지 않은 채 지역에 그들의 주소지도 옮기지 않고 기숙사나 원룸 같은 임시 거처에서 생활하면서 졸업과 더불어 일자리를 찾아 바깥 세계로 떠난다. 이들 중 춘천에 삶의 둥지를 트는 사람들은 20% 정도에 지나지 않는다. 대학의 성원들은 '포스트모던'의 대표적 속성으로 지칭되는 '노마드 문화'를 상징하는 사람들이다. 그리고 이러한 노마드 문화는 토착성과 극명한 대조를 이루면서 미묘한 방식으로 토착사회와 경제, 사회, 문화적 연계성을 형성하는 것이다.

이 글의 주된 관심은 대학을 통해 토착사회 속의 노마드를 들여다보면서 이와 동시에 토착사회와 노마드의 관계 방식이 지역의 삶 속에서 어떠한 방식으로 연결되는지를 바라보는 데 있다. 토착사회는 고정성과 정착성을 특징으로 한다. 그 속에서 존재하는 사람들이 '로컬'(*local*)로 불리는 이유가 여기에 있다. 노마드는 유동성과 이동성을 특징으로 한다. '글로벌'(*global*)은 노마드의 속성을 최대로 확장한 사회적 범주이다. 대학은 로컬과 글로벌이 만나는 경제, 사회, 문화와 일상의 삶을 보여주는 전형적인 '삶의 장'이다. 우리가 대학이라는 삶의 장에 관심을 갖는 주된 이유가 여기에 있다.

우리가 대학에 주목하는 또 하나의 이유는 다분히 경제적 측면과 깊은 연관성이 있다. 다시 말해 모든 것들이 수도권에 집중되는 오늘의 현실에서 대학과, 대학이 생산하는 사회경제적 공간은 거의 유일하게 지역의 경제·사회·문화적 역동성을 만들어내는 공간이 되기 때문이다. 그럼에도 불구하고 지금까지 지역은 대학에 별다른 관심이 없었으며, 대학은 지역과 연결되지 않은 것처럼 생각해 왔다. 30%의 토착 인구, 그들의 바깥에 존재하는 나머지 사람들이 토착성과 어떠한 방식으로 연결되는지에 대한 심각한 고민도 없었다. 토착사회의 바깥에 존재하는 노마드를 토착사회와 연결함으로써 지역의 발전을 바라보는 새로운 시각을 제공하는 것에 이 글의 또 다른 의도가 있다.

이 연구에서 지역과 대학의 문제에 대한 대부분의 정보는 한림대학교를 통해 얻었다. 2007년 한림대학교는 강원발전연구원과 함께 지역사회에 대한 대학의 경제적 파급 효과와 영향을 파악하는 작업에 착수하였고, 이를 위해 대학에서는 학교, 교직원, 학생에 대한 다양한 정보를 가감 없이 제공하였다. 대학의 경제적 효과를 측정하기 위한 연구에서 시작되었지만, 대학을 통해 생성된 자료들은 지역과 대학이 맺을 수 있는 관계의 범위와 내용이 훨씬 넓고 깊게 확장될 수 있다는 가능성들을 말해주고 있다. 그리고 한 대학의 사례이지만, 이 사례는 이 지역에 오래전부터 자리를 잡아온 다른 대학들에 대해서도 거의 유사한 패턴으로 적용할 수 있을 것으로 판단된다. 이 연구에서 활용한 대학과 지역에 대한 자료는 2007년 한림대와 강원발전연구원이 협력하여 수행한 대학과 지역경제의 관계에 대한 실태조사 자료에 거의 전적으로 의존하였으며, 자료에 대한 별도의 언급이 없는 한 당시의 조사결과를 활용했다(황규선 · 박준식 · 김진기, 2007).

하나의 사례 기관에 대한 종합적 연구를 통해 토착사회와 노마드사회가 더욱 풍요로운 방식으로 연결될 수 있는 가능성을 엿보고, 그 의미의 발전가능성을 타진해 보는 데 이 연구의 또 다른 목적이 있다.

## 2. 인구, 생산, 소비

도시는 수많은 사람들이 서로 의존하면서 살아가는 삶의 생태계다. 경제는 생태계의 상호의존성을 이어주는 삶의 수단이며 자양분이다. 대학 구성원들의 소비를 통해 전달되는 화폐는 지역사회의 경제적 생태계를 지탱하며, 그 성원들이 생산하는 재화와 서비스는 일자리의 원동력이다. 모바일과 노마드를 상징하는 대학의 사람들과 토착성을 상징하는 도시 주민들은 서로 무관한 듯이 보이지만 끈끈한 삶의 접착제로 연결되어 있다. 그렇게 연결된 경제적 상호의존성은 시간이 흐를수록 분리되기 어려운 관계로 깊이를 더해간다.

대학에 대한 지역의 경제적 의존은 지역의 산업들이 쇠퇴할수록 더 커질 수 있다. 제조업이 떠나고, 점점 더 많은 일자리들이 수도권으로 이동하는 현실에서 대학을 통해 들어오고 나가는 젊은 사람들과 그들의 소비는 지역경제를 지탱하는 몇 안 되는 지주의 하나인 것이다. 그럼에도 불구하고 우리는 대학과 지역사회 간의 경제적 상호의존성에 대해서, 특히 대학의 식구들이 지역사회에 제공하는 경제적 혜택에 대해 무관심했던 것이 사실이다. 대학과 지역사회의 경제적 의존성의 한 예를 한림대의 학생, 교직원 등이 지역사회에 미치는 경제적 효과에 대한 최근의 분석을 통해 들여다보자.

대학과 지역은 사람들의 생산과 소비를 통해 지역과 이어진다. 학생은 소비 세력으로, 교직원은 고용과 소비의 중심 세력으로 지역사회에 큰 영향을 드리운다. 대학의 식구들이 불러일으키는 '소비'는 주민들의 '소득'으로 전환되어 전달의 지역사회 전체에 선 순환적 전달의 경제적 사이클을 형성한다. 대학의 식구들을 통해 이어지는 고용과 생산, 소득과 소비는 경제적 상호의존의 기초를 형성하게 되는 것이다.

한림대의 자료에 따르면 2006학년도 4월 기준으로 한림대의 총 재학생 수는 8,082명인 것으로 집계되었다. 재학생 중 남학생이 4,332명으로 53.6%, 여학생은 3,750명으로 46.4%를 차지하고 있으며, 학부생이 7,437명으로 92%, 대학원생이 645명으로 8%를 점하는 것으로 집계되었다. 재학생들의 출신지역별 현황을 보면 강원지역 출신자가 3,294명으로 전체 재학생의 40.8%를 차지하며, 그 다음으로는 서울이 2,160명으로 26.7%, 경기도가 2,052명으로 25.4%를 차지하는 것으로 나타났다.

단일 출신지별로는 강원도 출신이 가장 많았지만, 서울과 경기, 인천지역 출신자가 4,387명으로 전체의 54.3%를 차지하는 것으로 나타나 수도권으로부터의 진학자가 다수를 점하고 있음을 보여준다. 강원지역에서 진학한 재학생 3,294명을 시·군별로 살펴보면 춘천 출신이 2,029명으로 전체 재학생의 25.1%, 강원지역 진학자 기준으로는 61.6%를 차지하였다. 다음으로는 원주 출신이 339명, 홍천 출신이 163명, 강릉 출신이 115명으로 나타났다. 이를 종합하면 전체 학생들 중 춘천지역 출신 학생들은 3분의 1 수준에 미달하며, 절대 다수의 학생들은 춘천 이외의 지역에서 들어오고 있음을 말해 준다. 이러한 의미에서 볼 때 대학은 지역 최대의 인구 유발 조직이다. 이를 산업적 용어로 표현하면 외부 세계를 대상으로 인구를 끌어들이는 가장 중요한 '외부지향 경제'이며, 지역과 세계와의 관계로 보면 가장 큰 '수출 기업'으로 볼 수 있다.

대학본부의 자료에 의하면 2006학년도 4월 기준으로 한림대에 재직중인 교원은 의과대학의 임상교원을 제외하고 모두 758명인 것으로 나타났다. 2006년 4월 기준으로 한림대에 재직중인 직원은 모두 278명인 것으로 집계되었다.

대학이라는 사회적 공간에서 함께 생활하는 사람들만의 숫자를 정리한 자료만을 보더라도 대학이 얼마나 많은 인구를 품고 있는지를 확연히 알 수 있다. 교원과 직원을 합할 경우 모두 1,036개의 일자리가 한 대학에서 제공되고 있으며, 8천여 명에 달하는 학생들이 대학의 인구를 구성한다. 모두 합해 약 1만여 명에 달하는 구성원들은 지역사회 전체 인구에서 차지하는 비중 면에서도 결코 무시할 수 없는 비중을 차지한다. 이들 인구 집단이 대학과 지역사회를 오가며 일으키는 고용, 생산, 소비는 지역사회를 지탱하는 핵심적 경제 생태계가 되고 있는 것이다.

지역 소득 창출에 대한 한림대의 기여 정도를 추정한 최근의 연구에 따르면 대학은 지역에 거주하는 교직원들의 고용을 통해 연간 294억여 원의 직접 소득을 불러일으키는 것으로 분석되었다. 교직원들에 의한 직접적 지역소득 창출액은 모두 860명에' 의해 연간 총 294억여 원에 이르는 것으로 집계되었다. 이를 구분하면 교원 급여에 의한 소득창출액이 160.8억 원, 직원 급여에 의한 소득창출이 81억 원, 조교 급여에 의한 소득창출액이 52.6억 원인 것으로 집계되었다.

또한 학생들이 지역대학에 진학함으로써 발생하는 비용 절감액만도 연간 193억~313억 원의 경제적 효과를 미치는 것으로 나타난다. 지역내에 한 대학이 있음으로 해서 학생들이 외지로 나갈 필요 없이 지역사회에 머물게 됨으로써 발생하는 소득효과를 추정해본 결과 한림대가 지역에 입지함에 따라 지역출신 학생들의 외지진학 감소로 인한 경비 절감액은 연간 192.6억~312.6억 원에 달하는 것으로 추산되었다.

대학에서 이루어지는 직접적 지출은 주민들의 소득으로 전환된다. 2006학년도 결산자료에 의하면 한림대의 총 지출액은 873.6억 원인데, 이 중 교직원 인건비가 423.2억 원으로 48.4%를 차지하였으며 〈표 8-1〉을 보면 학교운영비가 450.4억 원으로 51.6%를 차지하는 것으로 나타났다. 학교운영비를 대항목별로 살펴보면 연구비가 209억 원으로 전체 지출의 23.9%를 차지하여 가장 많았고, 그 다음은 학생경비가 116억 원으로 전체 지출의 13.3%를 차지하였다. 이 밖에

〈표 8-1〉 한림대학교 성원들의 지역 내 지출 집계 내역

단위: 만 원, %

| 구분 | 지출액 | 지출 비율 |
|---|---|---|
| 학교운영비 지출 | 4,504,054 | 47.6 |
| 비거주 교직원 지출 | 252,756 | 2.7 |
| 학생의 지출 | 4,709,734 | 49.7 |
| 지출액 총계 | 9,466,544 | 100.0 |

유형고정자산매입비가 43.7억 원으로 9.7%, 시설관리비가 29.2억 원으로 6.5%, 일반관리비가 25.4억 원으로 5.6%, 운영비가 10.2억 원으로 2.3%를 차지하는 것으로 집계되었다.

춘천지역에 거주하지 않는 교원들은 월평균 1인당 136만 원 정도 지출하며 춘천지역에 머무는 기간은 연간 평균 10.5개월인 것으로 조사되었다. 춘천에 거주하지 않는 교원들은 모두 177명으로 이들이 춘천에 머무는 동안 지출하는 금액은 월간 2.4억 원 정도이며 〈표 8-1〉을 보면 연간 25.3억 원 정도인 것으로 추산할 수 있다. 지출항목별 내역을 보면 단일 항목으로는 식비가 26.8%로 가장 높은 비중을 차지하며, 주된 생활지와 학교로의 이동에 따른 교통·통신비와 차량유지비가 합산되어 23.9%를 차지하는 것으로 조사되었다. 이 밖에 주거비로 18.4%, 유흥비와 문화오락비로 10.8%, 기호식품비와 도서구입비로 각각 5.7%와 4.4%를 지출하는 것으로 조사되었다.

학생들의 지출은 거주형태에 따라 자가와 자취 및 하숙, 기숙사 거주, 그리고 통학으로 구분하여 집계하였는데, 〈표 8-1〉을 보면 총 지출액이 연간 470억 원을 상회하는 것으로 추산되었다. 이들의 지출에 따른 소득창출액은 연간 250억 원에 이르는 것으로 추산되었는데, 이는 총 지출액의 53.2%에 해당하는 수준이다.

자가 거주의 경우 학생 1인당 월평균 21.9만 원의 소득을 창출하는 것으로 추산되었다. 1인당 소득창출액에 춘천지역에 거주하는

2,029명을 곱한 후 여기에 지역거주 월수 12개월을 곱하면 연간 소득창출액은 총 53.3억 원에 달하는 것으로 추산된다.

자취나 하숙을 하는 학생들은 1인당 월평균 38.6만 원의 소득을 창출하는 것으로 추산되었다. 자취나 하숙을 하는 학생들은 3,608명으로 집계되었으므로 여기에 1인당 소득창출액을 곱한 후 지역에 거주하는 월수 10개월을 곱하면 연간 소득창출액은 139.3억 원에 달하는 것으로 추산할 수 있다.

기숙사에 입사해 있는 학생들의 경우는 1인당 월평균 27만 원의 소득을 창출하는 것으로 추산되었는데, 여기에 기숙사 입사자 1,845명을 곱한 후 지역에서 거주하는 월수 9개월을 곱하면 연간 소득창출액이 총 44.8억 원에 달하는 것을 알 수 있다.

통학생들의 경우 월평균 48.4만 원을 지출하며 연 8개월 동안 지역에 머무는 것으로 조사되었다. 집계된 통학생은 600명으로 이들에 의한 월간 총 지출액은 2.9억 원, 연간 지출은 23.2억 원에 달하는 것으로 추산되었다. 소득창출 내역을 살펴보면 자가와 기숙사에 거주하는 경우는 식비가 각각 27.4%와 30.0%로 비중이 가장 높았고, 자취나 하숙의 경우는 주거비가 31.9%, 통학생의 경우는 교통비가 33.2%로 가장 큰 비중을 차지하는 것으로 집계되었다.

지출내역을 살펴보면, 자가와 기숙사에 거주하는 경우는 식비지출이, 자취나 하숙의 경우는 주거비가, 통학생의 경우는 교통비가 가장 큰 비중을 차지하는 것으로 조사되었다. 다음으로는 거주형태에 관계없이 유흥비 지출비율이 높았으며, 학원비나 문화오락비는 기반이 열악한 지역현실을 반영하듯 지출비율이 그리 높지 않은 것으로 나타났다. 학생들의 소비 지출은 특히 지역의 소상공인과 서민 경제의 재생산구조와 필수 불가결한 관계를 맺고 있다.

대학의 자료에 따르면 지역내 지출비율은 최저 15%에서 최고 100%까지 항목별로 다양하게 나타나는데, 총 지출액 중 64.8%에 해

〈표 8-2〉 대학의 지출에 의한 간접소득 창출액

단위: 만 원

| 구분 | 소득창출액 | 소득창출 비율 |
|---|---|---|
| 학교운영비 지출에 의한 소득창출 | 2,078,267 | 44.1 |
| 비거주 교원 지출에 의한 소득창출 | 133,068.6 | 2.8 |
| 학생의 지출에 의한 소득창출 | 2,500,004.2 | 53.1 |
| 소득창출액 총계 | 4,711,339.8 | 100.0 |

당하는 292억 원이 지역내에서 지출되는 것으로 집계되었다. 지역에서 이루어진 지출에 대해 소득창출액을 추산하기 위해 지출항목별로 부가가치율을 적용하여 대학의 지출에 따른 소득창출액을 추산한 결과 지역내 지출의 71.2%에 해당하는 208억 원의 소득이 창출된 것으로 집계되었다.

항목별 소득창출액은 연구비가 전체의 56.2%인 116.9억 원으로 가장 많았고, 학생경비가 18.2%인 37.8억 원, 시설관리비와 일반관리비가 각각 22.5억 원과 12.1억 원으로 10.8%와 5.8%를 창출하는 것으로 추산되었다. 그 밖에 유형고정자산매입비는 7.6억 원으로 3.6%, 운영비는 4.6억 원으로 2.3%의 소득창출 비중을 갖는 것으로 추산되었다.

〈표 8-2〉에서 보듯이, 이상과 같이 학교운영에 따른 지출로 창출된 소득, 지역 비거주 교원의 지출로 창출된 소득, 그리고 학생들에 의한 지출로 창출된 소득으로 구분하여 소득창출 내역을 추산한 결과 소득창출 총액은 연간 약 471억 원에 달하는 것으로 집계되었다. 이 중 학생들의 지출에 의한 소득창출액이 약 250억 원으로 53.1%를 차지하였고, 다음은 학교운영과 관련한 지출로부터 창출된 소득액이 208억 원으로 44.1%를 차지하였다. 이에 반해 지역 비거주 교원의 지출에 의한 소득창출액은 13억 원 정도로 전체의 2.8%를 점하는 데 그치는 것으로 집계되었다. 이와 함께 지역에 뿌려진 직·간접 소득

에 의해 유도되는 파생 소득은 연간 546억~614억 원에 달하는 것으로 집계되었다.

종합적으로 볼 때 이들 세 가지 소득창출액들을 합산하면 2006년의 경우 한림대가 지역에 미치는 소득 효과는 1,504억~1,693억 원의 규모에 이르는 것으로 나타났다. 이를 영구적 소득효과로 환산하면 최소 2조 8,758억 원에서 최대 3조 2,362억 원에 이르는 것으로 추산된다.

하나의 대학이 지역에 항구적으로 존재함으로 인해 일어날 수 있는 경제적 효과를 추산한 결과에 따르면, 지역에 대한 대학의 경제적 기여는 어떤 단일 기업이나 어떤 공단, 어떤 관공서들과 견주어 볼 경우에도 결코 뒤지지 않은 경제적 효과를 불러일으키는 것으로 나타났다. 춘천지역에는 한림대 이외에도 학생 수로 한림대의 2.3배에 달하는 강원대학교가 있으며, 한 개의 교육대학, 그리고 두 개의 전문대학이 있다. 이들 대학들이 함께 유발하는 인구와 생산, 소비와 소득을 직접적 효과와 간접적 효과까지 모두 포함할 경우 대학은 단일 업종으로 지역 최대의 산업이 된다. 그럼에도 불구하고 춘천은 대학을 하나의 산업으로 파악하고, 이를 육성하기 위한 체계적이고 계획적인 지역 주체들 간의 협력이 거의 없었다고 보아 무방할 것이다. 제조업체들을 유치하고, 공단 부지를 조성하고, 산업 단지를 만들기 위해 지자체가 투자하는 공적 자금이나 노력 등과 비교해 볼 때 대학에 대한 지역의 관심과 투자가 좀더 세심하게, 좀더 체계적으로 이루어질 경우 전통적 산업에 대한 투자와는 비교할 수 없는 커다란 경제적 효과는 물론 양질의 인구 유입에 따른 혜택을 기대할 수 있다.

## 3. 사람의 육성, 고용의 창출

소득, 소비라는 직접적인 경제적 효과와 더불어 대학이 지역사회에 미치는 중요한 영향의 하나로 우리는 양질의 인적자원 공급 기능을 추가해야 한다. 지역사회에서 대학은 그 자체로 양질의 고용을 창출하는 최대의 서비스 산업 기능을 수행한다. 경제에 대한 지역의 마인드는 여전히 제조업 중심의 하드웨어에 대한 '꿈'에서 벗어나지 못하였다. 공장을 유치하고, 공단을 만들어 블루칼라 노동자들을 고용하거나 굴뚝이 들어서고 기계가 돌아가며, 수질이 오염되면 덩달아 지역이 발전하는 것으로 생각하는 사람들의 눈에는 대학이 지역의 최대 고용주이자 가장 좋은 일자리들을 만들어내고, 양질의 노동력을 육성하여 전국에 공급하는 역동적인 산업이라는 사실이 제대로 보일 리 없다. 그러나 분명 대학은 사람을 육성하는 산업이다. 그것도 가장 높은 부가가치를 생산하는 지식 서비스 경제의 중심 기관이며 춘천 최대의 산업이다.

가장 소중한 것들은 보이지 않는다. 내 곁에서 사라질 때에야 우리는 그것이 그토록 소중한 것이었는지를 알게 될 것이다. 춘천시민들에게 대학이 없는 춘천을 상상할 수 있을까? 젊은이들이 없는 시가지를 생각할 수 있을까? 한국의 전통 도시들은 대부분 쇠퇴의 길에 있다. 젊은이들이 사라진지 오래이며, 인구의 고령화는 우리의 생각보다 훨씬 빠르게 진행되고 있다. 도심 공동화를 성공적으로 막은 중소도시는 거의 없다. 농촌에서 인근 중소도시로, 중소도시에서 다시 대도시로 이어지는 인구 이동의 저수지가 이제는 점차 사라질 운명에 있다. 대학을 보유한 지역들만이 그나마 최소한의 도시 활력, 최소한의 문화만을 겨우 유지하고 있을 뿐이다. 이 상황에서 대학마저 사라진다면 우리의 중소도시들은 죽음의 목전에 서있다고 보아도 무방할 것이다.

대학이 지방 중소도시를 살리는 이유는 이 기관의 강력한 인구 흡인력과 이로부터 파생되는 일자리 창출 능력에 있다. 대학은 외부로부터 다량의 젊은 학생들을 끌어들인다. 대학에 유입되는 젊은 인구는 국내 학생들에 그치지 않고 전 세계로 확대된다. 특히 중국을 포함한 동북아시아 지역으로부터 학생과 교수 자원의 유입은 놀라운 증가 추이를 보인다. 한림대의 경우 2006년 무렵 100여 명에 불과하던 캠퍼스의 외국인 수가 이제는 400명 수준을 바라볼 정도로 매년 급팽창을 거듭하였다. 국제적으로 경쟁력을 갖춘 좋은 대학은 세계의 우수한 학생과 교수들을 끌어들이는 강력한 흡인력을 발휘한다. 이들은 대학에 들어오면서 곧바로 주민등록 없는 주민으로 편입되어 지역의 세계화를 상징하는 '코즈모폴리턴 노마드'가 되어 한국 학생들과 섞인다. 물줄기가 합류하는 것처럼 대학은 전국에서, 세계에서 사람들의 물줄기가 합류하는 사회적 '교류지'이다. 이곳으로 들어와 4년여의 시간 동안 합류한 사람들은 다시 새로운 세상을 향해 물줄기를 바꾼다.

최소 4년 정도의 기간 동안 대학에서 이루어지는 교육과 학습을 거친 학생들의 일부는 지역에서 일자리를 잡지만, 이보다 훨씬 많은 학생들은 다시 일자리를 찾아 외지로 나아가는 사람의 흐름을 만들어낸다. 대학이 공급하는 사람들은 지역경제의 성장과 발전, 역동성과 변화의 과정에서 항상 중심적 역할을 수행하는 지역의 '핵심 자원'일 수밖에 없다. 이들은 가장 생산적이며 가장 활력 있고, 가장 역동적인 20대 인구이다. 그렇기 때문에 인구의 질 측면에서 훨씬 높은 가치를 지니는 '인적자원'인 셈이다. 한림대의 경우 매년 대학에서 배출된 인적자원은 2006학년도 기준으로 1,633명으로 집계되었으며, 이 중 취업자가 915명, 군 입대 및 진학자가 221명, 미취업자가 497명인 것으로 나타났다. 따라서 순수 취업률은 64.8% 정도였다.

매년 사회로 진출하여 생산 활동에 참여하는 취업자의 지역별 분

〈표 8-3〉 취업자의 지역별 분포 현황

단위: 명, %

| 지역 | 취업자 수 | 비율 |
|---|---|---|
| 서울 | 533 | 58.3 |
| 강원 | 190 | 20.8 |
| 경기, 인천 | 155 | 16.9 |
| 부산, 대구, 경상 | 11 | 1.2 |
| 대전, 충청 | 10 | 1.1 |
| 광주, 전라 | 3 | 0.3 |
| 해외 | 13 | 1.4 |
| 계 | 915 | 100.0 |

포를 살펴본 결과 전체 취업자 915명의 58.3%가 서울지역에 취업한 것으로 나타났다. 이 밖에 경기와 인천지역에 취업한 졸업생이 16.9%로 전체 취업자의 75.2%가 수도권으로 취업한다. 지역에서 양성된 인적자원이 일자리를 찾아 바깥세상으로 유출되는 정도는 매우 심한 편이다. 반면 강원지역에 취업한 졸업생은 전체 취업자의 20.8%인 190명에 불과한 것으로 집계되어 지역 인재의 지역 활용도가 매우 낮다. 지역에서 생산한 농산물이나 공장의 제품만이 향토의 산물은 아니다. 대학에서 육성된 외지인들도 대학을 거치면 춘천사람의 일부로 변신한다. 춘천시민이라는 시민권 없는 시민들이 전국으로 퍼져가고 있는 것이다.

한림대의 인재 공급 기능에 대한 강원발전연구원의 조사에 따르면 대학이 공급하는 인적자원은 지역의 생산성을 0.01~0.12% 정도 증가시키는 것으로 나타난다. 이를 지역내 총생산 증가에 기여하는 정도로 환산하면 적용기준에 따라 연간 200억~236억 원에 달하는 것으로 추산되었다. 한편 인적자원 공급의 경제적 가치를 임금수준을 이용하여 평가했을 경우는 적용기준에 따라 최소 연간 40억~43억 원에서 최대 연간 345.5억~368.2억 원에 달하는 것으로 추산되었다.

젊은 노동력은 경제의 버팀목이다. 이들의 공급이 늘어날수록 국가의 생산력도 증가하는 경향이 있다. 젊은 노동력을 많이 보유한 지역일수록 발전과 성장의 가능성이 높은 것은 자명한 이치이다. 대학을 졸업한 젊은이들은 지역의 학력 수준과 임금 수준, 소득과 소비, 교육과 문화 수준을 향상시키고, 변화를 일으킨다. 젊은 인구보다 더 지역 발전에 기여할 수 있는 사람들은 없다. 이들의 기여도를 고려할 때 젊은 사람들에게 더 많은 기회를 제공하고, 일자리를 마련하기 위해 노력하는 것은 지역에 무조건적 이익을 제공할 것이다. 역으로 대학을 통해 공급된 인적자원의 대다수가 역외로 유출된다는 것은 그만큼 지역의 인재 활용 능력이 떨어짐을 의미한다. 즉 지역의 희소한 자원을 투입하여 양성한 인적자원이 양성된 경제적 가치만큼 온전히 지역에 기여하지 못하고 외부로 유출됨으로써 지역에서 희생한 기회비용의 반대급부를 제공받지 못하는 것이다.

조사에 따르면 한림대를 졸업한 학생들은 일자리 기회만 주어진다면 지역에 머물겠다는 생각이 강한 것으로 나타났다. 지역이 싫어서 떠나기보다는 지역에 기회가 없어 어쩔 수 없이 지역을 등지는 사람들이다. 한림대 졸업 예정자들을 대상으로 졸업후 지역에 거주할 의사를 물어본 결과 전체 418명의 응답자 중 55%의 학생들이 지역에 거주할 의사가 있음을 보여주었다. 춘천지역 출신 학생이 전체의 25% 정도인 점에 비추어 외지출신자 중에서도 현실적 여건만 충족된다면 지역에 살겠다는 진입 인구가 매우 많다는 것을 말해준다. 이들의 희망에도 불구하고 더 많은 사람들을 수도권 등지로 보내야 하는 상황인 것이다.

지역을 떠나는 졸업생들의 사유가 단순히 일자리 구하기 힘들다는 어려움 때문만은 아닌 것으로 보인다. 이들에게 일자리만큼 중요한 것은 살기 좋은 생활, 교육, 문화 환경 같은 것들이다. 〈표 8-4〉는 졸업생들에게 지역에 거주하기 위해 지역사회가 개선해야 할 것들에

〈표 8-4〉 지역거주를 위해 개선이 필요한 부문 설문결과

단위: 명, %

| | 빈도 | 비율 |
|---|---|---|
| 교육환경 | 17 | 7.8 |
| 주거환경 | 6 | 2.8 |
| 문화시설 | 129 | 59.2 |
| 오락·쇼핑 | 35 | 16.1 |
| 기타 | 31 | 14.2 |
| 계 | 218 | 100.0 |

대해 질문한 결과이다. 이에 '문화시설'을 지적한 응답자들이 59.2%나 되었다. 여기에 오락이나 쇼핑 등도 크게 보아 문화적 환경의 일부로 볼 때 무려 75.3%의 응답자들이 문화의 빈곤을 느끼는 것으로 보아야 할 것이다. 일자리와 문화 환경의 개선이 젊은 인구와 지역을 연결시키는 핵심고리인 셈이다.

이 결과는 작지만 중요한 의미를 제시한다. 즉 그간 과거 여러 조사들에서 지역거주의 불리한 여건으로 문화시설에 대한 지적이 제시되었지만 이에 대한 개선이 미흡했다는 것이다. 또한 문화적 욕구에 대한 충족의지가 높은 신세대의 선호의 한 단면을 추측할 수 있다.

한편, 〈표 8-5〉는 지역에 거주할 의사가 없다는 응답자들을 대상으로 그 이유를 질문한 결과이다. 이에 전체 185명의 응답자 중 31.4%가 미래의 전망 때문이라고 응답하였으며, 가족과 함께 거주하고 싶어서라는 응답이 27.6%, 생활여건이 불리하기 때문이라는 응답이 21.1%로 나타났다.

이러한 결과는 다소 복합적 의미로 해석할 수 있다. 즉 지역거주를 선호하지 않는 이면에 사회적·심리적 요소가 주요인으로 자리잡고 있다는 것이다. 따라서 일자리 같은 경제적 요인에 대한 강조 이외에 보다 세밀한 측면의 고려가 필요함을 유추할 수 있는 것이다.

〈표 8-5〉 지역에 거주할 의사가 없는 이유 설문결과

단위: 명, %

| | 빈도 | 비율 |
|---|---|---|
| 생활여건이 불리해서 | 39 | 21.1 |
| 가족과 함께 거주하기 위해 | 51 | 27.6 |
| 원하는 취업자리가 없을 것 같아서 | 31 | 16.8 |
| 미래의 전망 때문에 | 58 | 31.4 |
| 기타 | 6 | 3.2 |
| 계 | 185 | 100.0 |

이상의 결과를 종합해 보면, 외지에서 진학한 학생들의 지역거주에 대한 선호도는 비교적 높음을 알 수 있다. 따라서 이러한 선호를 현실로 실현할 구체적 방안이 필요할 것이다. 조사에서 전제한 바와 같이 일자리로 대표되는 경제적 요인은 선행조건으로 충족되어야 할 것이나, 조사결과는 경제적 측면 이외에 사회적·심리적 요소가 중요한 요인으로 작용함을 제시한다. 즉 지역거주에 대한 전망 불투명을 어떻게 해소할 것인지, 지역에 거주함에 따른 여러 기회의 상실과 상대적인 심리적 박탈감을 어떻게 해소할 것인지, 그리고 수도권에 비해 불리한 지역생활 여건을 어떻게 개선할 것인지 등에 대한 고려와 준비가 필요할 것임을 알 수 있다.

지역경제에 대한 대학의 가장 큰 역할은 그 자체가 최고의 '고용주'로, 새로운 인구와 일자리를 창출하는 역동성을 생산한다는 점에서 찾을 수 있다. 고용의 주체로서 대학이 갖는 중요한 특징의 하나는 그 자체로 최고 수준의 좋은 일자리들을 보유할 뿐 아니라 대학이 지니는 고용체제 특유의 '유연성'과 '개방성'에서 찾을 수 있다. 전통적으로 연공서열과 위계질서, 관료주의에 의존하는 공공부문이나 전통 대기업들과는 달리 대학에서 이루어지는 고용 방식은 훨씬 유연하고 개방적이다. 특히 학생 자원을 중심으로 이루어지는 활발한 세

대교체와 인적 유동성은 지식의 확산과 네트워크, 순환과 교체가 원활히 이루어질 수 있도록 하는 대학만의 중요한 특징으로 간주된다(박준식, 2008).

무엇보다 고용의 주체로 대학이 유지하는 유연성과 개방성은 이를 통해 인재 육성과 학습, 그리고 연구개발과 적용이 동시에 이루어지는 것에서 찾을 수 있다. 이러한 대학의 특징은 고정된 지역에서 주어진 인력을 중심으로 제한된 제품과 서비스만을 생산하는 전통 제조업이나 서비스업, 혹은 공공부분의 고용 시스템과 비교할 때 대학만이 가질 수 있는 독특하고 모방하기 힘든 '경쟁 우위'가 존재함을 시사한다. 대학을 통해 창출되는 일자리는 사회문화적 측면에서도 특별한 의미를 지닌다. 다시 말해 교수를 비롯한 핵심 인력 이외에도 학생, 대학원생 등 역동적이고, 생산성이 높은 연령대의 인구층이 대학에 집중적으로 포진함으로써 지역사회의 경제적 역동성은 물론 문화적 활력을 제공하는 '산소 호흡기'의 역할을 수행한다. 그러한 이유 때문에 플로리다와 같은 학자는 창조성이 경쟁력의 핵심을 차지하는 지역간 경쟁 시대에 대학을 보유한 지역들이 미래 지향적 일자리와 인적자원 공급을 주도할 수밖에 없다고 본 것이다(Florida, 2002).

외국의 경우에도 대학이 보유한 젊은 노동력은 대부분의 혁신 클러스터에서 중심적 역할을 수행하는데, 그 이유는 이들이 20~30대에 성장잠재력이 높은 젊은 인구층이기 때문이다. 실험정신이 강하고, 혁신 지향적이며, 적극적으로 위험을 감수하는 창업과 벤처 인력이 대학을 통해 지역에 공급되는 것은 주지의 사실이다. 바로 그러한 이유 때문에 대학의 활력과 역동적 발전은 지역의 성장과 활력, 역동성으로 이어지는 혁신 네트워크의 중심이 될 수밖에 없는 것이다(박준식, 2008). 우리는 이러한 양상을 춘천의 대학에서도 볼 수 있다.

한림대의 경우 대학과 다양한 형태의 협력관계에 있는 기업들에 미치는 영향을 고용 측면에서 보면, 창업보육기업의 경우 최대 293

명, 산학협력기업의 경우는 최대 1,056명의 인력을 지역 대학에서 채용한 것으로 추정된다. 협력기업의 매출실적은 창업보육기업이 최대 361억 원, 산학협력기업은 최대 4,150억 원으로 추산되었는데, 대학의 지원과 협력이 협력기업의 매출에 영향을 미침으로써 우회적 방식으로 지역경제에 기여함을 보여준다. 또한 대학은 기업의 연구·기술개발 및 제품개발에 연구비 지원과 실험실 및 장비 이용 등 직접적 지원은 물론 소속 교수들의 자문이나 협조와 같은 지원을 통해 지역 산업에 참여하는 것으로 나타났다.

이러한 모든 측면들을 종합해 볼 때 대학은 자신의 직접 고용을 통해 천여 개의 일자리를, 그리고 대학을 통해 이루어진 '스핀 오프'(*spin-off*) 기업들과 창업 촉진 등을 통해 거의 같은 규모의 일자리를 만들어냄을 알 수 있다. 인재 육성과 일자리 창출이라는 두 측면만을 볼 경우에도 대학은 단순히 단일한 기업 하나가 수행하는 것 이상의 훨씬 복합적이고 중층적인 방식으로 인재 육성과 창업에 기여하는 것을 볼 수 있다. 기업들이 인력 채용이나 일자리 창출 등을 통해 지역경제에 미치는 영향을 대학과 비교해 볼 때 대학은 일자리 창출과 더불어 일자리를 채울 사람 자체를 만들어내는 또 하나의 기능을 동시에 수행하므로 그 활동의 내용은 일반 기업에 비해 2배에 가까운 효과를 발휘할 것으로 예상된다. 대학이 수행하는 인재 육성과 고용 창출은 그 양적 측면 뿐 아니라 질적 측면에서도 매우 독특한 효과를 발휘하는데, 그 중에서 우리가 주목해야 할 아주 중요한 기능으로 대학에 거주하는 '창조계급'(*creative class*)의 역할을 들어야 할 것이다.

## 4. 창조집단의 역동성

최근 들어 대학의 중요성이 전 세계적 관심으로 부상하였다. 이에 세계의 주요 도시들이 우수대학 유치를 위해 발 벗고 나서고 있다. 세계 교육의 전통적 중심지인 미국, 영국, 독일, 프랑스 뿐 아니라 여타 신흥 경제 지역의 중심 도시들이 너나없이 좋은 대학을 통해 지역의 명성과 브랜드 가치를 키우기 위해 대대적 투자에 나섰다. 중동의 두바이, 동남아의 싱가포르, 중국의 홍콩, 북경, 일본의 동경, 한국의 인천 등 서유럽 이외의 지역에서 세계적 대학을 육성하기 위한 막대한 투자가 진행되고 있다. 이들을 모두 국제적 명성을 지닌 좋은 대학과 학교들을 유치함으로써 지역의 도약을 꿈꾼다.

지역의 중심지들이 대학에 주목하는 이유는 간단하다. 지역이 인재를 만들고, 인재가 지역을 이끌어간다는 생각에 동의하기 때문이다. 대학은 이러한 인재의 집결지이기 때문이다. 지역의 중심에 대학이 위치하는 이유는 이곳이 지식과 정보의 생산과 보급, 자유로운 유통을 주도하는 '창조기관'이기 때문이다. 대학이 지역에서 창조적 활동을 선도하는 이유는 '창조계급'(*creative class*)이 대학의 핵심 인적 자원을 구성하고 있기 때문이다.

창조계급의 중요한 특징은 주어진 단순 서비스에 얽매이지 않고, 최대한의 유연성과 자율성을 통해 새로운 지식과 정보를 생산하는 데 주도적 역할을 수행한다는 것이다. 시장에서의 경쟁에 시달리는 기업들은 당장의 생존을 위해 단기적 이익에 주력하여 장기간에 걸친 연구와 깊은 천착이 요구되는 창조적 활동을 제대로 지원할 수 없다. 이에 비해 '연구개발'이나 '창업', '벤처' 등으로 통칭되는 대학의 활동들은 단기적 이익과 연관된 활동들에 국한되지 않고, 중장기적 차원에서 광범위한 영역을 포괄하면서 이루어지는 지식 창조 활동들까지 포함하는 경제사회 및 문화적 삶의 영역이 될 수 있다. 즉,

〈표 8-6〉 최근 3년간 연구비 수주실적

단위: 천 원

| 연도 | 금액 |
|---|---|
| 2004 | 13,421,409 |
| 2005 | 13,897,505 |
| 2006 | 12,578,308 |

대학은 기업들이 수행하기 힘든 지식창조 활동들을 수행함으로써 지속 가능한 경쟁력과 지역경제의 발전에 기여할 수 있는 것이다.

플로리다의 연구에 따르면 오늘날 미국 경제에서 이루어지는 주요한 창조적 활동들은 주로 대학을 중심으로 전개되는 경향을 보이며, 이러한 대학들을 전 세계로부터 인재를 불러들이는 지역의 허브 역할을 수행한다. 이러한 현상은 창조적 인재의 육성과 학습사회의 구축을 통해 지역의 역동성을 지속해야 하는 선진 지식사회로 갈수록 더욱 강하게 나타난다. 연구개발과 지식 생산, 그리고 훈련과 학습을 중시하는 조직들이 글로벌 경제에서 핵심 역할을 수행하는 상황에서 지식창조의 기능을 주도적으로 수행하는 대학의 역할은 지역경제의 미래에 핵심적 위치를 차지할 수밖에 없을 것이다.

춘천이라는 작은 중소도시에서도 대학은 지식중심 사회에 필요한 연구와 교육 서비스 제공 등을 통해 지식사회의 새로운 서비스를 생산한다. 지식생산 활동에 대한 대학의 기여는 연구·기술개발, 신제품 개발, 연구비 창출, 새로운 실험 활동 등은 물론 소속 교원들의 다양한 자문 등을 통해 이루어진다. 그 하나의 예로 연구비 수주 활동을 들 수 있다. 조사에 따르면 한림대의 경우 최근 3년간 총 400억 원에 가까운 연구비를 수주한 것으로 집계되었다(〈표 8-6〉).

민간 부문에서 기업활동이 활발하지 않은 춘천지역의 경우 대학의 연구활동은 주로 중앙정부나 지방정부와의 관계에서 많이 이루어진다. 2006년도 기준으로 연구비 지원 현황을 발주기관별로 살펴보면,

한국학술진흥재단과 한국과학재단 등 공공지원기관으로부터 지원받은 금액이 다수를 차지함을 알 수 있다. 특히 한국학술진흥재단이 단일 기관으로는 지원건수와 지원금액이 가장 많았다. 이는 대학의 연구활동이 주로 공공적 성격의 지식을 생산하고, 이를 사회와 공유하는 데 활용될 가능성이 많다는 것을 의미한다. 즉, 춘천지역 대학들은 공공 영역에서 지역사회와 중앙정부, 광역지자체들 등을 포함하는 다양한 공공 연구개발 활동의 중요한 매개체 역할을 수행하는 것이다.

연구비 수주 상황을 지역별로 보면, 지원건수와 지원금액 모두 서울이 3분의 2 이상을 차지하는 것으로 나타났으며, 대전지역으로부터 수주한 연구비가 건수와 금액 모두 서울에 이어 두 번째를 차지하고 있다. 이는 연구비를 지원한 이공계열 국가 연구기관들이 대전지역에 주로 입지하기 때문인 것으로 판단된다. 이에 반해 춘천을 비롯한 강원지역에서 수주한 연구비는 건수로는 9.7%, 금액으로는 5.1%에 불과한 것으로 나타나 연구 및 기술개발을 통한 지식생산을 위해 지역 차원의 지원은 상대적으로 취약한 것을 보여준다.

외부의 각종 연구비 지원과 교비로 조성된 연구비를 통해 대학이 창출한 연구 및 기술개발 실적을 지난 4년의 자료를 통해 보면, 특허가 40건, 지적재산권 등록이 44건, 그리고 SCI 논문 발표실적이 1,012건으로 집계되었다. 특히 SCI 논문 발표실적의 경우는 도내에서 가장 많은 편수를 기록하는 것으로 알려졌으며, 교수 1인당으로는 그 실적이 수도권 상위대학과 비슷한 것으로 나타났다.

다음으로 주로 지역기업들과의 산학컨소시엄 구축을 통해 실현한 기술개발 실적을 살펴보자. 산학협력단을 통해 입수한 2000~2005년 기간의 자료를 보면 산학컨소시엄을 통해 수행된 과제가 72건, 특허가 25건, 시제품 개발이 23건, 그리고 기타 실적이 50건인 것으로 집계되었다. 여기서 산학컨소시엄을 통한 기술개발이 중요한 의미를 갖는 이유는 이를 통해 대학이 창출하는 연구와 기술개발 등 지식생산이 지역의 기업으로 투입되는 통로의 역할을 수행하기 때문이다.

여기서는 대학과 협력관계를 맺는 기업들의 현황과 이들에 대한 지원 실적을 창업보육센터 입주기업과 산학협력기업으로 구분하여 살펴보기로 한다. 2007년의 경우 창업보육센터에 입주하였거나 현재 입주해 있는 기업들은 모두 26개 정도이며, 센터를 거쳐간 기업체 수는 133개 업체인 것으로 집계되었다. 산학협력과 관련하여 한림대와 산학협력 관계를 맺는 기업을 살펴보면, 2007년 12월 기준으로 9개 사업단에 걸쳐 177개로 집계되었다. 이중 산학연 사업단이 59개로 가장 많았고, 그 다음은 지역혁신센터(RIC: Regional Innovation Center) 사업단이 32개, 지방대학 혁신역량 강화사업(일명 누리사업단) 관련 사업단이 27개로 뒤를 잇고 있다.

산학협력 관계에 있는 기업들을 업종별로 보면 IT 업종 사업체가 76개이며, BT 업종 사업체가 54개, 그리고 기타 업종 사업체가 47개였다. 이들 기업을 소재지 기준으로 보면 강원도 내에 입지한 기업이 146개였고, 강원도 이외의 지역에 입지한 기업은 31개로 집계되었다.

이들 기업들은 대학의 교수들과 직·간접적으로 강한 유대를 맺는데, 대학의 교수들로부터 연구 및 기술개발을 위한 자문이나 협조를 받은 경험이 있는지에 대한 설문에 73.7%의 기업이 있다고 응답하였고, 자문이나 협조를 받지 않았다고 응답한 기업은 26.8%인 것으로 조사되었다. 대학의 교수들로부터 연구 및 기술개발을 위한 자문이나 협조를 받은 경험이 있는 42개 기업을 대상으로 자문이나 협조 결과에 대한 만족도를 설문한 결과 23.8%가 매우 만족하는 것으로, 57.1%가 만족하는 것으로 응답하는 등 전체의 81%에 해당하는 기업이 자문이나 협조에 대해 만족하는 것으로 나타났다. 반면 불만족 또는 매우 불만족이라는 응답은 극히 미미한 것으로 나타났다.

연구 및 기술개발을 위한 자문이나 협조를 받은 경험이 있는 42개 기업을 대상으로 대학에서 제공한 자문이나 협조가 기업의 연구 및 기술개발 성과에 실제로 도움이 되었는지 여부를 설문한 결과 24.4%가 매우 도움이 되었다고 응답하였고, 도움이 되었다는 응답도 56.1%에 달하는 등 전체적으로 80.5%가 교수의 자문과 협조가 연구 및 기술개발 성과에 도움이 되었다고 응답하였다. 반면 도움이 되지 않았다는 응답은 7.3%에 불과한 것으로 나타났다.

설문조사 자료를 이용하여 대학과 연관된 기업활동이 미치는 경제적 효과들을 살펴보도록 하자. 이러한 성과에는 기업을 통해 창출된 고용 규모, 지역 출신자의 채용 실적, 매출액, 연구개발비 투자실적 및 연구개발 인력, 그리고 특허 등 연구개발 실적과 제품개발 실적 등이 포함된다.

한림대와 산학협력 관계에 있는 기업은 모두 177개였으나, 확인 결과 여러 사업단에 중복되는 기업이 다수 존재하여 이를 제외하면 133개인 것으로 집계되었다. 그러나 폐업 등으로 인해 설문조사에서 실제 확인된 기업은 대략 110개 정도의 기업만이 존재하는 것으로 추산되었다. 따라서 조사된 자료의 평균치를 전체 산학협력 기업에 대입하면 종사자는 대략 2,321명, 지역출신 채용자는 대략 1,056명인 것으로 추정된다.

한편 조사결과 연구개발 인력은 창업보육기업이 53명, 산학협력기업이 184명 등 모두 237명으로 조사되었다. 이를 업체당 수로 환산하면 평균적으로 창업보육기업은 2.3명, 산학협력기업은 5.4명의 연구 인력이 종사하는 것으로 추산할 수 있다. 여기에 앞에서의 예를 적용하여 전체 기업에 대한 추정치를 산출하면 창업보육기업은 306명, 산학협력기업은 594명의 연구개발 인력이 종사하고 있을 것으로 추정되어진다. 〈표 8-7〉은 종사자 규모와 지역출신 채용자, 그리고 연구개발 인력에 관한 내용들을 정리한 것이다.

〈표 8-7〉 산학협력 기업의 인력규모 및 지역채용 실적

단위: 명

| | 종사자 수 (기업체당) | 지역출신 채용인원 (기업체당) | 연구개발 인력 (기업체당) |
|---|---|---|---|
| 창업보육기업 | 84 (3.7) | 51 (2.2) | 53 (2.3) |
| 산학협력기업 | 716 (21.1) | 325 (9.6) | 184 (5.4) |
| 계 | 800 | 376 | 237 |

조사대상 기업들을 대상으로 기업의 주요 운영성과라 할 수 있는 매출실적 집계결과를 살펴보면 창업보육기업의 경우는 연도별로 변동이 있으나 전체적으로 증가세를 보였으며, 산학협력기업의 경우는 매년 상당한 폭으로 증가하는 것을 알 수 있다. 2007년의 경우 창업보육기업은 43.4억 원, 산학협력기업은 1,094.2억 원에 달하는 것으로 집계되었는데, 이를 사업체당으로 환산해보면 창업보육기업은 평균적으로 2.7억 원, 산학협력기업은 37.7억 원에 해당하는 실적이다.

이를 통해 전체 기업에 대한 추정치를 산출해보면 창업보육기업은 361억 원, 산학협력기업은 4,150억 원의 매출실적을 기록하였을 것으로 추정되는데, 이러한 추산결과는 대학이 지역에서 창업한 기업과 협력기업의 매출을 통해 우회적 방식으로 지역경제에 상당한 기여를 하였음을 보여주는 것이다. 즉 2007년도 한 해를 기준으로 볼 경우 직접적으로는 창업보육센터에 입주해 있는 기업의 성공적 창업을 통해 최소 43억 원에서 잠재적으로 최대 361억 원의 매출실적을 지역경제에 유입시키는 데 기여하며, 간접적으로는 산학협력 관계에 있는 기업들의 연구 및 기술개발 능력과 신제품 개발능력 제고를 위한 각종 지원을 통해 최소 1,094억 원에서 최대 4,150억 원의 매출실적 달성 중 일정부분에 기여하는 것이다.

한편 연구개발비 투자실적을 보면, 창업보육기업과 산학협력기업

〈표 8-8〉 매출액 및 연구개발비 투자 실적

단위: 백만 원, %

| | | 2003 | 2004 | 2005 | 2006 | 2007 |
|---|---|---|---|---|---|---|
| 창업보육기업 | 매출액 (기업체당) | 259 (43.2) | 1,710 (244.3) | 1,073 (153.3) | 1,599 (145.4) | 4,339 (271.2) |
| | 연구개발비 (기업체당) | 191 (38.2) | 224 (37.3) | 388 (64.7) | 636 (53.0) | 1,108 (61.6) |
| 산학협력기업 | 매출액 (기업체당) | 45,210 (2,826) | 61,371 (3,069) | 80,205 (2,487) | 88,279 (3,395) | 109,421 (3,773) |
| | 연구개발비 (기업체당) | 1,502 (167) | 1,821 (166) | 4,331 (241) | 5,525 (263) | 4,366* (208) |

모두 매년 증가하고 있음을 알 수 있는데, 이는 협력기업들이 주로 지식기반 기업의 특성을 갖고 있는데 따른 당연한 결과라 하겠다.

조사 자료에 근거하여 창업보육센터에 입주한 기업과 산학협력기업이 산학협력을 시작한 이후 기간에 개발한 연구실적을 살펴보면 특허가 148건, 실용신안이 22건, 상표출원과 의장등록이 73건 등 모두 243건에 이르는 것으로 집계되었다.

기업들을 구분하여 보면 창업보육기업이 특허 16건, 실용신안 2건, 상표출원 및 의장등록 5건 등 모두 23건의 연구개발 실적을 기록하였고, 산학협력기업은 특허 132건, 실용신안 20건, 상표출원 및 의장등록 68건 등 모두 220건의 연구개발 실적을 기록한 것으로 집계되어 연구개발 기반이 어느 정도 구축된 산학협력기업에서 연구개발 효과가 드러나는 것을 보여준다.

연구개발의 내용은 특허가 창업보육기업과 산학협력기업 모두 가장 많았고, 그 다음은 상표출원 및 의장등록인 것으로 나타났다. 다음으로 기업들의 제품개발 실적을 신제품개발과, 상품화된 제품으로 구분하여 살펴보면, 제품의 수는 모두 1,837건으로 집계되었는데, 이 중 신제품 개발이 1,247건이었고 상품화된 제품은 590건으로 개발된 제품의 대략 47% 정도가 상품화된 것으로 추산되었다. 기업 구분별로는 창업보육기업이 37건, 산학협력기업이 1,800건의 제품개발 또는 상품화 실적을 기록한 것으로 집계되었다. 이를 조사대상 기업당 실적으로 환산하면 창업보육기업이 평균적으로 1.6개, 산학협력기업은 53개 수준임을 알 수 있다. 제품개발 실적도 연구개발 실적과 마찬가지로 어느 정도 기반이 갖추어진 산학협력기업에서 이루어졌음을 알 수 있다.

교수들이 제공하는 기업 관련 서비스에 대한 만족도를 보면 업종별로는 생명공학 관련 기업들이, 기업 규모별로는 종사자 규모는 작고 매출 규모는 큰 지식·기술 집약형 기업에서 만족도가 높게 나타난다. 기업과 교수는 대학이라는 근접 공간의 '친밀성'을 통해 다양한 협력 관계를 만들어내고, 인적 네트워크를 형성하며 미래의 비전을 생산한다. 이러한 활동들은 다만 형식적인 관계에 그치지 않고, 기업의 내부에 스민 체화된 지식이며, 보이지 않는 소프트웨어이다. 특히 연구와 기술개발이 중요한 역할을 하는 중소규모의 기술집약적 지식기반 기업의 경우 운영성과에 연구 및 기술개발을 위한 요소투입이 결정적인 영향을 미치며, 이러한 연구 및 기술개발 과정에서 대학이 수행해야할 중요한 역할이 있음을 보여준다.

창업이나 산학협력 기업들의 연구개발 활동에서 교수를 포함한 연구 인력의 기여는 절대적 비중을 차지한다. 이들은 연구비 지원을 통해 물적 자원을 확보하는 데 핵심 역할을 수행하며, 기업들이 직면하는 애로에 대한 솔루션을 제공한다. 기업의 발전 방향과 전략에 대한 자문과 협조 역시 교수들의 중요한 기여분이다. 우수한 연구자들을 통해 이전되는 경험과 지식, 노하우는 창업과 발전 단계의 기업들에게 더할 나위 없는 무형의 경쟁 원천이 되고 있다.

## 5. 브랜드, 시민사회, 사회적 자본

지역사회에 대한 대학의 세 번째 주요한 기능으로 우리는 지역의 '브랜드 가치'에 미치는 영향을 들어야 한다. 개인이나 기업과 마찬가지로 지역을 하나의 경쟁 단위로 설정할 때, 지역의 '평판'(*reputation*)이나 '명성'(*fame*), 혹은 '매력'(*attractiveness*)은 그 자체가 지역의 가치를 판가름하는 기준이 된다(Fombrun, 1996; Davenport, 2002). 다시 말해 다른 지역들과 비교할 때 그 지역만이 갖는 독특한 장소적 가치와 평판 등을 획득함으로써 더 많은 사람들의 관심을 이끌어내고, 이를 통해 더 많은 사람들을 끌어들일 수 있으며, 궁극적으로 사람들의 관심을 유도하고, 양질의 인적자원을 끌어들이고, 그들을 통해 새로운 문화와 소비를 이끌어낼 수 있는 지역들이 경쟁력을 지닌 지역으로 발전할 수 있는 것이다.

이러한 이유 때문에 '지위'(*status*)와 '명성'(*prestige*)은 정체성을 지향하는 모든 지역들이 추구해온 한결같은 가치였다. 성공, 성취, 지위라는 말 속에는 사람들이 원하고 바라는 꿈의 속성들을 대변한다. 지역은 사람들의 특정한 꿈과 공간이 만나는 장소로 볼 수 있다. 그들의 장소가 더 높은 지위와 명성을 획득하는 것은 모든 그곳에 모인 모든 사람들의 '원망'(願望)일 것이다. 이 때문에 지역들은 경쟁적으로 자신들의 평판과 명성을 올리기 위해 엄청난 투자를 서슴지 않고 있다.

대학은 지역들 간에 진행되는 명성 경쟁에서 빼놓을 수 없는 필수 요소이다. 대학이 존재가 지역사회 전반의 문화적 수준을 향상시키고, 높은 안목의 소비 세력을 공급하며, 장소의 가치를 향상시킬 수 있는 다양한 사회문화적 활동들을 조직하고, 운영하는 데 더할 나위 없는 소중한 인적자원을 제공하기 때문이다. 좋은 대학을 보유한 지역들이 좋은 지역이 될 수밖에 없는 이유, 지역의 장소적 가치를 향상시키는 데 대학이 결정적으로 중요한 역할을 수행하는 이유는 바로 대학의 '브랜드 기능'에서 찾을 수 있는 것이다.

우리는 대학이 지역사회에 제공하는 또 하나의 기능으로 '사회적 자본'(*social capital*)의 공급자로서의 역할에 주목해야 한다. 경쟁과 발전의 전략적 단위로서 지역의 역할이 강조되는 주요한 배경에는 사회적 자본의 문제가 자리하고 있다. 주지하는 바, 사회적 자본은 '금융자산'이나 '실물자산'처럼 그 자체가 당장의 금액으로 환산되는 경제적 가치는 아니다. 그러나 사회적 자본은 지속 가능한 지역의 발전과 경제적 역동성 등이 지속되는 데 반드시 요구되는 사람들 사이의 '신뢰'나 '호혜성' 등을 지역에 공급함으로써 장기적으로 지속 가능한 지역경제의 버팀목 구실을 수행한다. 사회적 자본의 축적과 발달 정도, 공동체 성원들 간의 신뢰 수준이 높은 지역일수록 높은 수준의 경제적 협력이나 경제적 행위자들 간의 활발한 네트워크 등을 통해 더 높은 수준의 경제적 거래나 혁신 활동이 발달한다는 사실은 이미 잘 알려졌다(Putnam, 2000).

대학은 존재 자체로 다양하고 이질적인 사람들 간의 네트워크 활동을 촉진하는 기능을 수행한다. 다른 조직들과는 달리 개방성을 그 핵심 특징으로 하는 대학사회는 다양하고 이질적인 사회경제적 행위자들이 함께 연결되는 주요한 사회적 소통과 연결의 통로를 제공한다. 대학을 통해 이루어지는 수많은 워크숍, 세미나, 심포지엄, 학습 동아리와 동창회 등은 근대적이고 개방적인 사회적 자본이 형성될 수 있는 공간으로 기능한다.

오늘날 한국의 중소도시들은 '공동화'라는 질병에 시달리고 있다. 공동화는 도심지역이 빠르게 쇠퇴하고, 일자리가 없어지며, 사람들이 사라지는 현상을 지칭한다. 한국의 다른 지방 중소도시들과 비교할 때 춘천은 그나마 나은 편이지만, 이 지역에서도 도심 공동화는 예외 없이 진행되고 있다. 대규모 사람들이 도시의 외곽에 만들어지는 아파트 단지들로 이주하면서 도심의 경제적 기반이 무너진다. '뒷골목'이나 '재래시장' 등으로부터 빠르게 확산되는 공동화는 토착사회의 서민계층이 직면하는 위협을 단적으로 상징한다. 불행히도 중소도시는 토착사회의 붕괴를 막을 방법과 전략이 없다.

대학은 토착사회와 잘 연결된 크고 작은 경제 단위들의 삶의 지탱하는 데 없어서는 안 될 사회적 요소이다. 학생 사회, 교직원 사회, 교수 사회는 토착사회와 대학의 경제·사회·문화의 생태계를 연결하는 '사회적 브리지'(*social bridge*), 즉 사회적 자본의 역할을 수행한다. 원룸과 하숙, 커피숍과 빵집, 구멍가게와 편의점, 문구점과 책방, 복사점과 광고점, 삼겹살집과 호프집, 카페와 술집, 팬시점과 할인점, 박스오피스와 떡볶이, 붕어빵과 아이스크림, 스타벅스와 김밥집, 시내버스와 택시, 컴퓨터 수리점과 라면집, 미용실과 이발소 그 어느 것 하나 학생들의 소비와 연결되지 않은 것들이 없다. 공동화되는 도시의 구석구석을 채우는 이 하잘 것 없고 간신히 존재하는 것처럼 보이는 서민경제가 중소도시에 오랫동안 살아있을 수 있는 이유는 학생들의 문화적 삶 때문일 것이다.

교직원들의 일상성도 서민경제와 끈끈한 네트워크로 연결되어 있다. 2008년 무렵부터 한림대는 대학의 교직원들이 주로 이용하는 음식점들, 가게들, 서비스 가게들을 '한림대학교 후원의 집'이라는 네트워크로 연결시키는 작업을 했다. 이들 가게들은 한림대 교직원과 학생들이 많이 이용하면서, 또 한편으로 한림대에 작은 후원금을 제공하는 곳들이다. 그럴듯한 대기업이나 큰 공장도 이 비공식적 후원망에는 없지만, 바깥 세상에 알려지지 않은 수많은 작은 삶의 단위들이 대학과 연결되어 하나의 생태계를 구성하고 있음을 보여준다. 이러한 단위들은 도시가 제공하는 작지만 위대하고 풍요로운 삶을 지탱하는 비공식적인 연결 망, 공식세계와 더불어 존재하는 '제 3의 장소'(*third place*)가 되는 것이다(Oldenberg, 1989; Jacobs, 1993).

민주화 이후 한국사회의 새로운 사회적 세력의 하나로 자리잡아가고 있는 '시민사회'의 영역도 대학과 불가분의 관련이 있다. 우리의 지방 중소도시에는 아직 수도권에서 볼 수 있는 것처럼 강력하게 조직된 시민사회 세력이나 조직들이 활성화되어 있지 않다. 그러나 1980년대 후반 이후 민주화 영역이 점차 확장되면서 지방 중소도시에서도 시민사회를 구성하는 다양한 단체들이 발전하였으며, 이들의 활동 영역들은 계속 확장되었다. 특히 1980년대 후반 이후 지방사회에서 활발히 조직화된 새로운 시민사회 운동 단체나 비영리 조직들(NGO), 시민사회 단체들은 지역의 대학들을 통해 연결되고 재생산되는 인적자원의 네트워크에 크게 의존한다.

시민사회라는 '제 3의 사회적 공간'은 '민'과 '관'의 수직적 관계로 구성되던 전통적 지역사회의 작동 방식을 새롭게 재편하는 데 결정적으로 중요한 역할을 수행한다. 시민사회는 단순히 관에 대한 저항세력의 목소리만을 대변하지 않는다. 이들은 민과 관의 영역에서 시장이나 국가가 수행하지 못하는 다양한 사회적 유대의 연결 고리들을 만들며, 이러한 연결 고리들을 통해 주민들이 절실히 요구하는 사회적 자원을 제공하고, 여론을 형성하며, 지역의 의제를 공급하고, 지역사회의 발전 방향에 대한 활발한 담론을 형성한다. 지역사회에 시민사회가 존재하지 않는다면 우리가 말하는 자율적 지역사회, 자치사회, 혹은 지방자치의 사회적 토대는 존재하지 않는 것으로 볼 수 있다. 중앙정부나 지방정부가 직접 통제하고 관리하는 단순한 일원적 행정 통제사회 '관존민비'의 하향식 사회만이 존재할 뿐일 것이다. 지역사회에서 대학은 이러한 제 3의 공간을 만들어내는 가장 중요한 사회적 공간이며, 대학이 지역의 '숨겨진 보석'일 수 있는 또 다른 이유가 여기에 있다.

세계의 사람들이 점점 더 깊은 상호의존과 통합의 네트워크로 연결되는 오늘의 사회에서 대학의 사회적 자본은 지역사회의 세계화와 브랜드 이미지 형성에 더 중요한 역할을 수행한다. 춘천지역에 정착한 다른 세계의 이주 인구는 이미 2천여 명을 상회하고, 있다. 이들이 속한 가족의 성원들은 이미 글로벌 네트워크와 함께 살아가는 셈이다. 이주자들 이외에도 학업과 유학, 연구와 교육을 위해 대학을 오가는 외국인 노마드 식구들도 이미 5백여 명에 근접하며, 이들 중 4백여 명이 학생인구를 구성한다. 춘천은 경우 2010년에 세계레저총회 및 경기대회라는 최대 규모의 국제 행사를 개최할 예정이다. 춘천에서 해마다 열리는 국제마임축제는 이미 여러 해 동안 유지되고 있다. 한림대와 세계 대학들 간의 크고 작은 국제교류와 협약 규모도 백여 개 이상의 대학들로 확장되었다. 2007년부터 대학에서는 국제학부를 열었고, 영어 등 외국어 교육을 대대적으로 확충하였다. 외국인들을 위한 다문화 프로그램과 서비스가 지자체를 중심으로 확대되었다. 이처럼 크고 작은 국제 행사와 오가는 외국인, 토착화되는 이주민들을 연결하는 데 대학 성원들의 참여는 필수적 요소가 된다. 지역과 세계를 연결하는 과계의 중심에 대학의 '코스모폴리턴'(*cosmopolitan*) 네트워크가 존재한다. NGO, 행정기관, 이익단체 등은 대학이라는 공간을 적극적으로 활용하여 공식, 비공식적 교류활동들을 전개한다. 이러한 활동들은 사람들 사이의 교류와 커뮤니케이션, 네트워킹 등을 촉진함으로써 사회적 자본의 축적에 기여하며, 장기적으로 지역의 브랜드 가치, 이미지, 지위와 명성을 향상시키는 중요한 사회적 기초가 될 것이다.

## 6. 깊은 상호의존의 길

지역사회에서 대학은 분명 떠돌아다니는 노마드이다. 노마드는 유동성을 특징으로 한다. 어느 곳에 뿌리박지 않은 채 끊임없이 빠른 속도로 움직인다. 유동하는 젊은 학생들, 수없이 만들어졌다 없어지고, 다시 만들어지는 회사들, 강의실과 연구실을 오가면 계속 변하는 사람들의 만남들, 작은 도시와 서울, 그리고 세계를 오가는 사람들, 지역의 온갖 이벤트와 공식·비공식 모임들을 통해 연결되는 사람들 사이에 대학의 노마드들이 있다. 중소도시에 고정되어 평생을 살아가는 토착세계의 사람들이 볼 때 왔다가 사라지는, 언제라도 사라질 수 있는 사람들은 그들의 식구가 아닐 수 있다. 익명의 '낯선 사람들'로 보일 수 있다. '우리'라는 토착민과 '그들'이라는 외지인으로 보일 수 있다.

그러나 이들 떠돌아다니는 노마드들이 불어오는 경제적 자원과 인적 네트워크와 창의성, 그리고 미래의 기회가 사라진다면 지역사회는 하루아침에 고립된 중세로 돌아갈 것이다. 그들이 제공하는 경제적 기회와 문화적 창조성은 지역을 이끌어가는 미래의 가방이다. 이들이 지역에서 창조성의 가방을 열 수 있도록 지역이 나서야 한다. 대학의 젊은이들은 배우고, 소비하며, 즐길 자격과 여력이 있다. 문화적으로 충만한 사람들이다. 그러기에 대학이 있는 곳에 다양하고 풍부한 문화의 생태계가 꽃필 수 있는 것이다. 이제 토착사회는 노마드들을 적극적으로 활용해야 한다. 이미 두 사회는 깊은 상호의존의 관계를 진화시켜 왔고, 서로 떨어질 수 없는 깊은 유대의 길로 나아가야 한다. 이 관계를 어떠한 방식으로 한층 발전시켜 나아갈 것인가에 대해 지역과 대학이 함께 고민할 때가 된 것이다. 대학 도시 춘천에서 지역과 대학의 관계가 질적으로 숙성되어 지속 가능한 지역 발전의 원동력이 되기 위해서는 우리 모두에게 인식의 변화, 행동의 변화, 문화의 변화가 필요하다.

대학과 지역의 상생협력 체제를 발전시켜 지역 선진화의 동력으로 전환시키기 위해 우리가 주력해야 할 첫 번째 과제는 대학을 그 자체로 지역의 핵심 '전략 자산'(*strategic asset*)으로 간주하는 사고와 관점의 전환이다. 지금까지 지역에서는 대학과 같은 고급 서비스 기관을 지역을 이끌어가는 핵심 동력이란 관점, 즉 고부가가치 서비스 산업의 관점에서 접근하지 않았다. 오랫동안 우리에게 익숙해진 하드웨어 중심의 사고, 관 중심의 수직적 사고, 폐쇄적 연고주의 사회의 문화에서 대학처럼 무형의 지식자산을 광범위하게 보유한 기관의 힘이 제대로 보일 수 없었다. 그러나 겉으로 드러나는 외형적 자산보다 조직이 보유하는 보이지 않는 지식, 관계, 문화 등과 같은 '소프트 파워'가 경쟁력의 핵심 요인으로 부각되는 사회적 대전환의 상황에서 대학이 보유한 인적자원과, 이들이 지닌 지식과 정보, 잠재력의 가치를 제대로 인식하지 않고서는 결코 지역에서 새로운 성장 동력을 구하기 어려울 것이다. 그러한 점에서 이제는 대학을 거대한 지식 서비스 산업의 중심에 위치한 지역의 전략적 자산으로 인식하고, 이를 장기적 관점에서 육성하기 위한 체계적 접근이 요구되는 것이다.

지역이 대학을 활용하기 위해서는 지자체의 각별한 관심이 필요하다. 지자체는 대학이 보유한 인적자원이 지역에 머무를 수 있도록 양호한 교육, 주거, 복지, 문화, 의료, 거주 및 가족생활 환경을 개선하는 데 주력해야 할 필요가 있다. 양질의 정주, 문화, 교육 환경이 창조적 인재들을 불러 모으고, 창조적 인재들이 다시 지역의 브랜드 가치를 상승시키며, 높은 부가가치의 지식 창조와 서비스 산업을 발전시키는 데 기여할 수 있도록 하기 위해서는 좋은 일자리에 종사하는 인적자원이 장기적 비전을 갖고 지역에 머무를 수 있는 생활 및 문화 환경이 제공되어야 한다(Reich, 1993; Florida, 2003).

이러한 생활환경 요소들 중에서 빼놓을 수 없는 중요성을 지니는 것 중의 하나는 개인뿐 아니라 가족의 안정과 정주 여건을 중시하는 지역사회 정책이다. 지역사회의 대학들은 대학 교수를 정점으로 하는 교직원 집단을 다수 보유하며, 이들은 지역에서 가장 좋은 일자리들을 차지한다. 문제는 양질의 일자리를 확보하고 있는 사람들 중 70% 정도가 그들의 주민등록 등 거주지를 지역에 두지 않고 있다는 점이다. 고임금의 인적자원이 지역에 정주하지 못하고, 수도권 등에 거주하는 상황에 대해 지역에서는 이를 비판적으로 바라보는 시각이 오래전부터 존재했던 것이 사실이다. 그러나 이러한 시각은 문제의 근본 원인을 해결하려는 노력과는 거리가 멀다. 좋은 일자리들을 확보한 인적자원이 지역에 머물 수 있는 양호한 정주 환경이 제대로 구축되지 못할 경우 이들이 다른 지역을 그들의 정주지로 선택하는 것은 너무나 당연한 일이기 때문이다. 좋은 일자리를 유지하고, 그러한 일자리를 지닌 사람들과 가족들이 지역에 머물 수 있도록 적절한 환경을 제공하는 것만으로도 지자체와 대학의 호혜적 관계는 더욱 단단히 구축될 수 있다.

대학과 지역의 시너지 효과를 극대화하는 데 필요한 또 하나의 과제는 대학생들을 비롯한 청년 인구층이 높은 수준의 삶의 질을 누리고, 그들의 문화적 욕구를 충족시킬 수 있는 생활환경을 조성하는 것이다. 춘천지역의 대학들은 많게는 재학생의 70% 수준까지 외지 학생들을 유치한다. 외지 인구를 끌어들이는 매력과 경쟁력으로 볼 때 대학보다 더 강력한 조직은 존재하지 않는다. 별다른 산업이나 제조업이 없는 지역에 대학마저 존재하지 않는 상황과, 경쟁력 있는 대학들이 젊은 청장년 인구층을 외지로부터 끌어들이는 상황을 비교한다면, 대학이 지역에 대해 갖는 의미가 얼마나 큰 것인지를 짐작할 수 있을 것이다.

문제는 대학의 학생 자원이 지역에 머무는 시간이 매우 짧다는 데 있다. 방학이나 주말, 혹은 방과 후에 수도권의 집으로 회귀하는 대학생들이 지역에 정주하면서 그들의 학업을 충실히 수행하고, 건전한 소비와 문화 활동들을 즐길 수 있다면, 대학생들은 지역경제 전반을 활성화시키는 가장 큰 소비 세력이 될 수 있을 것이다. 지역이 이러한 효과를 제대로 거두기 위해서는 대학생들이 지역에 더 오래 머물 수 있는 제반 여건들을 개선하고, 대학생들의 지역 정주를 위한 다양한 생활 서비스, 문화 서비스, 교육 서비스 프로그램들을 지역과 함께 개발하는 것이 절실히 요구된다.

당장 대학 4년간, 혹은 대학원 기간을 지역에서 보내기 위해 몰려드는 대학생들이 대학과 인근 지역에서 안심하고 머물 수 있도록 대학 내외의 환경을 정주 및 문화 환경 개선을 위한 적극적 지자체-대학 간 협력과 사람에 대한 투자가 필요할 것이다. 특히 계속 증가하는 여학생들이 외지에서 안심하고 캠퍼스 생활을 즐길 수 있는 기숙사나 원룸 거주 환경을 지속적으로 개선하는 데 대학과 지자체가 협력해야 한다. 한 사람의 인구가 이동함으로써 지역이 얻게 되는 유형, 무형의 혜택을 경제적으로 환산하여, 그 혜택이 학생 본인에게 최대한 돌아갈 수 있도록 하는 장학 지원 프로그램 등도 필요하다.

학생들이 대학을 졸업하고 지역에 일자리를 잡거나, 창업을 할 경우 지방정부 차원에서 취업 지원 활동에 적극적으로 나설 필요가 있다. 지자체와 대학이 추진하는 이러한 활동들은 결국 그 이익이 고스란히 지역에 환류 된다는 의미에서 지역사회에 대한 가장 현명한 투자가 되는 것이다. 공장 하나가 지역에 가동될 때 지역이 얻을 수 있는 효과 이상으로 대학생 1명이 지역에서 4년의 기간을 보낼 때 지역이 얻을 수 있는 장단기 효과는 더 클 수 있다. 젊은 인구의 지역 유치는 고령화를 늦출 수 있을 뿐 아니라 지역경제와 교육 및 문화 수준 향상에 크게 기여할 수 있다. 학생을 위한 양질의 교육 및 주거, 문화 환경 조성에 대학과 지자체가 협력하여 적극적인 노력을 기울이는 것은 수익률이 가장 높고 안전한 사회투자인 셈이다. 역으로 이러한 투자 활동을 게을리 하는 것은 곧 가장 양질의 인적자원을 보유하고, 지역경제와 브랜드 가치를 향상시킬 수 있는 가장 좋은 기회를 스스로 방기하는 결과를 초래하게 될 것이다.

지방정부가 대학과 주민 간의 선순환 상호의존 관계를 더 깊고 풍요롭게 할 수 있는 방안들은 얼마든지 있다. 하나의 방법으로 외지에서 진학하는 학생들을 위한 다양한 공공 서비스 절감 혜택이나 생활비, 혹은 학비 절감을 위해 노력하는 것이다. 서울에서 지역으로 매일 출퇴근을 반복하는 학생들을 위해서는 대중교통 서비스를 더 저렴한 가격으로 이용할 수 있도록 적극적인 지원을 아끼지 말아야 한다. 농촌, 지자체, 대학이 더 높은 품질의 안전한 먹을거리를 제공하기 위한 노력을 조직할 수도 있다. 학기 중에 기숙사나 원룸 등에 거주하는 학생들을 위해 장학 제도 확충 노력을 기울일 수 있다. 학생들의 삶의 질을 높이기 위한 다양한 서비스 기반을 확충하는 것도 중요하다. 좋은 술집, 떠들썩한 닭갈비집, 커피숍, 카페, 학원, 농촌 체험, 젊은이들을 위한 지역 축제와 이벤트들이 이러한 생활 서비스에 해당한다. 먹고, 이야기하고, 놀고, 체험하는 모든 것들에서 더 높은 만족과 더 적합한 가격의 서비스를 만들어내기 위한 노력을 통해 소비와 소득이 선순환의 관계를 형성하는 방안들을 모색해야 한다.

대학과 지역의 상호의존성을 염두에 둘 때 지역과 대학은 상호의존의 관계와 네트워크를 어떠한 방식으로 더욱 풍요롭게 할 수 있을지 더 깊은 고민과 노력이 필요하다. 지역과 대학이 함께하는 고민만으로도 엄청난 창의적 정책이 개발되고, 지역에 대한 플러스 효과가 나타날 것이다. 이러한 노력들은 지역에 더할 나위 없는 좋은 결과를 가져다 줄 것이며, 대학 역시 이처럼 깊은 상호의존성으로부터 훨씬 많은 혜택을 누릴 수 있을 것이다.

우리는 지역에서 양성하여 공급한 인적자원의 대부분이 유출되어 지역발전을 위해 제대로 활용하지 못하는 것을 보았다. 지역의 희소한 자원을 투입하여 양성한 인적자원이 양성된 경제적 가치만큼 온전히 지역에 기여하지 못하고 외부로 유출됨으로써 지역에서 희생한 기회비용의 반대급부를 제공받지 못하는 것이다. 우리의 조사에 따르면 외지로 진학한 지역 출신 학생들은 월평균 118.8만 원의 생활비를 지출하는 반면, 외지 출신 한림대 학생들은 월평균 73만 원을 지출하여 지역출신 외지 진학자가 지출하는 금액의 61.5% 수준만을 지출하는 것으로 나타났다. 학생들의 주요 지출 항목들은 주로 오락, 문화, 학원비의 차이로 나타난다. 이는 학생들의 문화와 학습 욕구를 제공할 수 있는 지역내 관련 서비스 기반이 취약함을 시사한다. 영화관, 공연장, 전시장, 학원 등 문화 및 학습관련 서비스 산업을 충실히 발전시켜가는 것이 지역 산업 전략으로 채택되어 마땅하다.

지역 외에 거주하는 교원들의 지역거주를 유도하기 위한 대학당국과 지역의 노력 또한 필요하다. 분석에 따르면 지역 외 거주 교원의 소득창출액은 지역에 거주하는 교원에 비해 13.8% 수준에 머무는 것을 알 수 있다. 만일 지역 외 거주 교원의 지역거주 비율이 높아진다면 현재 상태 기준으로 연간 최대 83억 원 정도의 추가 소득창출을 기대할 수 있다. 그러나 이를 위해서는 거주 선택을 강제할 수 없으므로 자발적 의사가 동인이 될 수 있도록 지역거주의 매력과 편리성, 그리고 교육 및 문화 환경의 경쟁력을 높이기 위한 노력이 절실히 요구된다.

대학의 소비가 지역과 긴밀히 연계될 수 있도록 '지산지소'(地産地消)의 영역을 확대하는 노력도 중요하다. 그 하나의 예로 대학과 인근 농촌 마을과의 '일교일촌'(一校一村) 교류 운동을 실질적 차원에서 널리 확산시키는 작업은 지역과 대학의 유대 강화에 크게 기여할 것이다. 다른 한편 대학과 도시의 유대를 구매를 매개로 연결하기 위해서는 지역 대학의 소비가 지역 구매를 통해 이루어질 수 있도록 많은 노력을 경주해야 한다. 대학의 운영과 관련한 총 지출 중 64.8% 정도만이 지역내에서 지출되고 있으므로 이 비율을 높일 수 있다면 연간 최대 158억 원 정도의 추가 지역내 지출이 이루어질 수 있음을 유추할 수 있다. 물론 대학이 필요한 다양한 재화와 용역을 지역에서 모두 제공하기는 현실적으로 어려운 측면이 있다. 그러나 가능한 지역구매 비율을 높이기 위한 대학 당국의 노력과 함께 대학의 필요를 지역의 서비스산업 측면에서 충족시키기 위한 지역차원의 노력은 필요할 것이다. 대학의 지출이 상당 부분 지역외부에서 이루어지므로 지역 구매 비율을 높일 수 있다면 지역경제 활성화에 크게 기여할 수 있다. 이를 위해서는 지역도 대학의 눈높이를 맞추기 위한 노력을 게을리 해서는 안 될 것이다.

9

# 지역사회 춘천의 발전과 이슈, 그리고 과제

유팔무

## 1. 서론: 춘천의 입지와 지역발전의 개황

춘천은 한강 상류 지역(소양강 옆)에 위치한 강원도 수부로서 수도권 상수원에 위치해 있기 때문에 중앙으로부터 환경 및 개발 규제를 많이 받아왔다.

과거 오랜 세월을 거쳐 춘천의 발전을 오늘의 상태로 이르게 하는 데에 중요한 영향을 미쳐온 요인들은 중앙권력의 성격과 그 변화, 춘천의 지정학적 입지조건 3가지라고 할 수 있다.

기본틀을 형성한 것은 1960~1970년대의 박정희 정권이었다. 개발독재정권이라 불리기도 하는 박 정권은 과도하고 무분별한 개발이 대기오염, 수질오염 등 여러 환경문제를 일으킨다는 점을 인식하여 전국의 도시주변구역을 그린벨트로 묶었으며, 춘천도 묶이게 되었다. 박 정권 시절 중앙권력에게는 '지방자치'나 '분권'의 개념이 없었으며, 따라서 춘천과 같은 '지방'의 경우, 지역자치적인 발전이나 발전의 기획이 불가능했다. 즉, 큰 틀은 중앙에 의해 일방적으로 규정되었다. 그 후 1987년 6월 항쟁과 6. 29선언을 거치면서 민주화가 시작되

〈그림 9-1〉 춘천시의 지리적 위치

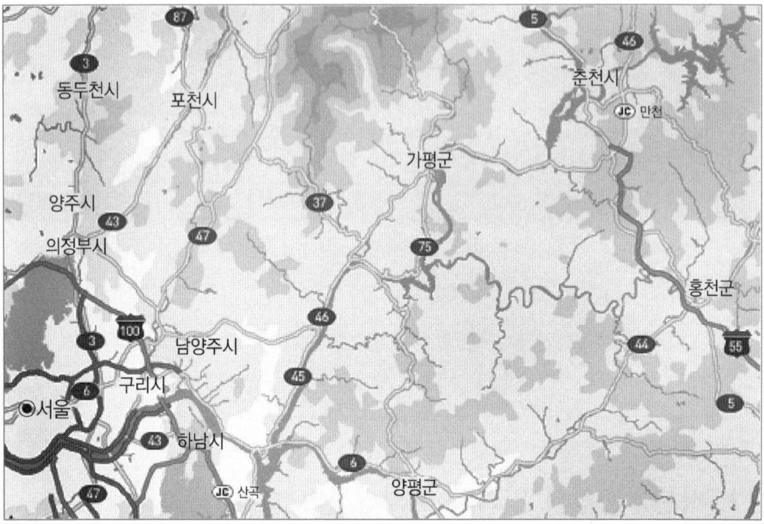


었고 지방자치제가 도입되는 등 사정이 크게 변하였다.

춘천이 지방에 위치한 것은 다른 지방도시들과 같은 점이지만, 중앙-서울로 흘러들어 가는 북한강 상류변에 위치한 것은 불행(?)한 입지조건이었다. 서울시민들의 식수원을 오염시킬 수 있는 위치이기 때문이고, 공업적으로 발전하는 것은 중앙-서울로부터 적극 규제를 받았기 때문이다. 반면, 춘천은 강원지역 내에서는 서울에서 가까운 곳에 위치하기 때문에 강원도 수부도시로 지정되어 행정적인 면에서는 통제도 많이 받았지만, 혜택도 많이 받았다.

이러한 조건들이 작용한 결과, 춘천은 청정 환경이 잘 보존된 반면, 공업화 및 도시발전과 성장이 제약되어 행정, 교육, 문화관광, 소비 도시로 발전했다. 이른바 공장은 없고, 학교는 많으며, 문화축제와 막국수, 닭갈비 음식점, 의류 상점 등 자영서비스업체들이 많다. 교육인구가 많으며, 특히 대학인구는 전체의 10% 이상을 차지하고 있다.

〈표 9-1〉 춘천시 인구 증감 및 시도 간 인구이동 추이

단위: 명

| 연도 | 인구수 | 전입자수 | 전출자수 |
|---|---|---|---|
| 1995 | 233,016 | 55,302 | 52,986 |
| 2000 | 251,991 | 12,476 | 13,294 |
| 2005 | 254,999 | 12,004 | 13,680 |

* 자료: 춘천시 기획예산과·통계청, 〈인구이동통계〉.

춘천시민들은 이로 인해 춘천시가 경제적·도시발전적 측면에서 '낙후된 도시'라 인식하게 되었고, 이를 타개해 나가기 위해 문화관광 및 레저스포츠 산업을 육성하였다. 그리고 도시의 공간적 확장 및 개발, 수도권과의 교통망 확충에 힘을 쏟았다(《춘천 리포트 1》, 《춘천 리포트 2》, 《춘천 리포트 3》 참조).

그럼에도 불구하고 인구는 오늘날까지 25만~26만 명 선에서 정체되어 있으며, 유동인구가 많은 편이다. 서울, 경기 등 수도권과 강원 인근 지역으로부터의 유입, 그리고 수도권으로의 유출이 특징이다.[1)]

역대 춘천시장들은 춘천을 인구 50만 규모의 도시로 발전시키려 노력했으나 지난 10년 동안 인구는 불과 2만여 명이 늘어났을 뿐이며, 2006년 말 현재 인구수는 258,068명이다(춘천시, 〈2007년 통계연보〉). 그래서 몇 년 전부터는 목표인구 수를 40만 명으로 낮추어 잡은 상태이다. 그리고 서울-춘천 고속도로 및 복선 전철의 개통을 통

1) 인구는 대체로 춘천 인근의 강원지역으로부터 유입해 들어와 비슷한 숫자만큼, 혹은 약간 더 많은 수가 서울, 경기 수도권 지역으로 유출되는 추세를 보였고, 인구는 정체상태로부터 크게 벗어나지 못하였다. 2000년과 2005년의 경우, 전입인구 수보다 전출인구 수가 더 많은데, 그럼에도 불구하고 전체 인구가 줄지 않고 그 사이 3천여 명 늘어나게 된 이유는 자연증가 인구(=출생자 수-사망자 수) 때문이었다. 2000년도에는 출생자가 3,236명, 사망자가 1,537명이었고, 따라서 1,700명가량이 자연증가하였다. 2005년도에는 출생자가 2,139명, 사망자가 1,446명으로 자연증가는 700명도 되지 않았다(춘천시, 2006).

해 수도권으로부터의 인구유입과 기업유치, 이를 통한 도시발전 및 지역경제 활성화를 기대한다.

그 일환으로 이루어지는 일들이 반환 미군기지부지 활용, G5 명품 신도시, 기업도시 프로젝트, 농공단지 추가건설 및 기업유치, 골프장 건설 등 각종 개발 프로젝트들이다. 그러나 이러한 도시발전의 목표는 많은 시민들의 염원처럼 되어 있지만, 과연 실현될 수 있을지, 또 거기에 동원되는 수단들이 적합한지에 대해서는 지역 시민사회 내에 이견들도 적지 않다. 그래서 지역내에 시청과 시민사회, 시민사회와 시민사회 간의 의견충돌과 갈등이 빚어졌거나 새롭게 빚어지고 있다. 과거 혈동리 쓰레기 처리장 문제에서부터 오늘날 G5 프로젝트와 기업도시 건설계획, 시청사 입지선정 및 신축문제, 풍물시장 이전 및 약사천 복원사업 문제 등이 그것이다.

## 2. 지역발전에 대한 춘천시민들의 인식과 평가: 과거

춘천에 관한 본격적인 조사연구는 1991년 춘천문화방송의 지원을 받아 이루어진 한림대 사회학과 교수들의 《춘천 리포트》였다. 이 연구는 우리나라에 지방자치제도가 도입되어 지방자치와 지방에 대한 관심이 본격화되던 시기에 이루어진 것으로서 당시 한림대 사회학과 교수 4명이 전원 참여하여 춘천의 지방자치 및 지역발전에 관해 학술적이고 체계적인 조사를 하여, 연구서를 단행본으로 출간하였다. 내부적 문제제기는 사실 "지방자치 시대, 춘천은 과연 불타고 있는가?"였다. 지방자치 시대에 즈음하여 지방의 춘천시민들은 과연 어떤 생각을 하는지, 자치와 지역발전을 향한 변화의 동력과 불씨는 형성되고 있는지에 관한 질문을 압축한 것이었다.[2)]

《춘천 리포트》가 출간되자 학계에서는 반향이 크게 일어나 "한림대

사회학과가 최고"라는 평판이 생겨났는가 하면, 부천, 청주, 서울, 광주, 제주, 부산, 경남, 대구 등 사회학 전공 학자들을 중심으로 각 지역에서 지역에 관한 학술적인 조사, 연구의 붐이 조성되었고, 이어 전국적 수준에서 지역사회학회도 만들어지게 되었다.

춘천지역에 소재한 강원대와 한림대 교수들, 춘천시청과 지역 언론기관들도 적지 않은 자극을 받았다. 《춘천 복지리포트》, 《춘천 실업리포트》, 《춘천학 세미나》, 《춘천 100년사》 등이 그로 인한 산물들이며, 춘천에 관한 조사, 연구는 그 후에도 계속 이어졌다. 1991년 《춘천 리포트》에서부터 이번의 《춘천 리포트 4》에 이르기까지 춘천, 그 중에서도 특히 춘천의 발전에 관한 주요 조사, 연구 결과들을 몇 가지 발췌, 소개하면 다음과 같다.

### 1) 《춘천 리포트 1》에서 《춘천 리포트 3》까지: 1990년대 초~2003년

1990년대 초부터 2003년 《춘천 리포트 3》에 이르는 기간 약 10년 동안 춘천지역 발전에 관한 조사연구들이 많이 있었는데, 그 중 1993년 한림대 팀의 연구는 지역사회 발전과 관련한 최초의 국내 비교연구로서 주목할 만한 것이었다. 그 다음, 1999년에 이어진 한림대 팀의 연구는 《춘천 리포트 2》라고 할 수 있는 것으로 춘천에 관한 종합적 연구를 좀더 심화시킨 것이었다고 할 수 있다.

---

2) 1991년 한림대 사회조사연구소·춘천문화방송이 나남출판사에서 출간한 《춘천 리포트》는 부제가 "지방자치와 전환의 모색"이고, 구성은 다음과 같다. 총론, 1부(4장) 일반조사의 분석, 2부(2장) 중간집단 조사 분석, 3부(3장) 이론적 함의, 4부(2장) 종합 및 전망.

(1) 1993년: 〈춘천, 청주, 진주, 제주시 비교연구〉*

이 연구의 결과에서 일부를 발췌해 소개하면 다음과 같다.

춘천, 청주, 진주, 제주 등 4개 도시는 인구수에서는 모두 20~50만 명 규모의 중소도시들이다. 1992년 말, 춘천이 179,372명, 청주가 524,274명, 진주가 251,156명, 제주 237,774명(내무부, 1993)으로 춘천이 가장 적고 청주가 가장 많다. 인구 면에서의 이러한 차이는 각각의 도시들이 지난 10여 년간 겪어온 발전의 일면을 표현해 준다. 인구증가 면에서 춘천과 진주, 제주는 모두 2% 내외의 완만한 증가세를 보였으나 청주시는 지난 수년간 3~5%씩의 급속한 성장세를 보였다. 이러한 차이는 다른 도시들이 교육, 문화, 관광을 중심으로 한 서비스·소비도시로 발전한 반면, 청주는 교육·문화 외에도 산업중심의 도시로 발전하고 있기 때문이다.

청주의 산업별 인구구조는 1차 산업이 7.0%, 2차 산업이 26.0%, 3차 산업이 67.0%로서 2차 산업에 종사하는 인구의 비율이 1991년 현재 26.9%인 전국평균 수준(대한민국정부, 1992)에 육박하고 있으며, 매년 유입·유출하는 유동인구가 전체의 4분의 1에서 5분의 1을 차지할 정도가 유동적이다. 춘천과 진주도 인구의 약 20%정도가 매년 유입·유출하고 있어 대단히 높은 유동성을 보이나, 1, 2차 산업에 종사하는 '생산적' 인구의 비중이 적고 서비스업의 비중이 과대한 소비도시의 면모를 보인다. 진주(1991)의 경우, 1, 2, 3차 산업의 비중이 각각 1.4%, 22.7%, 75.9%로 2차 산업의 비중이 22.7%에 불과하며, 춘천(1991)의 경우는 0.1%, 13.1%, 86.8%로서 이보다 훨씬 적다. 관광도시인 제주는 이보다 훨씬 더 심해 1992년 현재 1, 2, 3차 산업의 비중은 각각

---

* 교육부 지원연구과제 보고서로 1993년에 한림대 사회조사연구소가 수행한 연구 결과를 담고 있으며, 1995년 〈한국사회학평론〉 제3집에 수록되었다(유팔무·성경륭·최태룡·신광영·송호근, 1995, "지방자치와 지역발전 비교연구: 춘천시, 청주시, 진주시, 제주시의 비교", 한림대 사회조사연구소(편), 〈한국사회학평론〉, 제3집, 한울).

11.0%, 5.0%, 83.0%이고, 유동인구가 11~13%정도밖에 안되어 정체적 도시에 속한다.

이러한 차이를 빚어낸 심층적 원인은 지역사회들에 대한 중앙정부의 차별적 발전계획 및 지원정책에 있었다. 지리적 위치로 보면, 춘천과 청주는 수도권에서 1시간 남짓한 가까운 거리에 놓여 있고, 진주와 제주는 멀리 떨어져 있다. 그러나 춘천은 수도권에 위치하면서도 교통이 불편하고 수도권 상수원에 인접한 곳에 위치하기 때문에 중앙정부에 의해 공업화에 부적합한 지역으로 규정되고 개발이 제한되었던 반면, 청주는 중부고속도로로 연결되어 교통이 편리하여 공업지역으로 발전할 수 있는 기회와 정부지원이 주어졌던 것이다. 진주는 전국적 차원에서 공업중심지로 발전하는 영남권에 속해 있다. 그러나 그럼에도 불구하고 공업중심지로 지정받지 못해 인근의 마산·창원지역에 비해 공업발달의 면에서 크게 뒤쳐지고 인구도 늘지 않는 교육, 문화도시로 발전해 가게 되었다. 제주 역시 중앙정부의 계획에 따라 전국 제일의 국민관광지로 성격을 규정받아 공업화의 방향으로 발전하지 않고 관광도시로 발전하게 되었다.

이처럼, 제주가 수도권으로부터 가장 멀리 떨어진 곳에 위치해 있음에도 불구하고 중앙정부의 직접적 영향 하에서 발전한 것과 마찬가지로, 춘천, 청주, 진주 등의 도시발전에 직접적으로 영향을 미친 것은 수도권으로부터 얼마나 멀리 떨어져 있느냐 하는 지리적 요인이 아니라 그 도시가 중앙정부에 의해 국가정책적 차원에서 어떤 도시로 발전하도록 규정받느냐, 그리고 거기에 수반되는 국가정책적 지원과 규제의 성격이 어떠한 것이냐 하는 '정치적' 요인, 즉 '국가정책적' 요인이었다.

(2) 1999년: 《99 춘천 리포트》*

이 조사연구는 《춘천 리포트 2》로서 내용구성은 제 1장이 "춘천소프트"로서 에세이 성격의 총론, 역사적 측면, 사회의식을 다루었으며, 제 2장은 "지역사회 구조와 변동"(인구, 산업, 공간구조를 중심으로 춘천사회의 구조적 특성 분석, 지역발전 제약 요인), 제 3장은 "문화와 일상생활"(문화, 축제, 춘천 이미지, 문화 및 여가생활, 계급적 측면), 제 4장은 "삶의 질과 지역사회의 구성"(삶의 질, IMF의 영향, 춘천시민의 정체성 및 중앙회귀성, 사회적 네트워크, 사회참여 및 사회의식), 제 5장은 "시민사회"(정체성, 사회적 자본, 시민사회 조직간 관계), 제 6장은 "지방화와 지역정치"(1990년대 선거 분석, 정치성향, 지역정치의 성격), 제 7장은 "지방자치와 지역발전"(지방자치 평가, 시민단체에 대한 인식, 정치적 효능감, 춘천시 평가, 전망, 대안제시)을 다루었다. 그리고 보론에서는 '평균 춘천인'을 뽑아 요약하였다.

지역발전 관련한 주요 설문항은 설문 1 "춘천 이미지", 설문 3 "춘천사람 성격, 기질", 설문 27 "춘천 소속감", 설문 28 "사회봉사/시민단체 가입", 설문 33, "춘천-서울 교통이 미치는 영향", 설문 34-3 "중앙으로부터의 차별", 34-4 "서울-춘천 접촉은 춘천에 이득/손해", 설문 51 "시민단체들 평가", 설문 58 "춘천시의 발전방향", 설문 61-2 "개발과 환경" 등이 있다.

여기서 춘천의 대표적 이미지가 무엇이냐는 질문에 대해 가장 많은 응답이 나온 것은 '전원도시'였다. 유효응답자 767명 가운데 200명 26.1%가 그렇게 답하였다. 그 다음, '문화 및 교육도시', '관광도시'를 꼽은 사람들이 각각 163명, 164명으로 21% 정도였고, '경제적 낙후지역'이라 꼽은 경우도 158명 20.6%나 되었다.

---

* 한림대 사회조사연구소와 춘천문화방송이 공동으로 나남출판에서 간행함.

(3) 2002년: 〈지속가능발전을 위한 춘천지역 의제 조사〉*

이 조사에서 발전 관련 설문항들로는 설문 6 "발전전망에 대한 낙관 여부", 설문 9 "낙후의 원인", 설문 10 "영역별 발전 평가", 설문 11 "춘천이미지(점수)" 등이 있다.

춘천의 대표적 이미지를 묻는 11번 항목에 대한 응답 결과는 10점 만점에 전원도시가 7.28점, 군사·행정 도시가 5.48점, 문화·교육 도시가 6.90점, 멀티미디어·애니메이션 도시가 6.05점, 경제적 낙후도시가 5.38점, 관광·축제 도시가 6.20점으로 나왔다. 춘천에 사는 것에 대한 자긍심을 알아본 결과, "매우 자랑스럽다"가 26.4%, "대체로 자랑스럽다"가 35.6%로서 62%의 응답자들이 자긍심을 가졌으며, "자랑스럽지 않다"는 경우는 1.8%에 불과하였다. 앞으로 계속 춘천에 거주할 것인지에 대해서는 "전적으로 그렇다"(54%), "대체로 그렇다"(28.6%)를 합치면 무려 76.2%가 춘천에 계속 거주할 정주의식을 가지는 것으로 나타났다.

(4) 2003년: 《춘천 리포트 3: 분권시대의 춘천》
— 〈춘천시민의 의식과 생활에 관한 조사연구〉**

이 책의 내용구성은 제 1장이 "춘천시민의 삶의 질"(사회인구학적 특성, 삶의 질), 제 2장이 "춘천 지역민의 사회생활"(춘천시민의 정체성, 신뢰, 정치의식, 사회관, 사회참여, 네트워크), 제 3장이 "춘천의 권력구조와 지방자치"(지역정치 평가, 지역사회 평가, 시민사회 평가, 사회참여, 정치의식), 제 4장이 "여성의 시각으로 바라본 춘천"(여성, 가족), 제 5장은 "춘천, 한 중견작가의 고향"(사회사적 성격의 글), 제 6장은 "춘천

* 녹색춘천의 제 21 실천협의회 의뢰하여, 강원사회조사연구소(김중석·천남수·정혜림)가 춘천시민 성인남녀 500+60명을 대상으로 한 전화조사(2002.10).

** 한림대 사회과학연구소(박준식·이주일 외)가 수행한 연구(2003.4).

사람들의 가치관"(가족관, 국가관, 권위주의, 대인관계, 성의식, 탈물질주의 가치관)으로 되어 있다.

발전 관련 주요설문들로는 설문 B4 "시위 등 참여 경험", 설문 B5 "조직에의 참여 및 회비 납부", B5-14 "시민단체", 설문 C3 "시민단체에 대한 평가", 설문 D6 "정주 의식", 설문 D7 "춘천에 대한 만족도", 설문 E14 "중학교, 주된 성장지" 등이 있다.

조사결과, "종합적으로 볼 때 춘천이 얼마나 살만한 곳이냐"는 질문에 대해서는 "아주 좋다"(7.4%), "좋은 편이다"(80.0%)를 합쳐 "좋다"고 답한 사람이 무려 87.4%에 달하는 것으로 나타났다. 춘천에 정주 혹은 이사갈 의향이 있는지를 물은 결과, "평생 살고 싶다"는 사람이 13.0%, "가능하면 계속 살고 싶다"는 사람이 64.7%나 되었으며, "다른 곳으로 이사를 가고 싶다"는 사람은 22.3%였다.

### 2) 《춘천 리포트 3》 그 후: 2003~2007년

#### (1) 2003년: 〈춘천시민 의식 및 욕구조사〉*

이 보고서에서 발전 관련 주요 설문들로는 설문 1 "춘천 이미지", 설문 2 "만족도", 설문 3 "소속감", 설문 4 "발전방향", 설문 5 "발전전망", 설문 7 "발전전략 관련 항목들 조사", 설문 9 "춘천 이념성향", 설문 10 "본인 이념성향", 설문 12 "성장이냐 분배냐", 설문 13 "각 기관들 지역발전 기여 정도(시민, 사회단체 등)", 설문 14 "고교평준화", 설문 16 "공무원 노조", 설문 32 "주관적 계층귀속" 등이 있다.

조사결과, '춘천이 살기 좋은 도시'라고 답한 사람은 50.8%였으며, "아니다"라고 답한 사람은 6.2%였다. 시민들 중에는 춘천이 '관광·휴양도시'의 성격을 지닌다는 사람들이 제일 많았다(211명,

* 한림대 사회과학연구소, 〈강원일보〉, 강원리서치가 춘천시민 500명을 상대로 한 전화조사임(2003. 11. 23).

42.2%). 그 다음은 '교육·문화도시'(129명, 25.8%), '전원·주거도시'(111명, 22.2%)였으며, '행정도시' 혹은 '산업도시'라고 생각하는 사람은 적은 수(각각 40명, 8.0%; 3명, 0.6%)에 불과하였다.

발전전략과 관련하여, "지역경제를 살리기 위해서는 외지의 대기업과 자본을 적극 유치해야 한다"는 의견에 대해 시민들은 압도적으로 찬성(86.0%)했으며, "해외의 기업과 자본도 적극 유치해야 한다"는 견해에 대해서도 비슷한 수준(76.6%)으로 찬성했다. 이는 경제적 발전의 측면에서는 시민들이 압도적으로 외부의존형을 취하는 것을 의미한다.

"성장과 분배, 어느 것이 우선이냐", 혹은 "경제 활성화가 우선이어야 하느냐, 분배정의와 복지가 우선이어야 하느냐"에 관해서는 "복지와 분배는 바람직하지 않으며, 경제성장과 개발을 중심으로 정책을 실시해야 한다"는 '오로지 성장주의' 견해가 22.0%, "복지와 재분배는 성장 이후에 가능하고 바람직하다"는 식의 전형적 '선 성장 후 분배 주의'를 택한 사람들이 38.0%, "복지와 재분배는 성장 이전에라도 언제나 확충이 가능하고 필요하다."는 '분배우선주의'를 지지한 사람들은 40.0%였다.

"중앙정부기관을 적극 유치해야 한다"는 의견에 대해서는 찬성의견이 압도적(80.6%)으로 많았으며, "인구를 50만 이상으로 많이 늘려야 한다"는 데 대해서도 압도적으로(72.6%) 찬성의견이 많았으나, 반대의견(27.4%)도 적지는 않았다(유팔무, 2003).

(2) 2005년: 〈국토연구원 춘천시 용역보고서〉(최종), 〈춘천미군기지 이전부지 및 그 주변지역 활용방안 조사연구〉*

이 보고서들이 담고 있는 발전관련 주요 설문들로는 설문 2 "춘천 발전을 위한 선결과제", 설문 3 "대표 이미지", 설문 4 "바람직한 미래상", 설문 5 "발전전략 분야", 설문 8 "미국기지 활용방안" 등이 있었다.

이 가운데 설문 8에 대한 응답을 보면, 1위는 "체육, 휴식공원"(29%) 이었고, 2위는 "쇼핑, 여가, 문화시설이 어우러진 복합문화 관광 단지"(24%), 3위는 "행정타운, 시청사 및 공공기관 유치"(23%), 4위 "첨단산업 업무단지"(13%), 5위 "친환경적 주거단지 조성"(6%) 순이었다.

(3) 2005년: 〈강원도민 의식조사〉**

이 보고서의 발전 관련 항목들로는 설문 3 "정주의사", 설문 4 "이사 희망 이유", 설문 40 "공무원노조", 설문 41 "고교평준화" 등이 있다.

이 조사에서 정주 혹은 이주 의사를 알아본 결과, 춘천지역 응답자들의 경우, "평생 거주하겠다"는 사람이 283명 가운데 21.9%였고, "가능하면 계속 거주하겠다"는 경우는 35.7%였다. 이사를 희망하는 사람들도 15.6%에 달하였다. 이사를 희망하는 이유는 대개 "경제활동 여건이 나빠서"(40.9%), 또는 "생활환경이 나빠서"(25.0%) 였다.

---

* 2004년 11~12월에 춘천시민 698명을 대상으로 한 설문조사(2005.7).

** 강원대 사회과학연구소(한진만·홍성구 외), 강원발전연구원, 춘천문화방송이 공동으로 강원도 성인남녀 1,970명을 대상으로 한 설문조사(2005.6).

### (4) 2007년: 〈춘천지역발전의 현주소와 미래에 관한 조사연구〉*

이 조사의 결과를 살펴보면, 다른 지역으로 이사할 생각을 해본 사람은 모두 37.3%였다. 정주의식을 출신지역 별로 보면, 타지출신들의 정주의식이 상대적으로 약했다. 춘천 출신들 중에는 이사할 생각을 해본 사람이 30% 정도인데, 춘천 외 강원지역 출신들 사이에서는 48.1%, 서울 출신들 중에서는 52.9%로 절반을 웃돌고 있다.

이사 가고 싶은 지역으로는 〈표 9-2〉와 같이, 서울, 경기 다음으로 원주가 꼽혔으며, 이사 가고 싶은 이유로 "경제전망이 나빠서"가 1위, "취업, 문화생활, 자녀교육" 등이 각각 2, 3, 4위를 차지했다.

그리고 춘천의 현재 이미지로 가장 많이 꼽은 것은 '관광·레저도시'(27.1%)와 '문화·예술도시'(22.4%)였다. 그 다음은 이와 성격이 유사한 '휴양·건강도시'(12.4%)와 '전원도시'(12.2%)였고, 교육도시(9.7%), 행정도시(7.9%)가 그 뒤를 이었다. '첨단산업도시'를 떠 올리는 사람은 극히 미미했다(1.4%).

지난 5년간 춘천지역이 종합적 견지에서 발전했는지에 대해서는 37.5%가 "발전했다"고 보았다. 앞으로 더 발전해 나갈 가능성에 대해서도 많이 발전해 나갈 것이라고 보는 견해가 42.1%에 달하였다. 발전전략과 관련해서는 "경제개발" 우선이 57.8%, "환경보전" 우선이 33.7%였으며, 경제발전을 위한 전략으로 "외부기업 유치"가 적합하다는 견해가 58.2%, "지역내부 업체 육성"이 적합하다는 견해가 30.9%였다.

---

* 이 연구는 강원대 사회과학연구소(김원동·유팔무·유정배·이태원·홍성구팀)가 강원개발공사의 의뢰를 받아 2007년 2월 초순부터 중순 2주간에 걸쳐 춘천의 도농 지역 시민들 959명(동 760; 읍면 199)을 상대로 조사한 결과이다. 표본은 춘천시 행정구역을 중심으로 다단계 집락표집 방법을 통해 선정했으며, 조사는 강원대학교 사회학과 학생들이 조사대상자를 방문하여 설문지로 실시하였다.

〈표 9-2〉 이사 가고 싶은 지역

| | 빈도 | 비율(%) |
|---|---|---|
| 서울 | 147 | 41.3 |
| 경기도 지역 | 87 | 24.4 |
| 강릉 | 5 | 1.4 |
| 원주 | 50 | 14.0 |
| 기타 강원도 지역 | 24 | 6.7 |
| 기타 타도 지역 | 43 | 12.1 |
| 합계 | 356 | 100.0 |

춘천-서울 간 고속도로와 전철이 완성되면 춘천인구가 늘어날 것으로 예상하는가를 묻는 질문에 대해서는 76.3%라는 압도적 다수가 늘어날 것이라고 답하였다.

## 3. 개방시대 춘천의 지역발전과 삶에 대한 만족, 그리고 희망

춘천은 발전했는가. 그래서 지역에서의 삶은 만족스럽고, 희망 또한 춘천시 구호처럼 강물처럼 흘러넘치는가.

이제 2008년, 《춘천 리포트 4》 조사연구를 이와 같은 지역발전의 관점에서 요약·정리하면서 종합적으로 평가해 보도록 하겠다. 물론 이 연구는 주로 시민들의 의식 상태를 조사·연구한 것이기 때문에 지역의 발전이나 발전방향과 전략, 또 그 안에서의 삶과 희망은 '실제'라기보다는 시민들의 '의식세계'에 들어 있는 삶의 상태와 희망이다.

### 1) 지역발전과 삶에 대한 만족

요즈음 이명박 정부는 '녹색성장'을 표어로 내세우고 있지만, 성장과 발전은 그 의미가 다르다. 성장은 주로 양적이고 객관적인 측면을, 발전은 그 외에도 질적이고 주관적인 측면까지를 포함하는 의미를 지니기 때문이다. 그래서 우리가 지역의 발전 또는 지역발전이라고 할 때에는 그런 두 가지 측면을 모두 포괄하는 뜻을 지닌다. "살기 좋은 것" 또는 "잘사는 것" 역시 두 가지 측면을 모두 포괄하며, "삶에 대한 만족" 또한 그러하다. 경제적으로는 가난하고 희망이 적을지언정, 자녀가 건실하게 자라나는 화목한 집안은 살기 좋은 집인가 아닌가. 우리가 이런 점을 놓치면, 춘천시민들의 응답과 의식 상태를 매우 모순적인 것으로 보기 쉽다.

### (1) 춘천은 어떤 도시인가

이번 조사에서 춘천의 대표적 이미지로 가장 많이 꼽은 것은 '관광 · 레저 도시'(39.8%)였으며, 그 다음이 '전원도시'(21.1%), '문화 · 예술도시'(20.6%) 순이었다. 과거 10년 전까지만 해도 춘천사람들은 춘천을 교육 · 문화의 도시로 파악해 왔다. 그러나 근래에는 관광 · 레저도시로 인식하는 경향이 늘어 1위를 차지하며, 이런 성격의 도시로 만족하였다. 또한 앞으로도 그런 성격의 도시로 발전해 가기를 바랐다.

### (2) 춘천은 살기 좋은 곳인가

춘천사람들은 무려 88.7%가 "아주 살기 좋다" 또는 "살기 좋은 편"이라고 답하고 있다. 이러한 응답 성향은 출신지역별로도 큰 차이를 보이지 않았다. 춘천출신들 중에는 91.5%, 춘천 외 강원지역 출신들 중에서는 89.9%, 서울, 경기지역 출신 중에는 82.7%가 춘천을 살기 좋은 곳이라고 답하였다.[3]

---

3) 물론 이러한 질문과 답을 어떻게 해석할 것인지의 문제가 있긴 하다. 도대체 "살기 좋다"는 것이 무엇을 뜻하며 사람들이 어떻게 해석할 것이냐 하는 문제이다. 이 긍정적 답은 1차적으로 춘천이 물 맑고 공기 좋기 때문에,

(3) 지난 5년간 춘천은 발전했는가

지난 5년간의 발전상황을 묻는 질문에는 모두 66.4%의 응답자가 "많이 발전했다"(17.1%) 혹은 "약간 발전했다"(49.3%)고 평가했다.

이처럼 춘천사람들은 춘천을 관광·레저·문화예술의 도시로 인식하며, 살기 좋은 곳으로서 지난 5년간 발전했다고 판단하였다. 그리고 앞으로도 특히 수도권과의 교통망이 개선되면 인구가 늘어나고 지역발전에 도움이 될 것이라고 보았다.

(4) 수도권과의 교통망 개선이 미칠 효과

서울-춘천 간 고속도로와 전철이 개통되면 춘천인구가 늘어날 것이라고 보는 응답자는 무려 85.2%에 달하였다.[4] 또한 서울 및 수도권과의 교류를 활발히 해야 춘천지역 발전에 유리하다고 보는 사람이 60%가까이 되었다(〈표 9-3〉 참조).

이처럼, 춘천사람들은 춘천에서의 삶에 대한 만족도가 높고, 지역사회의 발전에 대해서도 낙관적이었다. 특히 서울과의 교통망 개선이 춘천의 인구를 늘리고 또 계속 발전하는 데 도움이 될 것이라고 전망하였다.

그러나 한 가지 모순적인 것은 그동안 춘천의 인구는 거의 늘어나지 않았으며, 지역에서의 삶에 대해 만족도가 높음에도 불구하고 다른 곳으로 이사 가고 싶어 하는 인구가 꽤 많다는 사실이다. 떠나고 싶어 하는 이유를 살펴보아도 마찬가지이다.

---

그리고 2차적으로는 도시적 환경, 인프라, 쇼핑, 먹을거리, 대학 등이 나름대로 잘 갖추어진 점 등 때문에 나왔을 것으로 짐작된다. 그러나 만일 "춘천이 경제적인 면에서 살기 좋은 곳인가?"라고 물었다면, 답이 다르게 나왔을 것이다.

4) 2007년 강원대 사과연 조사(설문 47)에서도 76.3%로 나왔다.

〈표 9-3〉 춘천의 발전을 위해 필요한 교류 형태

| | 빈도 | 비율(%) |
|---|---|---|
| 지역 내부의 자체교류 | 55 | 9.2 |
| 춘천과 타 지방 지역과의 교류 | 102 | 17.1 |
| 춘천과 중앙과의 교류 | 358 | 59.9 |
| 춘천과 외국 지역과의 교류 | 34 | 5.7 |
| 모르겠다 | 49 | 8.2 |
| 합계 | 598 | 100.0 |

### (5) 춘천을 떠나고 싶은 사람이 많은 이유

이번 조사에서 "이주할 생각을 해본 적이 있다"고 답한 사람은 모두 36.3%였다.[5] 그렇다면, "이주하는 경우, 어디로 가고 싶은가?" 여기에 대해서는 압도적 다수(69.6%)가 서울이나 경기지역을 꼽았으며, 춘천 이외의 강원지역이 8.4%, 해외를 꼽은 경우도 8.4%나 되었다. 여기서 춘천 이외의 강원지역으로는 원주가 가장 많을 것으로 짐작된다.[6]

그렇다면 춘천을 떠나고 싶어 하는 이유는 무엇인가? 그 이유 중에는 '경제적 이유'가 가장 많았고, 그 다음이 '자녀교육'과 '보다 높은 수준의 문화생활'이었다. 1순위로 꼽은 이유 중 가장 많은 것은

5) 이 비율은 2007년 강원대 사과연 조사결과(37.1%가 이사 희망)와 비슷하다.

6) 2007년 강대조사에서 이사 희망자 356명중 원주로 가고 싶다는 답을 한 사람은 50명, 14.0%였고, 이는 전체 959명 가운데 5.2%에 달하는 수치이다. 즉, 오늘날 춘천에 살고 있는 사람들, 대부분이 춘천에 강한 정체성과 귀속성을 가지고 있으며, 춘천이 살기 좋다, 발전해 왔다, 앞으로도 발전해 갈 것이라고 낙관하는 춘천사람들의 3분의 1가량이 춘천을 떠나고 싶어 하며, 그 중 많은 사람들이 원주로 가고 싶어 하고 있다는 것이다. 이번 조사에서 이사 가고 싶어 하는 사람들(217명 36.3%) 중 14.0%가 원주로 가고 싶어 한다고 추정할 경우, 대략 5% 정도가 된다. 이는 춘천사람들 가운데 5% 정도가 원주로 이사 가고 싶어 한다는 것으로 해석할 수 있다.

“취업이나 사업”(38.5%), “경제전망이 나빠”(11.3%) 등 경제적 이유가 49.8%였고, 그 다음이 “자녀교육” 23.9% 순이었다. 2순위로 꼽은 이유 중에서 가장 많은 것은 “수준 높은 문화생활”이었다(2순위 전체응답에서 29.4%). 그 다음은 “취업이나 사업”(16.9%), “경제적 발전전망이 나빠서”(14,4%), “자녀교육문제 때문에”(11.4%) 순으로 1순위 응답과 비슷했다.

### 2) ‘수도권 시대’ 춘천사람들의 생각과 발전의 전략, 그리고 전망

앞서의 모순적 응답성향을 종합해 보면, 춘천사람들은 전반적으로는 춘천에 대해 만족하고 또 발전전망에 대해서도 낙관적이지만, 경제, 일자리, 교육여건, 문화생활 등의 면에서 어느 정도 부족함을 느끼고 비관적 인식도 함께 가진다고 할 수 있다. 이런 부정적인 면은 안으로 감추어져 있어 그 불만의 정도가 어느 정도인지는 확실하지 않고 유동적이다.

이런 점은 특히 수도권-중앙과의 관계에 대한 인식과 태도와 발전전략에 관한 인식과 태도 면에서도 나타나며, 이중적이기도 하다.

춘천의 경제가 취약한 이유, 그리고 취약하게 된 이유는 무엇인가? 춘천이 레저, 관광, 문화예술, 전원도시로 발전하게 된 이유는 무엇인가? 춘천사람들이 거기에 대해 만족하는 것은 진정일까?

#### (1) 춘천사람들의 사고방식과 발전전략

춘천사람들은 대체로 순하고 중앙에 대해 불만이 있어도 드러내기보다는 숨기고 체념한다. 혹은 온건 현실주의적으로 중앙에 타협하고 도움 받아 문제를 해결하고 발전해 가려는 사고들을 지니는 것으로 판단된다.[7] 자력으로 발전해 가기 힘들다는 생각이 강한 것이다.

---

7) 춘천사람들의 대체적 특성은 지방중소도시답게 순박하고, 인심 좋고, 연고성이 강하게 남아있지만 도시성과 근대성(익명성, 공평무사성, 합리성, 개

〈표 9-4〉 춘천이 당면한 가장 커다란 현안(1순위)

| | 빈도 | 비율(%) |
|---|---|---|
| 복선전철의 조기완공 | 319 | 54.2 |
| 미군 이전기지 개발 | 21 | 3.6 |
| 지식기반형 기업도시 조성 | 46 | 7.8 |
| 고속도로 및 도로망 개선 | 59 | 10.0 |
| 도심 재개발 사업 | 15 | 2.5 |
| 도시형 폐기물 처리장 확보 | 15 | 2.5 |
| 양질의 일자리 창출 | 101 | 17.1 |
| 불평등 양극화 해소 | 9 | 1.5 |
| 기타 | 4 | .7 |
| 합계 | 589 | 100.0 |

그래서 예나 지금이나 외부 의존적·중앙 의존적 발전전략을 지지하는 사람들이 다수를 차지하였다.

이번 조사에서 춘천시가 역점을 두어야 하는 점에 대한 응답 중에는 "(외부로부터) 기업이나 산업시설 유치"를 꼽은 사람이 64.2%에 달하였다. 1991년 《춘천 리포트 1》 조사 당시부터 지금까지 "외지로부터의 기업유치"가 중요한 발전전략이라고 보는 것이다.

교통망 개선을 환영하는 이유에도 그런 전략적 사고가 깔려 있는 것이며, 적지 않은 시민들은 "춘천도 이제부터는 명실상부한 수도권, 그러니까 어느 정도 안심"이라는 생각을 하는 것으로 보인다.

이번 조사에서 춘천이 당면한 가장 커다란 현안으로 지적된 것은 "경춘 복선 전철 조기완공" 및 "서울-춘천 고속도로 및 도로망 확충" 등 도로, 교통망 확충, 특히 서울과의 접근성 개선 등이 1순위였으며, 그 다음이 "일자리 창출", "미군기지 및 도심지 재개발" 순이었다 (〈표 9-4〉 참조).

인주의 등)은 덜 발달한 상태에 있다. 전반적으로 비판성, 개혁성, 진취성은 약한 편이다.

한편, 지역균형발전 정책과 수도권 규제완화 정책에 대한 시민들의 찬반의견을 보면, 균형발전 정책에 대해서는 동의하는 사람들이 45.6%로 가장 많았던 반면, 수도권 규제완화 정책에 대해서도 동의하는 사람이 가장 많아 39.5%나 되었다.

그러면 이러한 모순적 응답성향이 나타나는 이유는 과연 어디에 있을까? 여러 가지 분석을 해본 결과, 모순이 발생한 원인은 춘천사람들 중 적지 않은 사람들이 '춘천은 이미 수도권'이라 생각한다는 데에 있는 것으로 판단된다. 이 사람들, 즉 '수도권 의식'을 가진 사람들이 '수도권 규제완화'를 '춘천에 대한 개발규제 완화'로 해석해 응답했을 수 있다는 것이다.

(2) 교통망 개선을 통한 '수도권 편입'의 결과

앞서 언급한 것처럼, 춘천사람들은 고속도로와 전철을 통해 서울과의 교통망이 개선되면 춘천인구가 늘어날 것으로 본다(85.2%). 춘천지역 발전에 도움이 될 것이라고 보는 것이다. 거리상 고속도로를 통해 40분대로 가까워지기 때문에 "이제 춘천은 수도권 시대에 접어들었다"는 식으로 말하는 이들이 많아졌다.

그러나 고속도로와 전철이 개통되면 인구가 늘어나고 춘천 발전에 도움이 될까? 거기에 대해서는 몇 가지 의문들이 제기된다.

고속도로와 전철이 생기면 그것이 오히려 빨대로 작용해서 춘천인구를 수도권으로 빨아가는 일은 생기지 않을까? KTX가 개통된 후 대전이나 대구인구가 늘었는가? 대구인구는 줄어들고 있고, 밀양인구는 부산으로 빠져나가고 있다.

정부는 또 최근 경기 동부지역(남양주시, 하남시 등지)으로 도시를 개발·확장하겠다는 정책[8]을 내놓아 여러 부류의 사람들에게 폭발

8) 한국경제 2009년 5월 27일자 보도에 의하면 그 정책은 다음과 같으며, 이로 인해 하남시를 비롯한 그린벨트 해제 및 신규 개발대상 지역들의 땅값

적 관심을 모았다.[9] "혹시 춘천으로 올 사람들이 그곳들로 가지 않

---

이 치솟고 있다.

국토해양부가 8일 내놓은 '2020년 수도권 광역도시계획'은 수도권의 경쟁력을 키워 국가 성장동력으로 삼겠다는 게 핵심목표다. 이를 위해 수도권 '서남축'과 '동북축'을 신(新) 개발 축으로 공간구조를 다핵화해 기존의 '경부 축' 일변도에서 벗어나기로 했다. 무엇보다 수도권의 정체성을 명확히 한 점이 눈에 띈다. 이번 계획에서는 수도권을 '국가의 성장동력이자 동북아의 중심도시'로 명시했다. 수도권을 '과밀 억제'대상으로 삼았던 참여정부 시절과 확연히 구분되는 대목이다. 종전 계획에는 "수도권을 다핵공간 구조로 하고 지역별로 자족도시권을 형성한다"고만 되어 있었다. 세계경제에서 도시권 경쟁력의 중요성이 갈수록 커진다는 점에서 '수도권 경쟁력 = 국가경쟁력'이라는 판단에 따른 조치로 풀이된다. 서남권과 동북권을 신 개발축으로 제시한 것도 같은 맥락이다. 서울-판교-분당-용인-화성(동탄)-평택(고덕신도시)까지 개발이 몰려있는 '경부축'은 이미 기반시설 용량이 바닥나 더 이상 경쟁력을 키우기 어렵다는 지적이 많았다. 서남축은 광명·화성·시흥·안산·부천, 동북축은 남양주·의정부·양주·구리 등이다. 수도권의 3개 개발 보조축도 서울-김포-강화-해주 축은 그대로 두되 중부축(중부고속도로)과 과천-의왕-천안축을 제외하고 포천-서울-세종(제2경부고속도로)축과 광명-수원-천안축을 추가했다.

남양주의 경우 동북부권 지역거점으로 개발하되 그린벨트와 산지·구릉지가 많은 입지 여건을 살려 친환경·저밀도 도시로 조성된다. 김포시는 경인운하를 활용해 물류·문화·관광·레저기능을 유치하고 영상·항공산업의 거점기능을 맡게 된다. 그린벨트 역시 수도권 개발축 재편에 맞춰 권역별 해제물량이 배정됐다. 앞으로 해제될 그린벨트 총량(보금자리주택단지 제외)은 신 개발축인 서남권이 20.1~25.2㎢로 가장 많다. 경기도 해제총량(55.2㎢)의 3분의 1을 넘는다. 또 다른 신성장축인 동북권도 12.5~15.6㎢가 해제된다. 나머지는 남부권(7.8~8.8㎢) 서북부(4.3~6.9㎢) 동남부(4.1~5.8㎢) 등에 배정됐다. 국토부 관계자는 "이번에 추가로 풀기로 한 경기도 일대 그린벨트는 대부분 물류·산업단지 등을 개발하는 데 쓰일 것으로 보인다"며 "지자체별 세부 해제물량은 이들 총량 범위 안에서 탄력적으로 정해질 것"이라고 설명했다.

9) '한강변 입지 돋보이는 하남 미사지구'의 장점과 전망은 다음과 같다.
"강동대교와 팔당대교 사이 미사리 조정경기장 옆에 들어선다. 하남시 덕

을까?", 아니 도리어 "춘천사람들이 그곳으로 빠져나가지는 않을까?" 하는 우려들도 적지 않다('〈그림 9-2〉 하남시 미사 보금자리 지구 개발 예상도' 참조).

또한, 정부가 수도권 규제완화 정책 — 예컨대 경기 동부지역 환경규제 완화 및 개발 활성화, 공장 및 대학신설 허가기준 완화 등등의 정책 — 을 본격적으로 펴게 된다면, 춘천인구는 과연 늘어나고 춘천이 발전하는 데 도움이 되겠는가? 상수원 보호구역으로 환경규제를 과중하게 받아오던 춘천은 수도권에 편입이 되었다고 규제가 완화되고, 공장 신설이 용이해지겠는가? 모두 다 의문스런 일들이다.

과거의 경향과 오늘날의 이런 정황들을 종합해 판단해 보면, 교통망이 개선되면 춘천에 유동인구는 늘어날 것이 확실시된다. 하지만, 정주인구는 늘지 않고 줄어들 가능성마저 있는 것으로 보인다. 첨단기업과 공장, 그리고 잘사는 퇴직고령자층은 장사하고 휴양할 곳이 춘천 외에도 많이 있기 때문이다. 본래의 유동인구들은 고속도

---

풍·망월·선동 일대 546만 6천㎡에 들어선다. 서울 송파·강동구와 가깝고 한강을 끼고 있어 인기 주거지로 자리 잡을 가능성이 크다. 하남 미사지구가 보금자리지구로 개발되면 이곳에는 4만 가구 10만 4천 명의 인구가 거주하게 된다. 미사지구 서쪽에는 강동 강일지구·고덕지구, 남쪽에는 하남 풍산지구 개발이 한창이다. 미사지구는 주변 주거지와 연계해 동일 생활권으로 묶여 덩치가 커질 가능성도 있다. 미사·강일·풍산지구를 합쳐 총 796만 3,800㎡에 5만 6천 2백여 가구가 들어서는 셈이다. 인근에 조성될 예정인 송파 위례신도시(678만 8,331㎡)를 능가하는 규모다. 전문가들은 미사-풍산-강일-고덕지구가 하나의 생활권으로 묶여 한강변 대규모 주거지로 부상할 것으로 내다본다.

… 미사지구는 교통 여건도 좋은 편이다. 서울외곽순환도로 강일나들목이 가깝고 올림픽대로, 국도 43호선, 지하철 5호선 상일동역 이용이 쉽다. 광역교통망도 속속 구축되고 있다.

올해에는 서울-춘천 간 고속도로(61.4km)가 완공될 예정이고 2013년에는 서울 동두천 간 고속도로(45.4㎞), 사가정-암사동간 도로(6.5㎞)가 완공될 예정이다."(〈조인스 부동산〉 2009.5.25. 이영주 기자)

〈그림 9-2〉 하남시 미사 보금자리지구 개발 예상도

로를 통해 더 쉽게, 더 자주 이동할 수 있게 될 것이다. 수도권으로 이사 가고, 수도권에서 춘천으로 대학 다니고, 직장에 출퇴근하고, 춘천사람도 서울에 쇼핑 다니고, 가락동 농수산물시장에 물건 떼러 갔다 오기가 수월해지기 때문이다.

따라서 고속도로 개통에 대비하는 특별한 전략과 노력이 수반되지 않는다면, 고속도로와 전철의 '빨대효과'를 막아내고 역전시키기는 쉽지 않을 것이다.

## 4. 지역발전의 전략과 이슈, 그리고 불협화음

1991년 우리나라에 지방자치제가 도입, 실시되기 시작한 이래, 우리나라 지방도시들, 그리고 춘천은 많이 변화하고 발전했다. 여러 변화와 발전 중에 주목할 만한 첫째는 지방자치단체장과 지방의원들을 지역주민들이 직접 선출함으로써 지방의 정치와 행정, 그리고 의사결정 과정에 주민들의 생각과 뜻이 집약되고 투영될 수 있는 통로가 열렸고, 그 문턱이 낮아졌다는 점이다. 둘째는 주민들의 목소리가 커지게 되면서 주민과 주민, 그리고 자치단체 사이에 지역발전 문제를 둘러싸고 이견과 마찰 또한 빈번해졌다는 점이다. 셋째는 이로 인해 지역사회의 발전이 일관성 있는 방향으로 나아가는데, 지체와 정체, 우회가 빈발하였고, 특히 자치단체장이 바뀌면 모두 다 새롭게 바꾸려고 하는 경향도 없지 않아 지역발전의 경로에 혼선을 초래하기도 했다는 점이다. 넷째는 '내 고장 발전은 내 손으로'라는 개념이 도입되어 수많은 지역발전 모델의 구상들과 실천전략들이 논의되고 추진되었으며, 이 과정에서 중앙정부의 규제나 지원이 지역발전을 좌우하는 중요한 조건이라는 점에 대한 인식이 발달하였다. 지역개발과 중앙정부의 환경규제, 지역균형발전과 수도권규제완화 같은 문제들은 서로 반대방향으로 가 충돌하기 쉬웠으며, 따라서 지역발전을 둘러싼 여러 가지 이슈와 견해차, 그리고 마찰을 빚었다. 이런 점들은 춘천이라고 예외가 아니었다.

근래에 춘천을 달구었던 한 가지 큰 사례, 그리고 그 후 오늘날까지 여러 파장도 낳은 사례 하나는 강원지역 혁신도시 선정 과정에서 춘천이 원주에 혁신도시를 빼앗긴(?) 일이었다. 정부의 지역균형발전 정책의 일환으로 이루어졌던 혁신도시 선정, 지정의 과정은 강원도지사가 편파적이었다고 하는 춘천사람들의 문제제기와 비판을 자아냈으며, 춘천시내 한 곳에는 아직도 '춘천 혁신도시 되찾기 시민운

동 본부'가 남아있다.[10)]

이 사례는 지역민들의 지역발전에 대한 염원과 그 강도, 지역발전의 수단과 전략과 관련하여 중앙정부의 지원 필요성에 대한 지역민들의 인식, 이를 둘러싼 타 지역과의 치열한 경합 관계, 이로 인한 시, 도간 마찰과 춘천-원주 간의 감정을 보여준다. 이외에도 지역발전을 둘러싼 이슈의 형성과 불협화음의 발생 등 여러 면모들을 보이며, 여러 가지 파장들도 낳았다.

그 중 하나는 춘천시와 강원도 사이에 지역개발 주도권을 둘러싸고 벌어진 줄다리기였으며, 다른 하나는 기업도시 프로젝트였다. 기업도시 프로젝트는 그 이전부터 강원도와 강원도개발공사가 주도적으로 구상, 추진하던 춘천시 종합발전 계획이라 할 수 있는 G5 프로젝트 사업추진과 거기에 대한 논란과도 긴밀하게 연동되어 있다. 그러나 이러한 사업들과 여타의 굵직한 지역발전 사업들은 지역 주민들과 시청 사이에서도 불협화음과 마찰을 일으키며 사업계획과 그 추진이 지체, 정체, 우회를 했기 때문에 이런 점들과도 연동되어 있

---

10) 다음의 관련 신문보도를 참고할 것. "검찰이 혁신도시 입지선정 과정에서 '위원회를 불공정하게 구성하고 일부 위원들의 부당한 채점으로 정당한 평가를 받아야 할 춘천시민의 권리를 방해했다'는 혐의로 고발당한 김진선 도지사와 선정위원 4명에 대해 무혐의 결정을 내렸다. 춘천지검 형사1부는 29일 '김진선 도지사는 혁신도시 입지선정 절차에 따라 선정위원을 위촉했을 뿐 자의적으로 위원을 선정한 바 없고 위원회의 결정 내용에 따라 원주시를 혁신도시로 발표한 것일 뿐 직권남용이나 직무유기 혐의를 인정할 수 없다'고 밝혔다. 또 '고발된 선정위원 4명 모두가 원주시를 1위로 평가해 1, 2위 도시 간 배점차가 다른 선정위원들에 비해 다소 높았던 점은 확인됐지만 1, 2위의 배점차가 난 것은 각 평가항목에 따른 차이로 보인다'고 했다. …'춘천혁신도시 되찾기 시민운동본부' 변지량 상임대표 등 춘천시민 2천여 명은 지난해 12월과 지난 2월 혁신도시를 원주로 선정하는 과정에서 김진선 도지사와 일부 선정위원들이 직무유기와 직권남용 업무방해 등을 했다며 이들을 검찰에 고발했었다. …"(〈강원일보〉 2006. 6. 30)

으며, 따로따로 고찰하기는 사실상 어렵다.

그러면 이제부터 이런 점들을 염두에 두고, 근래에 춘천지역사회에서 현안이 되고 있는 발전 관련 주요 사업들과 이를 둘러싼 이슈와 불협화음의 개요와 단면들을 간략히 둘러보기로 하자.

### 1) 경춘 고속도로와 복선전철 개설 문제

현재 춘천지역은 서울과 춘천을 잇는 고속도로와 복선전철 건설로 인해 또 한 차례 도시발전의 계기를 맞이하였다. 이 사업들은 중앙을 상대로 한 춘천시와 시민들의 노력과 요구, 압력행사를 통해 성사되었다. 민자로 추진되어 온 고속도로는 2009년 7월 완공, 개통(춘천/동홍천-양양 구간은 2013년 국비 완공 예정)되는 반면, 국비로 추진된 복선전철은 예산배정이 뒤로 밀리는 등의 이유로 공사 진척이 늦어지다가 시민들의 다각적 홍보, 로비, 압력행사 활동에 힘입어 2010년 10월로 개통 예정일이 당겨졌다. 복선전철은 한때 춘천 시내 구간 지하화 및 설계변경을 요구하던 인근 지역 주민들의 반발에 부딪혀 추진에 차질이 빚어지기도 했다.

### 2) 미군기지 캠프 페이지 공여지 반환 및 인수, 활용문제

춘천시 중심가와 춘천역 사이에 위치한 미군기지 캠프 페이지(Camp Page)는 한국전쟁 후 국방부가 미군에게 공여해 군 수송비행장 등으로 사용되었으며 면적이 약 22만 평이다. 5년 전쯤 춘천시민연대를 비롯한 춘천지역의 시민, 학생 등이 벌인 반환운동에 힘입어 우리 정부에 반환되었다. 그 후 2007년 8월 춘천시는 '반환 공여지 활용계획'을 작성, 강원도와 행정자치부에 제출했는데, 공원과 공공 업무 용지를 많이 배정하여 이곳으로 시청사 이전, 신축을 가능토록 했다.

〈그림 9-3〉 춘천시

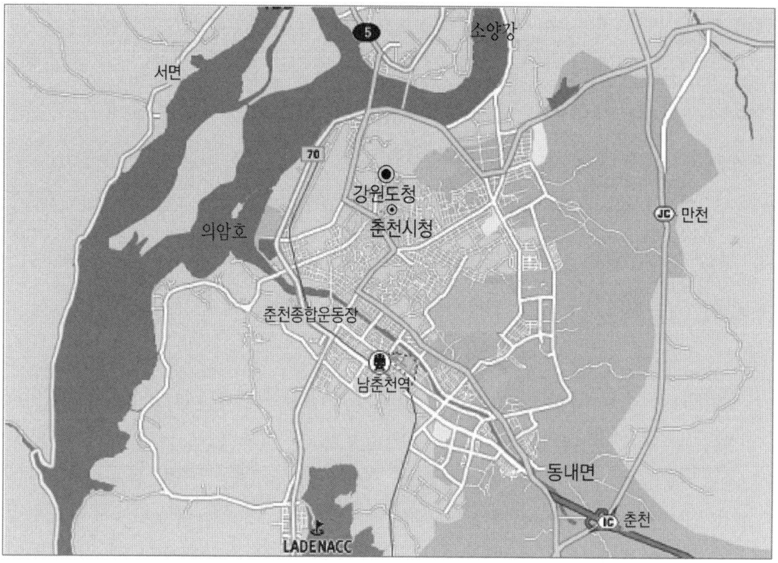


### 3) G5 프로젝트와 기업도시 계획

강원도와 춘천시는 이미 그 전에 미군기지 반환에 대비하여 강원개발공사와 함께 미군부대 자리와 중도 등 그 인근구역, 그리고 중앙고속도로에 인접한 동내면 일대를 종합적으로 개발하는 G5 프로젝트를 입안, 추진하였다. 인구유입, 관광객 증가 및 경제활성화를 위한 것이었다.

"Geneva of Asia, Great Chuncheon, Green Chuncheon" 등 3가지 G의 콘셉트를 담아 5가지 하위 개발사업으로 구성된 G5 프로젝트에서 G1 프로젝트는 2010년까지 동내면 일원 100만 평을 생태친화적 고급 전원도시로 개발하여 수도권의 중상류층 3만여 명을 이주시키려는 계획이었고, G2는 중도를 연간 수백 만 명의 관광객을 흡인하는 세계정상급의 정원형 관광지로 개발하는 계획, G3는 중도와 G4 근화동

복합타운(구 캠프 페이지 부지)을 연결하는 의암호수변 공간을 문화·관광·레저 지역으로 개발하는 계획, G4는 근화동 캠프 페이지 부지를 도심기능을 회복하는 친환경적 첨단복합타운으로 개발하는 계획, G5는 근화동 하수종말처리장을 복개하여 도심형 자연생태공원으로 조성하는 계획이었다.

그러나 이 프로젝트는 G1에 대한 동내면 주민들 일부의 강한 반대에 부딪혀 주춤거리게 되었고, 춘천시장이 바뀌면서 G1 프로젝트는 훗날로 미루어졌다. 그러나 나머지 G2~G4는 계속 추진되었다.[11)]

---

11) 춘천시와 도가 명품 도시를 위해 추진중인 '춘천 G5 프로젝트' 추진계획이 작년(2005년) 2월 발표된 후 2년이 지나도록 큰 진전 없이 해를 넘길 전망이다. 특히 동내면 일원 108만 평에 공공기관, 대학, 기업 등의 연구개발(R&D) 단지와 관광허브타운, 웰빙형 주거단지 조성을 골자로 한 '수요창출형 신도시 건설(G1)'은 춘천시와 주민은 물론 시와 도와의 미묘한 입장 차이로 제자리걸음만 하고 있다. 또 중도지역 34만평에 조성될 월드클래스가든(G2), 의암호 수변을 중심으로 한 근화동 워터프론트(G3), 캠프 페이지 내 복합타운(G4), 근화동 생태공원(G5) 등도 해결할 과제가 산적해 있다.

시와 개발주체인 강원도개발공사는 지난 3월 모두 8개 컨소시엄이 참여한 'G2~G5 문화관광 복합지구 국제현상' 설계를 공모한 결과, (주)유신코퍼레이션 컨소시엄의 친환경 건강복지 도시인 '어번퀼트'와 세계적 낭만도시를 주제로 한 (주)시아플랜건축사 사무소 컨소시엄의 '로망시떼'를 선정하였다.

G5 사업의 가장 큰 핵심인 G1 사업은 주민들의 집단 반발로 아예 시작조차 못하였다. 지난 8일 춘천시의원들과 동내면 신도시 반대추진위원들은 이광준 춘천시장과 면담을 가졌지만 대안을 찾지 못했다. 시의원들과 추진위는 주민의견이 반영되지 않은 이번 사업은 전면 백지화되어야 한다는 입장이다. 주민들은 G1사업과 관련, "도는 평창 동계오륜 사업에만 집중하면서 G5사업은 소홀히 한다"며 "현재 춘천은 공동화가 되는 상황에서 개발만 해 놓으면 수요가 있을 것이라는 판단은 잘못됐다"고 지적했다. 또 "동내면 일대의 농공단지를 단계적으로 발전시키는 것이 보다 현실적'이라며 '무엇보다 주민의견 수렴 없이 춘천시와 도가 일방적으로 추진한 것을 받아들일 수 없다"고 강조했다.

2006년 7월에 취임한 이광준 시장은 G1을 대신하여 기업도시(즉, 첨단기업 신도시)를 건설하는 계획을 제시하고 추진하였다. 2015년까지 100개 기업을 유치하고 일자리를 1만 개 창출한다는 계획이다.[12] 그 위치는 2009년 개통될 예정인 서울-춘천 고속도로 남춘천 IC에 인접한 남산면 광판리 일원이고, 이 인근에 여러 개의 대규모 골프

---

지난 11월 강원도개발공사가 발표한 G1 타당성 조사를 두고 도와 춘천시가 보인 입장 차이도 난제다. 공사 측은 G1사업으로 약 2조 5백억 원의 생산유발효과와 1만 7천여 명의 고용유발효과, 9천억 원의 부가가치가 있을 것으로 분석했다. 이에 대해 춘천시는 "수도권 일대에 추진되는 대단위 신도시 조성사업을 감안했어야 했다"며 "신도시 조성 후 분양 계획에 대해 충분한 검토가 이뤄지지 않은 것 같다"고 말했다. G4사업도 한국과 미군의 부지 양여 문제가 환경오염 문제로 해결되지 않아 추진 여부가 불투명하다. G3와 G5사업은 이 지역에 하수종말처리장과 음식물쓰레기 처리장, 유수지 등 시설물이 조성돼 있어 시설이전 문제 등이 선결과제로 남아 있다.

춘천시는 캠프 페이지는 오염치유 후 인수해 사업을 추진하고, 근화동 개발 사업은 자연친화형 시설을 보완해 생태공원의 한 부분으로 접목해 나갈 계획이다. 또 G1 사업과 관련, 조만간 춘천시의 입장을 정리할 방침이다. 이광준 춘천시장은 "G1~G5 사업인 G5 프로젝트에 대해 취임 후 지금까지 오랫동안 고민했고 최근에는 원로들의 의견을 들었다"며 "동내면과 관련된 G1 사업은 이른 시일 안에 김진선 도지사와 만나 보상 문제를 비롯한 사업 전반에 대해 협의해 방향을 확정할 것"이라고 말했다(〈강원도민일보〉 2006. 12. 19).

12) 춘천시가 춘천의 지식기반형 기업도시 조성사업을 적극 추진 중이다. 춘천시는 올 상반기에 성장동력산업과 연계효과가 큰 대기업을 대상으로 개발사업 시행자를 선정하고 개발기본계획을 수립해 10월 중에 기업도시 지정을 신청할 계획이다. 춘천시가 검토하는 기업도시 입지 예정지는 2008년도에 개통예정인 서울-춘천 간 고속도로 IC 인근 지역으로서 200만 평 규모이다. IT(정보), BT(생물), CT(문화) 산업을 중심으로 클러스터를 조성하여 50개 지식관련업체와 정주인구 2만 명 규모의 기업도시를 2015년까지 조성할 계획이다. 기업도시로 지정되면 기능과 유형에 따라 중앙의 각종 재정지원이 이뤄지고 조세감면혜택과 41개법 88개 인·허가사항이 일괄 의제처리 되는 등 개발이 용이하게 된다고 춘천시는 밝혔다(〈조선일보〉 2007. 3. 25).

장들을 건설하는 계획도 추진중이다.[13] 그러나 이 기업도시 계획에 대해서는 성공여부에 대한 회의적 견해들도 적지 않으며, 해당 지역 주민들이 강하게 반대한다.[14]

---

13) 〔춘천=뉴시스〕 강원 춘천시가 기업도시 조성을 위해 골프장 조성 사업을 추진하자 마을 주민들이 반발하고 나섰다(2008년 8월). 4일 오전 9시께 수동리 주민 40여 명이 1시간여 동안 면사무소를 봉쇄하고 골프장 설립을 반대하는 시위를 벌였다. 수동리 주민들은 "골프장이 생기면 농업용수 부족과 교통문제, 생활상의 피해가 우려된다"며 "주민들의 의견을 무시하는 시는 골프장 조성 사업 추진을 중단하라"고 주장했다. 최옥주 이장(43. 여)은 "한 동네에 하나로도 부족해 위, 아래로 골프장이 2개나 생긴다니 기가 막힐 노릇이다"며 "평생을 농사를 짓고 산 마을 주민들의 생활터전을 빼앗는 것처럼 보인다"고 말했다. 이에 시 관계자는 "골프장 조성은 법적으로 문제가 없을 뿐더러 이미 결정된 일이라 방법이 없다"며 "주민들이 우려하는 환경문제와 교통문제에 대해서는 협의점을 찾아 해결하겠다"고 밝혔다. 한편, 80여 가구가 거주하는 수동리는 현재 166만 4193㎡ 규모의 골프장 건설이 진행중이며 추가로 104만 7873㎡의 규모의 골프장이 들어설 예정이다.

14) 춘천시가 야심차게 추진하는 지식기반형 기업도시 조성 사업이 순조롭게 추진되고 있다. 하지만 해당지역 주민들은 반대서명운동을 시지역으로까지 확대하는 등 반발을 계속하고 있어 이들의 설득 작업은 여전히 난제로 남아있다. 13일 춘천시에 따르면 최근 기업도시 주간사인 (주)한라건설이 이 사업과 관련해 설계용역을 발주했다. 시는 올해 국토해양부로부터 사업 승인을 받은 뒤 내년에 토지 매입을 하고 2010년 3월께 본격적으로 공사에 돌입한다는 계획이다.

서울-춘천고속도로 나들목 인근인 남산면 광판리와 동산면 군자리 일대 570만㎡에 조성될 예정인 기업도시는 IT, BT CT 등 첨단산업을 육성할 수 있는 신도시 형태다. 주간사인 한라건설 측이 부지조성 및 투자, 기업유치 등을 전담하며 개발사업에 따른 이익은 지역에 재투자된다. 2015년 완공 예정이며 공장부지와 2만 명이 거주할 수 있는 주거, 상업, 공공편익, 체육레저시설 부지가 포함된다. 100개 기업을 유치해 1만 명의 일자리 창출를 목표로 하고 있다. 이를 위해 시는 올해 특수목적 법인인 가칭 춘천기업도시개발(주)를 설립해 사업시행을 맡기기로 했다.

이에 앞서 도는 춘천시의 요청을 받아들여 지난달 15일 지식기반형 기업도시 개발예정지인 남산면 광판리, 동산면 군자리 일원 853만㎡를 토지거

### 4) 시 청사 신축 혹은 이전문제

춘천시는 청사 건물이 협소하고 낡아 오래전부터 부지 확장 및 신축을 위한 작업(인근 부지 매입, 기금 마련 등)을 진행했다. 그러다가 2007년 여름 춘천시가 행정자치부에 보고하기 위해 반환미군기지 부지 활용방안을 정하고 시장이 그곳으로 청사를 이전, 신축하겠다는 발표를 하여 논란이 빚어졌다. 일부 시민들, 특히 시청 인근의 상인, 주민들과 시민단체들이 이에 대해 문제점을 지적, 비판하였다. 이로 인해 시는 2007년 10월 각계를 대표하는 민간을 중심으로 '춘천시 청사입지선정위원회'를 만들어 입지후보지를 선정토록 하였고, 시민 여론조사를 통해 최종 입지 — 현 위치 신축이냐, 타 입지로 이전, 신축이냐 — 를 결정하기로 하였다. 위원회와 시는 2008년 12월까지 후보지 선정 및 여론조사를 실시, 완료할 계획으로 일을 진행하였으나, 이전, 신축을 반대하는 인근 지역 상인들과 주민들의 활동이 계속되었다. 상인들은 그동안 여러 가지 부당성과 문제를 지적하며 항의방문, 정보공개요구, 압력행사, 감사청구 등을 통해 위원회 활동을 무산시키려 노력했는데, 11월 초 정부가 행정구역개편을 적극 추진하겠다는 의사를 밝히자, 청사입지 선정위원회는 곧이어

---

래계약 허가구역으로 지정 공고했다. 지정기간은 오는 21일부터 2011년 2월 20일까지 3년간이며 대상 지역은 남산면 광판리 2,621필지 853만㎡와 동산면 군자리 300필지 92만㎡다.

이에 대해 최중원 기업도시반대추진위원장은 "보상비를 받아 다른 지역으로 가 그만한 땅을 살 수 없을 뿐더러 지역내 기존 공단조차 가동률이 저조한 것을 감안할 때 중요한 농업을 포기하면서까지 군이 기업도시를 만들 필요가 없다"고 지적했다. 반대추진위는 지금까지 2천여 명의 기업도시 조성반대 서명을 받았다. 춘천시 관계자는 "고속접근망 확충에 따라 춘천지역으로 이주하려는 기업들이 쇄도한다"며 "지속적으로 현지 주민들을 설득해 나가겠다"고 말했다("춘천 기업도시 '순조'", 〈강원일보〉 2008. 3. 14).

정부의 지방행정구역 개편계획에 가닥이 잡힐 때까지 활동을 중단하기로 하였다.

### 5) 약사천 복원 및 풍물시장 이전 문제

춘천시는 정부로부터 대대적 예산지원을 이끌어내 약사천 수질 정화, 개선을 위해 이곳으로 흘러 들어가는 오·하수를 분리 배관하는 한편, 복개된 하천을 복원하여 이곳으로 소양댐 물을 끌어다 흐르게 하는 수로관 설치 사업을 진행중이다. 정부 예산지원의 큰 부분은 반환 공여지 주변구역에 대한 피해보상의 차원에서 이루어졌다. 그러나 이 사업으로 인해 복개천 위에 있는 5일장 노점상과 상점들에 대한 보상과 이전이 문제가 되어 사업추진에 차질이 빚어지고 있다. 시는 이들 철거되는 상점들을 경춘 복선전철 시내구간 부근 고가 밑으로 이전시킬 계획에 있어 일부 상인들과 이전 예상지역 주변 주민들의 반발이 제기되었다.[15] 그 후 춘천시는 풍물시장 이전장소를 공

---

15) '이전 절대 반대' 대 '명품화 공간 조성'. 춘천 풍물시장 이전 계획에 대한 논란이 가열되었다. 시는 약사천 복원에 따라 풍물시장을 경춘선 복선전철 도심구간 하부공간으로 이전하는 방안을 검토중이다. 그러나 이에 대한 복선전철 도심구간 인근 주민과 풍물시장 상인들의 거센 반발로 귀추가 주목된다.

시의 약사천 복원계획에 따라 도심을 따라 흐르는 약사천은 복개된 지 26년 만에 하천폭 20~25m, 수심 0.1~0.3m의 자연형 하천으로 복원된다. 복원된 약사천에는 물길 중간에 징검다리, 여울, 수변무대, 돌무더기 등 친수 시설이 들어선다. 시는 올해 실시설계를 마치고 풍물시장 점포 이전 협의 등을 거쳐 2009년부터 본격적으로 사업에 들어가 2010년 준공할 계획이다. 이 사업을 추진하면서 약사천 복개부지 1,470㎡에 143개 점포와 350여 개 노점상이 밀집해 있는 풍물시장을 경춘선 복선전철 도심구간 하부공간으로 이전시킨다는 방안을 검토하였다.

대우이안, 우성, 유승 한내들, 쌍용 등 남춘천 새 역사 주변 아파트 주

지천 부근 고가지하로 정하여 상인들과 이전문제 관련 협의를 진행하였으며, 정부의 추가지원을 받아 사업규모가 더 확대되었다.[16)]

---

민들은 풍물시장 이전 계획에 크게 반발하였다. 남춘천 새 역사 주변 아파트 연합회는 '약사천 풍물시장 이전반대추진위원회'를 구성하고 당초 약속대로 시민을 위한 철도공원과 주차장 등 주민편의시설을 조성해줄 것을 요구하고 있다. 반대추진위원회는 지난 5월 27일부터 상가 이전 계획에 반대하는 서명운동을 벌여 현재 2,200여 명의 지역주민들로부터 서명을 받았다. 이들은 2003년 4월 경춘선 복선전철 사업을 조건부로 수용하면서 철도공사가 남춘천 역사 부근 4만 1,887㎡의 철도공원 조성안을 확정했음에도 불구하고 시가 일방적으로 풍물시장 이전을 추진한다고 주장하였다. 또 풍물시장 이전으로 인한 교통 혼잡과 도시미관 및 생활환경의 저해 등도 우려하였다. 유정숙 우성아파트자치회 대표는 "2003년 철도시설관리공단이 남춘천역 인근 복선전철 고가철도 하부공간에 철도공원과 주민편의시설을 조성하겠다고 합의했다"며 "이제 와서 시가 철도시설관리공단에 임대료를 줘가며 시장을 이전시키겠다는 것을 이해할 수 없다"고 말했다. 이어 "현행법상 철도부지에 상가 신축을 할 수 없는데 결국 노점상이나 포장마차가 들어오는 것 아니냐"며 "춘천시의 관문에 시장이 들어선다면 도시이미지에 악영향을 끼칠 것"이라고 말했다. 풍물시장 상인들도 경춘선 복선전철 도심구간 하부공간 이전 계획에 반발하고 있다. 풍물시장번영회의 한 관계자는 "노점상까지 합하면 500여 개 점포가 대부분 이전을 바라지 않는다"며 "20년 동안 한 곳에서 동고동락했는데 누구는 가고 누구는 안 갈 수 없다"고 말했다.

시는 예상보다 주민 반발이 커지자 경춘선 하부공간으로 이전되는 풍물시장을 명품 시장으로 탈바꿈시키겠다고 나섰다. 이를 위해 지난 달 16일부터 24일까지 시 공무원 3명을 일본 도쿄와 오스트리아의 비엔나, 프랑스 파리 등으로 파견해 철도 하부공간의 우수활용 사례를 벤치마킹했다. 외국의 선진사례를 통해 주민 편의와 도시 미관 등을 모두 고려하는 하부 공간을 조성하겠다는 것이다. 시 관계자는 "풍물시장 이전계획은 있지만 아직 구체적인 세부사항은 검토중이다"라며 "외국의 선진사례를 면밀히 분석해 밝고 깨끗한 이미지의 명품화된 공간으로 만들겠다"고 밝혔다("〔이슈현장〕 춘천 약사동 풍물시장 이전 논란", 〈강원일보〉 2008. 8. 4).

16) 춘천 약사천 복원사업이 정부의 '청계천+20 프로젝트'에 선정, 대규모 국비지원을 받아 사업추진에 탄력을 받게 됐다. 환경부가 21일 '청계천+20 프로젝트' 1단계 착수지역으로 발표한 전국 10개 하천에 약사천이 포함돼 이날

## 5. 개방시대 춘천의 미래발전을 위한 몇 가지 과제

도시발전의 역사를 돌아볼 때, 오늘날 춘천의 발전상, 그리고 발전의 전략까지도 그 큰 가닥은 중앙정부에 의해 규정되었다. 춘천사람들이 바라보는 춘천의 도시상과 앞으로 발전할 방향에 대한 기대는 교육·문화·관광·레저·휴양 도시이며, 산업적으로 발전을 기대하는 바는 대기업, 무공해 첨단산업, 정부산하 기구의 유치이다. 서울, 수도권과 춘천을 잇는 고속도로 및 전철의 개통을 염원하고 있으며, 춘천이 발전하는 데에는 수도권과의 활발한 교류가 득이 될 것이라고 보고 있다.

그러나 춘천이 문화복합도시로 성장한 것은 춘천사람들이 애초부터 가져온 문화가 특별해서도 아니고 춘천사람들이 원해서 그런 것

---

이광준 시장이 서울에서 환경부, 환경관리공단과 협약을 맺었다. 이 프로젝트는 정부가 4대 강 살리기 사업과 연계해 서울시 청계천 복원사업을 모델로, 콘크리트로 복개된 전국의 도심하천 20곳의 옛 물길 복원을 지원하는 사업으로 올해 약사천을 포함한 10개 하천이 우선 선정됐다. 시는 이번 프로젝트 선정으로 올해부터 2011년까지 3년간 약사천 복원사업에 국비 315억 원을 지원받게 돼 차질 없는 추진이 가능해졌다. 이에 따라 시는 국비 외에 한강수계기금 90억 원, 도비 25억 원, 시비 28억 원 등 총 450억 원이 투입되는 약사천 복원사업을 금명간 착공한다.

시는 약사천에 한꺼번에 유입되던 생활하수와 빗물이 따로 분리돼 흐르도록 하수관거를 분류식으로 바꾸면서 복개된 하천을 26년 전처럼 복원하는 사업을 계획해 지난 2월 실시설계를 완료했다. 대상지역은 약사천을 낀 약사명동과 효자동 주변 0.78㎢로 오·우수 분류식 하수관거 20여㎞가 새로 매설된다.

약사천 복원은 운교동 외환은행 뒤편 어린이놀이터-춘천우체국-풍물시장-춘천경찰서 뒤편 공지천 유입부까지 1.5km 복개 구간의 옛 물길을 복원하고 여울, 징검다리, 생물서식 공간 등 생태환경과 음악광장, 분수공원 등 친수문화공간을 조성하는 사업이다. 이달 말이나 다음 달 초 춘천경찰서 뒤편 공지천 유입부부터 공사를 시작한다는 방침이다(〈강원일보〉 2009. 4. 22).

도 아니다. 춘천이 처해 있는 지정학적 위치 혹은 입지조건과 막강한 중앙권력의 환경규제, 개발규제가 결정적인 요인으로 작용해 빚어진 결과이다. 이런 상황을 춘천사람들 자신은 잘 알고 있다. 그리고 때로는 중앙에 대해 비판과 저항의 목소리를 내고 굳게 버텨 보기도 하지만, 힘겨운 일이 아닐 수 없다. 따라서 대다수의 시민들은 현실을 그대로 수용하는 쪽으로 가게 되었고, 춘천 발전을 위한 전략도 그런 현실주의 경향으로 가게 되었다. 그 결과 생겨난 것이 바로 중앙 의존적 · 대외 의존적 발전전략이다. 그래서 수도권과의 고속도로 연결망은 춘천시민들의 염원이 되었고, 일단 연결만 되면 춘천이 커지고 발전할 것이며 경제도 활성화될 것이라 기대하는 것이다.

그러나 일방통행과 일방통행적 사고방식에는 문제가 많다.

첫째, 지금까지처럼 중앙이 춘천의 발전이나 정체를 일방통행적으로 규정하고 규제한 것이 문제이다. 지역의 삶과 발전은 주민들의 요구와 희망에 기초하여 주민들의 손으로 일구어져야 마땅한 일이다. 이것이 지방자치 아니던가?

이런 점에 비추어 볼 때, 중앙정부는 춘천의 자치권한을 존중해 주어야 할 것이며, 과거부터 일방통행적 규정과 규제가 빚어낸 피해를 늦더라도 이제 보상해 준다는 자세를 가져야 할 것이다. 반면, 춘천사람들은 이른바 '내 고장 발전은 내 손으로', 그리고 '내 고장 발전은 나의 필요와 내 뜻에 따라' 이룩하겠다는 자세를 가다듬어야 할 것이다. 물론 중앙의 지원이 필요한 부분은 합리적 이유를 들어 지원을 요청하고 요구해야 할 것이다.

둘째, 고속도로에 대한 지나친 기대에 문제가 있다. 특별한 대비책 없이, 그러니까 춘천이 일자리도 많고 살기 좋은 곳, 가볼 만한 곳, 가보니까 좋더라는 이야기를 듣는 곳으로 변하지 않은 상태에서는 인구와 인재, 자원과 일자리가 어느 쪽에서 어느 쪽으로 더 많이 빠져나갈지 모르는 일이다. 고속도로는 춘천방향으로만 뚫린 일방통행로가 아니다. 고속도로는 수도권 방향으로 춘천의 단물을 빨아가는 빨대 역할을 일정 부분하게 될 것이다. 고속도로가 그 역방향의 빨대로 작용하도록 하려는 능동적이고 각별한 노력이 수반되지 않으면 곤란하다는 것이다.

셋째, 일방통행과 일방통행적 사고는 다른 지역들에서도 문제를 일으키지만, 춘천지역 내에서도 종종 문제를 일으켜 왔다. 지역사회 발전의 구상과 계획, 그리고 그 사업추진 방법의 면에서 주민들에게 충분히 공지되지도 않은 채, 그리고 이렇다 할 여론수렴 절차를 밟지 않은 상태에서 행정기관이 계획안을 용역을 주어 만들고, 그 안을 어느 날부터 일방적으로 추진해 가기 시작한다면, 어떻게 되겠는가? 이의를 제기하고 반대하는 그룹이 생겨날 수 있고, 실제로 그런 일들이 종종 발생했다. 그런 분쟁 아닌 분쟁들의 결과는 무엇이었는가? 지역내에 감정이 대립되거나 쌓이는 한편, 이것들이 걸림돌이 되어 사업추진은 지지부진하게 되거나 궤도 수정을 해야 하고, 마침내 지역발전의 발목을 잡는 결과를 빚어냈다.

이상과 같은 일방통행과 일방통행적 사고의 문제들은 그 외에도 여러 가지 있겠으나, 이 정도만 바로잡아 쌍방적이도록 바꾸어 간다면, 춘천발전의 앞길에는 청신호가 주어질 것이다. 이를 향한 첫 걸음으로, 지역에서는 고속도로, 전철 개통을 계기로 각계각층이 참여하는 가운데 춘천시 종합발전 계획을 새롭게 협의하고 작성하는 일이 그 어느 때보다 필요한 것으로 판단된다.

부록

# 춘천시민의 의식과 생활에 관한 조사

안녕하십니까?

한림대학교 사회조사연구소에서는 춘천시청, 춘천문화방송이 공동으로 지역사회와 관련된 조사 연구를 수행하고 있습니다. 이번 연구는 사회조사연구소가 지난 15여 년 동안 수행해 온 지역사회에 대한 연구를 바탕으로 개방화시대를 맞이한 춘천시민의 의식과 생활을 심층적으로 알아보기 위해 기획되었습니다. 연구의 결과는 선생님이 속해 있는 춘천의 장기적인 발전을 위해 매우 귀중한 자료가 될 것입니다. 이러한 연구의 중요성을 이해하시어 성심성의껏 답변해 주시면 감사하겠습니다.

이 조사는 무기명으로 실시되고 그 결과는 전산으로 입력되므로 개인적 사항은 공개되지 않습니다. 심층적 연구를 위한 자료의 가치가 보장되도록 모든 항목에 빠짐없이 응답해 주시기 바랍니다.

적극적인 협조에 다시 한 번 감사의 말씀을 전합니다.

2008년 9월

한림대학교 사회조사연구소

※ 이 조사와 관련하여 궁금하신 사항이 있으시면 아래의 연락처로 문의해 주시기 바랍니다.

연구책임자: 정 동 일(한림대학교 사회학과, 사회조사연구소장)

전화번호: 033-248-1744

이메일: dijung@hallym.ac.kr

## 먼저 귀하의 인적사항에 대해 여쭈어 보겠습니다.

(해당란에 ✓표 해주십시오)

1. 귀하의 성별은? ____① 남자 ____② 여자
2. 귀하는 언제 출생하셨습니까? 19____년 출생
3. 귀하의 혼인상태는 다음 중 어디에 해당합니까?

____① 미혼 ____② 기혼 ____③ 별거 ____④ 이혼 ____⑤ 사별

4. 귀하의 종교는 무엇입니까?

____① 불교 ____② 개신교 ____③ 천주교 ____④ 종교 없음
____⑤ 기타(　　　)

5. 귀하는 학교를 어디까지 다니셨습니까?(재학 및 중퇴 포함)

____① 무학 또는 서당 수학 ____② 초등(국민)학교 ____③ 중학교
____④ 고등학교 ____⑤ 전문대학(2·3년제) ____⑥ 대학교(4년제)
____⑦ 대학원 이상

6. 귀하는 현재까지 춘천에서 얼마나 거주하셨습니까?(귀향자의 경우 이전 거주기간을 합산해서 응답해 주십시오) ____년

7. 귀하가 20세 이전 시기까지 가장 오래 산 지역은 어느 곳입니까?

____① 춘천 ____② 춘천을 제외한 강원도 ____ ③ 서울
____④ 경기도 ____⑤ 기타 지역(어디:　　　　　)

8. 현재 귀하가 거주하시는 주택의 소유상태는 다음 중 어느 것에 해당합니까?

____① 자가 ____② 전세 ____③ 월세 ____④ 기타(　　)

9. 현재 귀하가 거주하시는 주택의 유형은 다음 중 어느 것입니까?

____① 단독주택 ____② 연립주택 ____③ 다세대주택
____④ 아파트 ____⑤ 기타(　　)

10. 귀댁의 가구원은 귀하를 포함해서 모두 몇 분입니까? 가족이더라도 같이 살고 있지 않는 분은 제외하시고 가족이 아니더라도 같이 살고 있는 분은 모두 포함해서 말씀해 주시기 바랍니다.

동거자: _____명

11. 이분들(10번 응답) 각각에 대해 귀하와의 관계, 성별, 나이, 혼인상태를 말씀해 주십시오.

| 가구원 번호 | 1) 응답자와의 관계 | | 2) 성별 | | 3) 나이 | 4) 혼인상태 | |
|---|---|---|---|---|---|---|---|
| | 관계 | 보기 번호 | ① 남자 | ② 여자 | | 상태 | 보기 번호 |
| 1 | 응답자 | 01 | | | 세 | | |
| 2 | | | | | 세 | | |
| 3 | | | | | 세 | | |
| 4 | | | | | 세 | | |
| 5 | | | | | 세 | | |
| 6 | | | | | 세 | | |
| 7 | | | | | 세 | | |
| 8 | | | | | 세 | | |
| 9 | | | | | 세 | | |
| 10 | | | | | 세 | | |

〈보기〉

| 1) 응답자와의 관계 | | | | 4) 혼인상태 |
|---|---|---|---|---|
| (01) 응답자 | (07) 다섯째 자녀 | (13) 형제/자매 | (18) 가정부 | ① 미혼 |
| (02) 배우자 | (08) 자녀의 배우자 | (14) 배우자의 형제/자매 | (19) 이성동반자 | ② 기혼 |
| (03) 첫째 자녀 | (09) 손자녀 | | (20) 돌봐주는 사람 | ③ 별거 |
| (04) 둘째 자녀 | (10) 손자녀의 배우자 | (15) 조부모 | (77) 기타 | ④ 이혼 |
| (05) 셋째 자녀 | (11) 부모 | (16) 친구 | (누구: ) | ⑤ 사별 |
| (06) 넷째 자녀 | (12) 배우자의 부모 | (17) 하숙생 | | |

## ✤ 다음은 귀하의 일상생활과 여가에 대한 질문입니다.

12. 귀하는 다음과 같은 조직이나 단체의 회원으로 가입해 있거나 가입한 적이 있습니까? 가입해 있거나 활동한 경험이 있다면 얼마나 적극적이십니까?

| | 아주 소극적 | | | | 아주 적극적 |
|---|---|---|---|---|---|
| 1) 정당 또는 정치단체 | ① | ② | ③ | ④ | ⑤ |
| 2) 스포츠/취미 모임 | ① | ② | ③ | ④ | ⑤ |
| 3) 상호부조 모임 (동창회, 계, 두레) | ① | ② | ③ | ④ | ⑤ |
| 4) 예술/문화모임 | ① | ② | ③ | ④ | ⑤ |
| 5) 사회봉사/시민단체 | ① | ② | ③ | ④ | ⑤ |
| 6) 농민단체, 노동조합 | ① | ② | ③ | ④ | ⑤ |

13. 귀하는 주말에 주로 어떤 여가활동을 하십니까?

____① TV나 라디오를 시청한다 ____② 외식을 한다

____③ 영화 또는 공연, 전시를 관람한다

____④ 야외활동(등산, 낚시, 운동)을 한다

____⑤ 친지·친구를 만난다 ____⑥ 수면을 취한다

____⑦술을 마신다 ____⑧ 실내 취미활동(독서, 음악)을 한다

____⑨ 공부를 한다 ____⑩ 쇼핑을 한다 ____⑪ 기타(구체적으로 ________)

14. 귀하는 평소 다음의 시설들을 얼마나 이용하고 계십니까?

| | 사용 안함 | 년 1~2회 | 몇 달에 1번 | 월 1~2회 | 주 1~2회 이상 |
|---|---|---|---|---|---|
| 1) 서점/도서대여점/도서관 | ① | ② | ③ | ④ | ⑤ |
| 2) 영화/공연장 | ① | ② | ③ | ④ | ⑤ |
| 3) 비디오/DVD대여점 | ① | ② | ③ | ④ | ⑤ |
| 4) 노래방 | ① | ② | ③ | ④ | ⑤ |
| 5) 술집/단란주점 | ① | ② | ③ | ④ | ⑤ |
| 6) 헬스클럽/스포츠센터 | ① | ② | ③ | ④ | ⑤ |
| 7) 찜질방/사우나 | ① | ② | ③ | ④ | ⑤ |
| 8) PC방 | ① | ② | ③ | ④ | ⑤ |
| 9) 유원지/휴양시설 | ① | ② | ③ | ④ | ⑤ |

15. 귀하는 평소 다음과 같은 서비스를 이용하고 계십니까?

| | 이용하지 않는다 | 이용한다 |
|---|---|---|
| 1) 초고속인터넷, 무선 랜 | ① | ② |
| 2) 휴대전화 무선 인터넷 | ① | ② |
| 3) 지상파 DMB/위성 DMB | ① | ② |
| 4) 위성 TV방송/케이블 TV 방송 | ① | ② |
| 5) 인터넷TV/인터넷 다시보기 | ① | ② |
| 6) 개인홈피/미니홈피/블로그 | ① | ② |

16. 귀하는 가족과 한 달에 몇 번 정도 외식을 하십니까?
______① 1회 미만 ______② 1~3회 ______③ 4~6회
______④ 7~9회 ______⑤ 10회 이상

17. 귀하는 올 여름 휴가를 어디서 보내셨습니까?
______ ① 집 ______② 춘천근교 ______ ③ 강원도내(춘천 제외)
______ ④ 강원도 이외지역 ______ ⑤ 해외 ______(9) 해당되지 않음

18. 춘천지역의 문화환경에 대해 얼마나 만족하시는지 본인의 생각과 가장 가까운 항목에 표시해주십시오.

| | 상당히 불만족 | 약간 불만족 | 약간 만족 | 상당히 만족 |
|---|---|---|---|---|
| 1) 여가활용공간<br>(광장, 공원, 스포츠, 레저시설 등) | ① | ② | ③ | ④ |
| 2) 물건구매<br>(쇼핑센터, 상점, 시설, 서비스 등) | ① | ② | ③ | ④ |
| 3) 문화서비스(전시장, 공연장, 영화관 등) | ① | ② | ③ | ④ |
| 4) 이상을 포함하여 문화적 편리함<br>전반에 대해 | ① | ② | ③ | ④ |

## ✿ 다음에는 귀하가 하시는 일에 대해 조금 자세히 여쭙겠습니다.

19. 현재 귀하는 수입이 있는 일을 하고 계십니까?

____ ① 그렇다 ⬇

19.1 누군가에 의해 고용되어 있습니까?

____ ① 그렇다 ⬇

19.2 귀하가 하시는 일은 다음 중 어디에 해당합니까?
____ ① 상용직
____ ② 임시직
____ ③ 일용직

19.3 현 직장에서 모두 얼마동안 근무하셨습니까?
______년 ______개월

19.4 귀하가 원한다면 현 직장에서 계속 일할 수 있습니까?
____ ① 그렇다
____ ② 아니다
____ ③ 모르겠다

19.5 현재 일하고 계시는 직장의 종업원수는 대략 몇 명입니까?
____ ① 3명 이하
____ ② 3~5명
____ ③ 6~10명
____ ④ 11~29명
____ ⑤ 30~49명
____ ⑥ 50~99명
____ ⑦ 100~299명
____ ⑧ 300명 이상

19.6 현 직장에 들어올 때 주로 어떤 방법을 이용했습니까?
____ ① 신문, 라디오, TV등 매체를 이용
____ ② 인터넷을 통해
____ ③ 연고를 통해
____ ④ 학교나 학원에 요청
____ ⑤ 민간직업소개소 이용
____ ⑥ 공공훈련 혹은 직업안정기관 이용
____ ⑦ 벽보나 생활정보지 이용
____ ⑧ 기타( )

⬇

____ ② 아니다 ⬇

19.7 고용되어있지 않다면 무급가족종사자입니까, 고용원 없이 자영업을 하십니까, 고용원을 두고 사업을 하십니까?
____ ① 무급가족종사자
____ ② 고용원이 없는 자영업
____ ③ 고용원을 둔 사업주

19.8(고용원을 둔 사업주라면) 몇 명을 고용하고 있습니까?
________명

19.9 귀하는 모두 얼마 동안 이 일을 하셨습니까?
______년 ______개월

⬇

____ ② 아니다 ⬇

19.13. 일을 하지 않고 계신 주된 이유는 무엇입니까?
____ ① 정년퇴직하여
____ ② 집안일을 하고 있어서
____ ③ 학교를 다니기 때문에
____ ④ 몸이 아파서
____ ⑤ 실업상태이기 때문에
____ ⑥ 기타(          )

19.14 수입있는 일해 보신 경험이 있으십니까?
____ ① 있다
(☞ 문항 19.14.1번)
____ ② 없다
(☞ 문항 20번)

19.14.1(있다면) 가장 최근 일을 그만둔 때는 언제입니까?
_____년 _____개월 전

19.14.2(있다면) 가장 최근 어떤 일을 하셨습니까?
____ ① 피고용인
____ ② 무급가족종사자
____ ③ 고용원이 없는 자영자
____ ④ 고용인을 둔 사업주

| ____ ① 그렇다 ⬇ | ____ ② 아니다 |
|---|---|
| 19.10 현 직장(사업체) 이전에 다른 곳에서 일한 적이 있으십니까?<br>____ ① 있다(☞ 문항 19.10.1)<br>____ ② 없다(☞ 문항 19.11번)<br><br>19.10.1. 직장(사업체)을 몇 번이나 옮기셨습니까?______ 번<br><br>19.10.2. 가장 최근 직장은 어느 지역에 있었습니까?<br>____ ① 춘천지역 ____ ② 춘천 이외의 강원지역<br>____ ③ 서울 ____ ④ 경기도<br>____ ⑤ 기타 지역<br><br>19.10.3. 최근 직장을 옮기신 이유는 무엇입니까?<br>____ ① 장래성이 없어서<br>____ ② 직업을 바꿈에 따라서<br>____ ③ 보다 나은 보수를 위해서<br>____ ④ 직장의 근무환경이 나빠서<br>____ ⑤ 기타(구체적으로) (                    )<br><br>19.11. 앞으로 이 일을 얼마나 오래 하실 생각입니까?<br>____ ① 조만간 그만 둘 생각이다<br>____ ② 좀더 하겠지만 평생직장으로 생각하지는 않는다.<br>____ ③ 상황이 허락하는 한 계속할 것이다.<br>____ ④ 아직 생각해 보지 않았다<br><br>19.12. 귀하는 현재 일하고 계시는 직장에 대해서 만족하십니까?<br>____ ① 대단히 만족 한다____ ② 만족하는 편이다<br>____ ③ 그저 그렇다 ____ ④ 불만족이다<br>____ ⑤ 대단히 불만족이다 ____ ⑥ 생각해 본 일이 없다 | |

20. 현재 귀하와 귀하 배우자의 주된 직업은 무엇입니까? 질문지 마지막 쪽의 직업 분류표를 이용하여 답해 주십시오.

본인의 직업: ________________(직업코드번호: )

배우자의 직업: ________________(직업코드번호: )

21. 귀하의 월 평균 소득은 얼마입니까? 그리고 귀하를 제외한 다른 가족들의 월평균 소득(세금공제 이전)은 어느 정도입니까?

본인 소득 / 본인 외 가족 소득

① 0~99만 원 ____________
② 100~200만 원 미만____________
③ 200~300만 원 미만____________
④ 300~400만 원 미만____________
⑤ 400~500만 원 미만____________
⑥ 500만 원 이상 ____________

22. 다음은 춘천지역의 경제 사정 및 고용사정에 대한 진술들입니다. 각 진술에 대해서 귀하가 아는 대로 혹은 느끼는 대로 답해 주십시오.

1) 춘천에는 좋은 일자리가

| 충분하지 않다 | 1 2 3 4 5 6 7 | 충분히 있다 |
|---|---|---|

2) 춘천지역에는 다른 지역에 비해 눈에 띄는 견실한 사업체가

| 별로 없다 | 1 2 3 4 5 6 7 | 매우 많다 |
|---|---|---|

3) 춘천지역은 다른 지역에 비해 경제적으로

| 낙후되어 있다 | 1 2 3 4 5 6 7 | 발전되어 있다 |
|---|---|---|

4) 춘천지역의 사업체들은 다른 지역에 비해 임금수준이

| 낮다 | 1 2 3 4 5 6 7 | 높다 |
|---|---|---|

5) 내가 만일 일자리를 구하게 된다면 이왕이면

| 춘천지역보다는<br>수도권으로<br>가는 것이 좋다 | 1 2 3 4 5 6 7 | 수도권보다는<br>춘천지역에서<br>구하는 것이 좋다 |
|---|---|---|

23. 귀하는 경제적으로 어느 계층에 속한다고 생각하십니까?

하층 중층 상층

①-----------②------------③------------④-----------⑤

32. 다음은 춘천 지역사회에서 중요한 일을 하는 기관입니다. 각각의 기관이 얼마나 일을 잘하고 있다고 평가하십니까?

| | 매우 못함 | 못하는 편 | 그저 그렇다 | 잘하는 편 | 매우 잘함 |
|---|---|---|---|---|---|
| 1) 춘천시청 | ① | ② | ③ | ④ | ⑤ |
| 2) 춘천시 의회 | ① | ② | ③ | ④ | ⑤ |
| 3) 강원도청 | ① | ② | ③ | ④ | ⑤ |
| 4) 강원도 의회 | ① | ② | ③ | ④ | ⑤ |

33. 귀하는 개인이 선거참여나 정당활동을 통해서 정치에 어느 정도 영향을 미칠 수 있다고 보십니까?

전혀 영향력이 없다 매우 큰 영향력을 행사한다

①------------②-------------③-------------④------------⑤

34. 귀하는 지난 4~5년 동안 시청이나 다른 행정기관으로부터 개인적 불이익을 당한 적이 있습니까?

① 예 ______(☞ 문항 34-1번으로 가시오) ② 아니오______

34-1 (있다면) 대략 몇 번입니까? ______번

34-2. 귀하는 불이익을 당한 경우 주로 어떻게 하셨습니까?

___① 그냥 참고 넘어갔다 ___② 민원을 제기했다

___③ 아는 공무원 또는 유력인사에 청탁 ___④ 법적으로 대응

___⑤ 기타 방법(간단히 적어주세요)________________

35. 귀하는 춘천시청이 가장 역점을 두어야 할 일이 무엇이라고 생각하십니까?

___① 춘천시의 당면 숙원사업 해결

___② 춘천시의 재정자립도 확충

___③ 주민의 각종 민원에 대한 효과적 처리

___④ 춘천시의 장기발전계획 추진

___⑤ 지역사회 내부의 갈등 조정

___⑥ 기타________________

36. 귀하는 다음의 지역발전 정책에 대해 어떤 의견을 가지고 계십니까?

| | 매우 반대 | 반대하는 편 | 동의도 반대도 아님 | 동의하는 편 | 매우 동의 |
|---|---|---|---|---|---|
| 1) 행정구역 개편 (도 폐지) | ① | ② | ③ | ④ | ⑤ |
| 2) 행정구역 개편 (시・군 통합) | ① | ② | ③ | ④ | ⑤ |
| 3) 시행정의 중점사항 | ① | ② | ③ | ④ | ⑤ |
| 4) 균형발전 정책 | ① | ② | ③ | ④ | ⑤ |
| 5) 수도권 규제완화 | ① | ② | ③ | ④ | ⑤ |
| 6) 한반도 대운하 | ① | ② | ③ | ④ | ⑤ |

37. 귀하의 정치성향은 다음 중 어디에 해당합니까?

____① 매우 진보적

____② 다소 진보적

____③ 중도

____④ 다소 보수적

____⑤ 매우 보수적

38. 귀하는 현 정부의 국정수행을 어떻게 평가하십니까?

____① 매우 잘못하고 있다

____② 잘못하고 있는 편이다

____③ 중간 정도이다

____④ 잘하고 있는 편이다

____⑤ 매우 잘하고 있다

39. 귀하는 춘천시가 다음 중 어디에 더 역점을 두어야 한다고 보십니까?

____① 기업이나 산업시설 유치를 통한 지역경제 활성화

____② 도심재정비나 부동산 개발 등을 통한 자산가치의 증진

____③ 공원 및 산책로 조성, 문화시설 확충, 복지시설 확충을 통한 삶의 질 개선

## ✤ 다음에는 귀하의 사회적 관계에 대하여 여쭈어 보겠습니다.

40. 귀하께서는 개인적으로 알며 확실히 신뢰하는 분이 모두 몇 명 있으십니까? (　　명)

40-1. 그들(40번 응답) 중 가족, 친인척에 해당하시는 분은? (　　명)

40-2. 그들(40번 응답) 중 춘천 지역에 사시는 분은? (　　명)

※ 다음의 네 질문은 귀하께서 개인적으로 알며 확실히 신뢰하는 분들 중 같이 살지 않는 분들(가족, 친인척 제외)에 대한 것입니다.

41. 귀하께서 그분(들)을 평균적으로 어느 정도 자주 방문하십니까?
____① 매일 ____② 매주 수차례 정도 ____③ 매주 1회 정도 ____④ 매월 1회 정도
____⑤ 매년 수차례 정도 ____⑥ 매년 1회 정도 ____⑦ 매년 1회 미만

42. 귀하께서 그분(들)에게 평균적으로 어느 정도 자주 연락하십니까?
____① 매일 ____② 매주 수차례 정도 ____③ 매주 1회 정도 ____④ 매월 1회 정도
____⑤ 매년 수차례 정도 ____⑥ 매년 1회 정도 ____⑦ 매년 1회 미만

43. 그분(들)이 귀하를 평균적으로 어느 정도 자주 방문하십니까?
____① 매일 ____② 매주 수차례 정도 ____③ 매주 1회 정도 ____④ 매월 1회 정도
____⑤ 매년 수차례 정도 ____⑥ 매년 1회 정도 ____⑦ 매년 1회 미만

44. 그분(들)이 귀하에게 평균적으로 어느 정도 자주 연락하십니까?
____① 매일 ____② 매주 수차례 정도 ____③ 매주 1회 정도 ____④ 매월 1회 정도
____⑤ 매년 수차례 정도 ____⑥ 매년 1회 정도 ____⑦ 매년 1회 미만

45. 다음의 각 견해에 대해 어떻게 생각하십니까?

| 구분 | 전적으로 반대 잘모르겠다 전적으로 동의 |
|---|---|
| 1. 내 마을/동네의 주민들을 대부분 신뢰할 수 있다 | ①------②------③------④------⑤ |
| 2. 내 마을/동네에서는 다른 사람들을 경계해야 하거나, 누군가 나를 이용할 듯하다 | ①------②------③------④------⑤ |
| 3. 내 마을/동네의 대부분의 사람들은 내가 도움이 필요할 때 기꺼이 도와준다 | ①------②------③------④------⑤ |
| 4. 내 마을/동네에서는 사람들이 서로 돈을 빌려주고 받는 데 대하여 서로 신뢰하지 않는다 | ①------②------③------④------⑤ |

46. 귀하는 다음에 제시되는 단체나 기관들 각각에 대해 얼마나 신뢰하십니까?

| 공공기관 및 사회단체 | 전혀 신뢰하지 않음 그저 그렇다 매우 신뢰함 |
|---|---|
| 1. 정당 및 국회 | ①------②------③------④------⑤ |
| 2. 사법기관 (법원, 검찰 등) | ①------②------③------④------⑤ |
| 3. 중앙행정부 | ①------②------③------④------⑤ |
| 4. 광역, 기초 자치단체 (강원도, 춘천 지역) | ①------②------③------④------⑤ |
| 5. 자원봉사단체 (적십자사, 춘천시 사회복지협의회 등) | ①------②------③------④------⑤ |
| 6. 직능단체, 협회 (대한제과협회 춘천지부, 한국유흥음식업 춘천지부 등) | ①------②------③------④------⑤ |
| 7. 전국적 규모의 시민사회단체 (환경연합, 경실련, YMCA, 참여연대 등) | ①------②------③------④------⑤ |
| 8. 노동조합(한국노총춘천지부, 민주노총 춘천지역 협의회 등) | ①------②------③------④------⑤ |

## ✤ 다음은 춘천지역의 발전과 미래상에 대하여 여쭈어 보겠습니다.

47. 다음 가운데 귀하는 무엇이 현재 춘천의 가장 대표적인 이미지라고 생각하십니까?

_____① 전원도시 _____② 첨단산업도시 _____③ 문화 · 예술도시
_____④ 교육도시 _____⑤ 관광 · 레저도시 _____⑥ 행정도시

48. 귀하는 자신을 어느 정도만큼 '춘천사람'으로 생각하고 계십니까?

나는 '춘천사람'이다 나는 춘천에서 '외지인'이다

①------------②------------③------------④------------⑤

49. 춘천에 거주하는 타지방 출신 사람들에 대해 얼마나 호감을 갖고 계십니까?

호감이 적다호감이 많다

1) 서울 · 경기출신 ①---------②---------③---------④---------⑤
2) 영남출신 ①---------②---------③---------④---------⑤
3) 호남출신 ①---------②---------③---------④---------⑤
4) 충청출신 ①---------②---------③---------④---------⑤
5) 도내 타지역 ①---------②---------③---------④---------⑤
6) 이북출신 ①---------②---------③---------④---------⑤

50. 귀하는 춘천지역이 얼마나 살만한 곳이라고 생각하십니까?

_____① 아주 살기 좋다 _____② 살기 좋은 편이다
_____③ 살기 안 좋은 편이다 _____④ 매우 살기 안 좋다

51. 귀하는 지난 5년간 춘천지역의 발전을 어떻게 평가하십니까?

_____① 많이 발전했다 _____② 약간 발전했다 _____③ 변화 없다
_____④ 약간 퇴보했다 _____⑤ 많이 퇴보했다 _____⑥ 잘 모르겠다

52. 귀하는 춘천이 당면하고 있는 가장 커다란 지역 현안은 무엇이라고 보십니까? 중요한 순서대로 두 가지만 골라 순서대로 번호를 기입해 주십시오.

| | |
|---|---|
| ① 복선전철의 조기 완공 | ② 미군 이전기지 개발 |
| ③ 지식기반형 기업도시 조성(기업유치) | ④ 고속도로 및 도로망 개선 |
| ⑤ 도심 재개발 사업 | ⑥ 춘천시청사 이전/신축 |
| ⑦ 도시형 폐기물 처리장 확보문제 | ⑧ 양질의 일자리 창출 |
| ⑨ 불평등 양극화 해소 | ⑩ 기타 (무엇: __________) |

1순위 ________ 2순위 ________

53. 수도권과의 교통망이 개선되면 춘천의 인구가 증가할 것이라고 보십니까, 아니면 감소할 것이라고 보십니까?

____① 크게 늘어날 것이다 ____② 약간 늘어날 것이다
____③ 변화 없을 것이다 ____④ 약간 줄어들 것이다
____⑤ 크게 줄어들 것이다

54. 수도권과의 교통망 개선이 춘천지역의 발전에 어떤 영향을 줄 것이라고 생각하십니까?

____① 도움이 된다 ____② 별 영향이 없다 ____③ 악영향을 줄 것이다

55. 그렇다면 교통망 개선이 다음 각 영역에 어떤 영향을 준다고 판단하십니까?

| 항목 | 좋아질 것이다 | | | | | 나빠질 것이다 |
|---|---|---|---|---|---|---|
| 지역 기업체의 사업전망 | ① | ② | ③ | ④ | ⑤ | ⑥ |
| 외부 기업체의 유치 | ① | ② | ③ | ④ | ⑤ | ⑥ |
| 일자리의 양과 질 | ① | ② | ③ | ④ | ⑤ | ⑥ |
| 지역주민의 교육 여건 | ① | ② | ③ | ④ | ⑤ | ⑥ |
| 지역의 상권 | ① | ② | ③ | ④ | ⑤ | ⑥ |
| 지역대학의 경쟁력 | ① | ② | ③ | ④ | ⑤ | ⑥ |
| 지역대학 졸업생의 취업전망 | ① | ② | ③ | ④ | ⑤ | ⑥ |
| 지역주민의 소득수준 | ① | ② | ③ | ④ | ⑤ | ⑥ |
| 빈곤층의 현실개선 | ① | ② | ③ | ④ | ⑤ | ⑥ |
| 관광객 유치 | ① | ② | ③ | ④ | ⑤ | ⑥ |
| 문화생활의 기회 | ① | ② | ③ | ④ | ⑤ | ⑥ |
| 소비생활의 기회 | ① | ② | ③ | ④ | ⑤ | ⑥ |
| 도시경관 개선 | ① | ② | ③ | ④ | ⑤ | ⑥ |

56. 귀하는 향후 춘천지역의 발전을 위해 다음 중 어떤 형태의 교류가 보다 중요하다고 생각하십니까?

______① 지역 내부의 자체교류
______② 춘천과 타 지방지역과의 교류
______③ 춘천과 중앙(서울) 과의 교류
______④ 춘천과 외국 지역과의 교류
______⑤ 모르겠다 / 기타(  )

57. 귀하는 여건이 허락한다면, 현재 살고 있는 춘천을 떠나 타 지역으로 이주하고 싶다는 생각을 하고 계십니까?

______① 이주할 생각이 있다 (☞ 문항 57-1번으로 가십시오)
______② 이주할 생각이 없다
______③ 생각해 보지 않았다

57-1. (이주할 생각이 있다면) 가장 이주하고 싶은 지역은 어디입니까?

______① 서울 ______② 경기지역 ______③ 춘천 이외의 강원지역
______④ 국내 타도지역 ______⑤ 해외

57-2. (이주할 생각이 있다면) 이주하고 싶은 이유는 무엇입니까?
아래의 보기에서 중요한 순서대로 두 개를 골라 번호를 기입해 주십시오.

| | |
|---|---|
| ① 자녀 교육 문제 때문에 | ② 취업이나 사업을 위하여 |
| ③ 경제적 발전전망이 나빠서 | ④ 수준 높은 문화생활을 하기 위해서 |
| ⑤ 춘천이 너무 좁고 답답해서 | ⑥ 타 지역에 사는 가족과 합치기 위하여 |
| ⑦ 친구나 지인이 없어서 | ⑧ 기타(무엇 ________________) |

1순위:________ 2순위:________

— 끝까지 응답해 주셔서 대단히 감사합니다 —

# 참고문헌

강원대 사회과학연구소, 2007, 〈춘천지역발전의 현주소와 미래에 관한 조사연구〉.

강원대 사회과학연구소 · 강원발전연구원 · 춘천문화방송, 2005, 〈강원도민 의식조사〉.

국토연구원, 2005, 〈춘천미군기지 이전부지 및 그 주변지역 활용방안 조사연구〉.

김민정, 2007, "한국 가족의 변화와 지방 사회의 필리핀 아내", 〈페미니즘연구〉 7(2).

김민정 · 유명기 · 이혜경 · 정기선, 2006, "국제결혼 이주여성의 딜레마와 선택: 베트남과 필리핀 아내의 사례를 중심으로", 〈한국문화인류학〉 39(1), 한국문화인류학회.

김영정, 1994, "한국사회의 자원동원과 자원분배구조", 한국사회학회 편, 《국제화시대의 한국사회와 지방화》, 나남출판.

김오남, 2006, "국제결혼 이주여성의 부부갈등 결정요인 연구", 〈가족과 문화〉 18(3).

김유선, 2007, "비정규직 규모와 실태", 《비정규직 노동백서》, 민주노동당.

김현미, 2006, "국제결혼의 전지구적 젠더 정치학", 〈경제와 사회〉 70(여름호).

김혜순, 2008, "결혼이주여성과 한국의 다문화사회 실험 최근 다문화담론의 사회학", 〈한국사회학〉 42(2).

남춘호, 2004, "교육과 불평등", 방하남 외, 《현대 한국사회의 불평등》, 한울아카데미.

녹색춘천의제 21 실천협의회 · 강원사회조사연구소, 2002, 〈지속가능발전을 위한 춘천지역 의제 조사〉.

박준식, 2008, 《지역과 대학: 상생을 위한 협력》, 강원사회연구회.

방하남, 2004, "한국사회의 가족과 경제사회적 불평등", 방하남 외, 《현대 한국사회의 불평등》, 한울아카데미.
생활협동조합전국연합회, 2006, 《한국 생협운동의 역사와 현황》.
설동훈 외, 2005, 〈국제결혼 이주여성 실태조사 및 보건·복지 지원방안〉, 보건복지부.
설동훈·윤홍식, 2005, "국내 거주 여성 결혼이민자의 사회경제적 적응과 사회복지정책", 〈한국사회복지학회 2005년도 추계공동학술대회 자료집〉.
성명재, 2007, "빈곤탈출률 추이와 빈곤정책 소유재원 규모추정", 〈재정포럼〉 2007년 8월호.
신광영, 2004, 《한국의 계급과 불평등》, 을유문화사.
엄한진, 2004, "우경화와 종교의 정치화: 2003년 '친미반북집회'를 중심으로", 〈경제와 사회〉 62: 80~115.
엄한진, 2004, "지역의 형성과 종교", 송호근·김우식·이재열 편저, 《한국사회의 연결망 연구》, 서울대학교출판부: 211~265.
염명배, 2003, "디지털 디바이드와 디지털 지니계수", 〈재정논집〉 18(1).
유성철, 2009, "한국의 시민운동 이해하기", 한림대 사회학과 특강(2009. 5) 원고.
유정배, 2009, "춘천지역 사회적 경제 운동의 현황과 과제", 춘천사회적경제네트워크, 〈강원 사회적 경제활동가 대토론회(2009. 4. 13) 자료집〉.
유팔무, 1999, "문화와 일상생활", 한림대 사회조사연구소·춘천문화방송, 《'99 춘천 리포트: 춘천의 삶과 꿈》, 나남출판.
윤상우, 2005, "한국·대만의 산업화와 불균등 지역발전", 〈사회과학연구〉 13(1).
______, 2008, "민주화 이후의 사회정책과 복지국가 평가: 사회적 시민권의 관점에서", 〈사회과학연구〉 16(1).
윤진호, 2005, "소득양극화의 원인과 정책대응", 서울사회경제연구소 편, 《한국경제: 세계화, 구조조정, 양극화를 넘어》, 한울아카데미.
이강익, 2009, 〈강원지역 진보의 재구성과 새로운 진보정당의 과제〉, 미출간 자료.
이기석, 2001, "수도권의 세계도시화와 국토발전전략", 이정식·김용웅 엮음, 《세계화와 지역발전》, 한울.
이나미, 2004, "한국의 보수단체의 이념적 분화", 〈시민사회와 NGO〉 2(2): 149~189.
이선향, 2004, "지방의회 10년의 정치적 성과와 한계: 춘천시의회의 정치적 역할 및 기능에 대한 분석", 강원대학교 사회과학연구소, 〈사회과학연구〉 43: 59~83.

이용재, 2005, “20세기 초 프랑스의 ‘지역주의’ 이념과 지방분권화 운동”, 〈서양사론〉 86: 121~150

이창희, 2006, “정치적 지역주의 개념에 대한 비판적 검토”, 〈지역사회연구〉 14(3): 73~90.

정동일, 2008, “춘천의 경제와 산업”, 〈춘천 리포트 4: 개방시대의 춘천〉, 한림대학교 사회조사연구소.

조명래, 2006, “자치시대 지역주의의 양상과 쟁점”, 〈한국지역개발학회지〉 18(2): 43~70.

최영진, 1999, 《한국 지역주의와 정체성의 정치》, 오름

춘천사회적경제네트워크, 2009, 〈2009년 정기총회 자료집〉.

춘천생활협동조합, 2004, 〈제 4차 정기 대의원총회 자료집〉.

______, 2005, 〈제 5차 정기 대의원총회 자료집〉.

______, 2006, 〈제 6차 정기 대의원총회 자료집〉.

______, 2007, 〈제 7차 정기 대의원총회 자료집〉.

______, 2008, 〈제 8차 정기 대의원총회 자료집〉.

______, 2009, 〈제 9차 정기 대의원총회 자료집〉.

______, 2009, 〈춘천생협〉 28(2009. 1~2).

춘천시, 2006, 〈춘천통계연보〉.

______, 2007, 〈춘천통계연보〉.

춘천시민연대, 〈2002년도 정기총회 자료집〉.

______, 〈2006년도 정기총회 자료집〉.

______, 〈2009년도 정기총회 자료집〉.

통계청, 〈구시군별 외국인등록인구〉.

하세현, 2005, “영남 지역주의의 변화”, 〈한국정치외교사논총〉 27(1): 161~191.

한건수, 2006, “농촌 지역 결혼 이민자 여성의 가족생활과 갈등 및 적응”, 〈한국문화인류학〉 39(1).

한림대 사회과학연구소, 2003, 《분권시대의 춘천: 춘천시민의 의식과 생활에 관한 조사연구》, 나남출판.

한림대 사회과학연구소·강원일보사·강원리서치, 2003, 〈춘천시민 의식 및 욕구조사〉.

한림대 사회조사연구소, 1993, 〈춘천, 청주, 진주, 제주시의 비교연구〉, 교육부 지원연구과제 보고서.

한림대 사회조사연구소 · 춘천문화방송, 1991, 《춘천 리포트: 지방자치와 전환의 모색》, 나남출판.

한림대 사회조사연구소 · 춘천문화방송, 1999, 《'99 춘천 리포트: 춘천인의 삶과 꿈》, 나남출판.

한림대 사회조사연구소 · 춘천문화방송, 2004, 《춘천 리포트 3: 분권시대의 춘천》, 나남출판.

한영혜, 2004, "제 2장 현대 일본 시민운동의 흐름", 《일본의 지역사회와 시민운동》, 한울: 84~117.

황규선 · 박준식 · 김진기, 2007, 〈대학이 지역경제에 미치는 영향〉, 강원발전연구원.

황정미 외, 2007, 〈한국사회의 다민족 · 다문화 지향성에 대한 조사연구〉, 한국여성정책연구원.

Azam, Geneviève, Harribey, Jean-Marie et Plihon, Dominique, 2007, "Construire un monde écologique et solidaire", *L'économie Politique* 34 (2007 avril): 60~69.

Bourdieu, Pierre, 최종철 역, 1995, 《구별짓기: 문화와 취향의 사회학》, 새물결.

Borzaga, C. and A. Santuari, 2001, "Italy: From traditional co-operatives to innovative social enterprises", Borzaga, C. and J. Defourny (ed.), *The Emergence of Social Enterprise*: 166~181.

Campos, Jose Edgardo and Hilton L. Root, 1996, *The Key to the Asian Miracle: Making Shared Growth Credible*, Washington, D.C.: The Brookings Institution.

Davenport, Thomas, 2002, *The Attention Economy: Understanding the New Currency of Business*, Cambridge: Harvard Business School Press.

Florida, Richard, 2002, *The Rise of the Creative Class*, New York: Basic Books.

Fombrun, C. J., 1996, *Reputation: Revitalizing Value from Corporate Image*, Cambridge: Harvard Business School Press.

Jacobs, Jane, 1993, *The Death and Life of Great American Cities*, New York: The Modern Library.

Jones, Karen, 1996, "Trust as and affective attitude", *Ethics* 107 (1): 4~25.

OECD, 2001, *Understanding the Digital Divide*, Paris: OECD.

Oldenburg, Ray, 1989, *The Great Good Place*, Cambridge: Da Capo Press.

Putnam, Robert, 2000, *Bowling Alone: The Collapse and Revival of American Community*, New York: Simon and Schuster.

Reich B, Robert, 1993, *The Work of Nations*, New York: Alfred A. Knopf.

Schiller, Herbert, 김동춘 역, 2001, 《정보 불평등》, 민음사.

Valladao, A., 1994, *Les Mutations de L'ordre Mondial*, La découverte.

# 필자 소개

(가나다 순)

· 박기남

연세대학교 사회학과를 졸업하고, 동 대학원에서 사회학 석사학위와 박사학위를 받았으며, 현재 한림대학교 사회조사연구소 연구원으로 있다. 저서로는 《여성운동 새로 쓰기》 외 다수가 있다.

· 박준식

연세대학교 사회학과를 졸업하고, 동 대학원에서 사회학 석사학위와 박사학위를 받았으며, 현재 한림대학교 사회학과 교수로 있다. 저서로는 《한국의 대기업 노사관계 연구》 외 다수가 있다.

· 성경륭

서울대학교 사회복지학과를 졸업하고, 동 대학교 행정대학원에서 행정학 석사학위를 받았으며, 미국 스탠퍼드대학교에서 사회학 박사학위를 받았다. 국가균형발전위원회 위원장을 지냈으며, 현재 한림대학교 사회학과 교수로 있다. 저서로는 《체제변동의 사회학》 외 다수가 있다.

· 신경아

서울대학교 영어교육과를 졸업하고, 동 대학원에서 사회학 석사학위를 받았으며, 서강대학교에서 사회학 박사학위를 받았다. 현재 한림대학교 사회학과 교수로 있다. 저서로는 《여성과 일》 외 다수가 있다.

· 엄한진

서울대학교 사회학과를 졸업하고, 프랑스 파리 3대학에서 북아프리카학 석사학위를 받았으며, 프랑스 파리 8대학에서 정치사회학 박사학위를 받았다. 현재 한림대학교 사회학과 교수로 있다. 논문으로는 "프랑스 이민통합 모델의 위기와 이민문제의 정치화" 외 다수가 있다.

· 유팔무

서울대학교 사회학과를 졸업하고, 동 대학원에서 사회학 석사학위를 받았으며, 독일 베를린자유대학에서 사회학 박사학위를 받았다. 현재 (사) 강원살림 이사장이자 한림대학교 사회학과 교수이다. 저서로는 《한국의 시민사회와 새로운 진보》 외 다수가 있다.

· 윤상우

고려대학교 사회학과를 졸업하고, 동 대학원에서 사회학 석사학위와 박사학위를 받았으며, 현재 한림대학교 사회학과 교수이다. 저서로는 《동아시아 발전의 사회학》 외 다수가 있다.

· 정동일

서울대학교 사회학과를 졸업하고, 동 대학원에서 사회학 석사학위를 받았으며, 미국 코넬대학교에서 사회학 박사학위를 받았다. 현재 한림대학교 사회학과 교수로 있다. 논문으로는 "Participatory improvement at a global bank: The diffusion of quality teams and the demise of a six sigma initiative" 외 다수가 있다.